U0946719

美国内政与外交研究系列
主编　石斌

从依赖走向独立

1961—1979 年的美韩同盟关系

冯东兴　著

FROM
DEPENDENCE
TO
INDEPENDENCE
US-ROK ALLIANCE
IN 1961-1979

南京大学出版社

图书在版编目(CIP)数据

从依赖走向独立 ：1961—1979年的美韩同盟关系 / 冯东兴著. — 南京 ：南京大学出版社，2019.8
（南大亚太论丛 / 石斌主编. 美国内政与外交研究系列）
ISBN 978-7-305-21283-3

Ⅰ. ①从… Ⅱ. ①冯… Ⅲ. ①国际关系—研究—美国、韩国—1961—1979 Ⅳ. ①D871.22②D831.262

中国版本图书馆 CIP 数据核字(2018)第 265230 号

出版发行　南京大学出版社
社　　址　南京市汉口路 22 号　　　邮　编　210093
出 版 人　金鑫荣

丛 书 名　南大亚太论丛 · 美国内政与外交研究系列
书　　名　从依赖走向独立:1961—1979 年的美韩同盟关系
著　　者　冯东兴
责任编辑　官欣欣

照　　排　南京南琳图文制作有限公司
印　　刷　江苏凤凰数码印务有限公司
开　　本　635*965　1/16　印张 15.75　字数 260 千
版　　次　2019 年 8 月第 1 版　2019 年 8 月第 1 次印刷
ISBN 978-7-305-21283-3
定　　价　72.00 元

网址：http://www.njupco.com
官方微博：http://weibo.com/njupco
官方微信号：njupress
销售咨询热线：(025) 83594756

《美国内政与外交研究系列》

《南大亚太论丛》总序

"南京大学亚太发展研究中心"得于2016年夏初创设并渐次成长,"南京大学郑钢亚太发展研究基金"之专项全额资助,实乃一大助缘、大善举;众多师友、同道的鼓励、扶持乃至躬身力行,同样厥功至伟。

此一学术平台之构建,旨在通过机制创新与成果导向,以国际性、跨国性与全球性议题为枢纽,将人文社会科学诸领域具有内在关联之学科方向、研究内容与学术人才,集成为国际关系、国家治理、经济发展、社会文化等多个"研究群",对大亚太地区展开全方位、多层次、跨学科研究,并致力于承担学术研究、政策咨询、人才培养、社会服务与国际交流等功能。

所谓"亚太",取其广义,乃整个亚洲与环太平洋地区之谓。不特如此,对于相关全球性问题的关切,亦属题中之义。盖因世界虽大,却紧密相连。值此全球相互依存时代,人类命运实为一荣损相俦、进退同步之共同体,断难截然分割。面对日益泛滥的全球性难题,东西南北,左邻右舍,各国各族,除了风雨同舟,合作共赢,又岂能独善其身,偷安苟且?所谓"发展",固然有"政治发展"、"经济发展"、"社会发展"等多重意蕴,亦当有"和平发展"与"共同发展"之价值取向,其理亦然。

吾侪身为黉门中人,对于大学之使命,学人之天职,理当有所思虑。故欲旧话重提,在此重申:育人与问学,乃高等教育之两翼,相辅相成、缺一不可。大学之本是育人,育人之旨,在"养成人格",非徒灌输知识、传授技能;大学之根是学问,学问之道,在"善疑、求真、创获"。二者之上,更需有一灵魂,是为大学之魂。大学之魂乃文化,文化之内核,即人文价值与"大学精神":独立、开放、理性、包容、自由探索、追求真理、秉持理想与信念。大学之大,盖因有此三者矣!

南京大学乃享誉中外之百年老校,不独底蕴深厚、人文荟萃,且英才辈出、薪火相续。于此时代交替、万象更新之际,为开掘利用本校各相关领域之丰厚学术资源，凝聚研究团队，加强对外交流，促进学术发展，展示亚太中心学术同仁之研究成果与学术思想，彰显南京大学之研究水平与学术风格，我们在《南大亚太评论》、《现代国家治理》、《人文亚太》、《亚太艺术》等系列学术成果已相继问世的基础上，决定再做努力，编辑出版《南大亚太论丛》。

海纳百川，有容乃大。自设门户、画地为牢，绝非智者所为。所谓"智者融会，尽有阶差，譬如群流，归于大海"，对于任何社会政治现象，惟有将各种研究途径所获得的知识联系起来，方能得到系统透彻的理解，否则便如朱子所言，"见一个事是一个理"，难入融会贯通之境。办教育、兴学术，蔡元培先生主张"囊括大典，网罗众家，思想自由，兼容并包"。《论丛》的编纂，亦将遵循此种方针。

故此，《论丛》之内容，并不限于一般所谓国际问题论著。全球、区域、次区域及国家诸层面，内政外交、政治经济、典章制度与社会文化诸领域的重要议题，都在讨论范围之内。举凡个人专著、合作成果、优秀论文、会议文集，乃至特色鲜明、裨利教学的精品教材，海外名家、学术前沿的迻译之作，只要主题切合，立意新颖，言之有物，均在"网罗"、刊行之列。此外我们还将组织撰写或译介各种专题系列丛书，以便集中、深入探讨某些重要议题，推动相关研究进程，昭明自身学术特色。

要而言之，南京大学亚太发展研究中心所执守之学术立场，亦即《论丛》之编辑旨趣：一曰"本土关怀，世界眼光"；再曰"秉持严谨求实之学风，倡导清新自然之文风"；三曰"科学与人文并举，学术与思想共生，求真与致用平衡"。

一事之成，端赖众力。冀望学界同仁、海内贤达继续鼎力支持、共襄此举，以嘉惠学林，服务社会。值出版前夕，爰申数语，以志缘起。

石　斌

2018 年元旦于南京

自 序

随着年龄增长，越发觉得时间过得太快。自 2010 年毕业，博士论文作为毕业的初成品，已经陈放了近八年。八年来，生活已经发生了很大变化：走出学生时代，工作、结婚、生子。不一样的阶段和环境，促使生活方式和生活观念发生了很大的变化，我对生活和学术的体验也在不断地快速变化。

无论从题目到内容，本书都已经与博士论文初稿有很大不同。最初，博士论文主体只是研究 1961 至 1969 年的美韩同盟关系，当时我自己都觉得很不充分，赶在毕业之际，匆忙完稿。恩师任东来，作为一位严谨的知名学者，当初在我的初稿上做了大量的批改。看到改得那么厉害，一直害怕自己不能毕业。但爱护学生的他，虽然平时非常严厉，最终却那么仁慈，让我顺利毕业，因为他怕我错过了找工作的好时机。论文陈放至今，依然没有十足的勇气发表，怕辱没了师门严谨的学风。

工作成家之后，没有了大块时间做学问，工作以及女儿的出生花去了不少的时间和精力。但也正是生活阅历的增长，反过来促成了学术研究观点的成熟。最初博士论文题目是“冲突与协调：1960 年代的美韩同盟关系”，由于写作时段短，视野没有打开，无论从结构、内容和观点来看，都很不成熟。读博时在华东师范大学访学期间，陈波老师就建议我，以后博士论文修改需要扩充，可以考虑研究整个朴正熙时代的美韩同盟关系。仔细阅读了陈老师的著作之后，进一步体会到了建议的合理性。因此，我后来对博士论文的修改也沿着这个方向努力。

随着博士论文修改的深入，我对研究对象的认识也不断加深。就美国而言，在肯尼迪至卡特时期，不同的美国政府对韩国的政策虽然带有各自的特点，但基本上遵循了杜鲁门、艾森豪威尔政府时期确定的对韩政策总体目标，即把韩国建设成为独立的西式民主国家。为了实现这个目标，不同的政府有着不同的理解，肯尼迪一约翰逊政府集中促进韩国经济发展，尼克松政府推动韩国自立，卡特政府则着力韩国民主。但无论是经济、自立还是民主,作为美国对韩政策总体目标的一部分,它们不可能同时实现,为此,围绕这些目标之间如何权衡,以哪个为主,美国政府内部经历了艰难周密的决策。这是本书试图呈现给读者的主要内容之一。就朴正熙政府而言,这个深深打上个人色彩的政权,与美国政府考虑问题的视角存在明显不同。朴正熙要把韩国的国家发展和自身的政权安全结合在一起,把国家的发展和个人追求国家强盛的目标结合在一起。在美韩关系中,当美国的对韩政策恰好符合朴正熙政府的这两个目标时,美韩关系就展现出良好局面,一旦美国的政策有损于两者之一,朴正熙则顽强抗拒。尤其是在其执政的后半期,美国冷战政策的转型带来的国际形势变化,增强了朴正熙对自身政权安全的担忧。朴正熙加强政权安全的威权统治,则与美国推动韩国政治民主的目标相背离,进而导致美国政府与朴正熙政权关系的紧张。就美韩关系而言,这两个被太平洋隔开的国家能够结成同盟,与美国的冷战战略有着密切的关系。美国基于遏制中苏的战略需要,扶植韩国的建设与发展。但韩国自身的建设与发展,并不完全按照美国既定的轨道前行。朴正熙作为韩国本土自产的政治家,带有很强的独立性。朴正熙时代美韩同盟的延续,得益于双方政府在同盟框架下艰难的政策平衡。但无论双方产生何种冲突,美韩共同防卫的战略框架没有发生本质的变化,这是同盟始终没有完全失衡,不断延续的基础。

从研究的对象回到日常生活,觉得生活虽然没有国际关系那么复杂微妙,但其间也需要不断寻找平衡点。工作、家庭、身心等都需要在紧张的追求与适度的放松之中平衡。博士论文出版之际,恩师去世已经五年。忆往昔南大岁月,恩师教诲历历在目,无从报答恩师的培养之恩,在论文付梓之际,追忆恩师,唯有继承恩师的遗风,愿他在九泉之下安息!

书稿完成,重新阅读,仍显不足,它或许称不上完美,但仍是追求完美的过程。唯愿本书作为学术追求的成果,鞭策自己继续努力。非常感谢南京大学亚太发展研究中心的鼓励和支持,让我决心不再拖延,将书稿出版面世。其中不足之处,敬请方家指正。

河南大学新区办公室

2018 年 12 月

目　录

绪 论

1961 年 5 月至 1979 年 10 月，朴正熙在韩国连续执政 18 年有余，给韩国的发展和美韩同盟关系带来了深刻的影响。在这一时期，韩国实现了经济的腾飞，美韩同盟关系也发生了重大变化，韩国之于美国的独立性大大增强。

与李承晚时期美韩关系以追求军事安全为主不同，朴正熙政府时期，美韩同盟关系除了保障基本的军事安全之外，开始追求韩国的经济发展及其他国家建设目标，呈现出多元冲突与合作特征。这与美韩双方彼此政策调整与互动有着密切关系。就美国而言，在对韩政策转变过程中，如何在加强韩国军备、促进经济发展、推动民主制度等多元目标之间平衡与抉择，如何在总体冷战目标与对韩政策目标之间协调统一，成为美国对韩政策的重要难题。与此同时，面对美国对韩政策的调整，韩国朴正熙政府试图充分利用美韩同盟提供的有利条件，为韩国谋求更多的发展机会。在竭力阻止不利于韩国的美国政策调整、力争维持军事水平不变的同时，朴正熙政府调整自己的对外政策，致力于发展经济，积极参与国际事务，提升国家地位。探讨这一时期美国的冷战目标和对韩政策目标的相互关系、美韩同盟之间的分歧与协调，对于理解当前美韩同盟关系的本质及美国东亚政策的特点有着重要意义。

一、研究现状述评

历史研究难免受到观念的影响和资料的限制。从 1950 年朝鲜战争至 1978 年改革开放，国内学术界尽管对美韩关系进行了一定的研究，但意识形态的考虑，影响了研究的客观性。而且，受资料限制，这些研究多集中在朝鲜战争和 20 世纪 60 年代以前的美韩关系。[①] 改革开放以来，尤其是 1992 年中韩建交以后，国内的美韩关系研究有了长足的发展。

---

① 代表性的论文有曾元英："美帝控制下的韩国"，《世界知识》1950 年 21 卷第 3 期；白寿彝："历史上美国对朝鲜的侵略"，《光明日报》1951 年 1 月 30 日，等等。

曹中屏的"60年代以来的美'韩'关系"[①]是国内最早介绍朴正熙执政时期美韩关系的一篇短文。在随后的一些通史性著作中,有关韩国的研究视野进一步拓宽,比如曹中屏、张琏瑰编著的《当代韩国史,1945—2000》[②],就是一部系统研究当代韩国史的通史性著作。该著作采用不少韩文文献,全面叙述了韩国建国以来的历史状况,为深入研究朴正熙时代的韩国外交提供了基础和背景。

沈定昌的《韩国外交与美国》[③]分析了自朝鲜半岛分裂以来影响韩国外交的各种内外因素,集中阐释了美国在影响韩国外交诸因素中的突出地位。其中第四章、第五章分别论述了美国对韩日关系正常化与韩国出兵越南的决策影响,以及韩国最终决策对其自身的影响。但作为通史性的著作,该书对这些问题只是作了宏观的分析,实证不足。

除了上述通史性著作外,还有一些较为深入的专题论著。

以日韩关系正常化谈判为主线,安成日的专著《当代日韩关系研究,1945—1965》[④],具体阐释了日韩关系在1945—1965年的演变。在论述韩日谈判过程时,作者也分析了美国在韩日谈判中的重要作用,为理解20世纪60年代的美韩关系提供了一个侧面。

由于韩国在20世纪六七十年代实现了"经济起飞",成为亚洲四小龙之一,其经济发展与美国的影响备受学界关注,成为国内美韩关系研究中的一大热点。借助世界体系理论和依附论,董向荣的《韩国起飞的外部动力——美国对韩国发展的影响,1945—1965》[⑤],以美国的影响为线索,追溯研究了韩国20年的发展历程,突出美国对韩国发展的重要外在影响。尽管作者注意到20世纪60年代美韩关系的互动,但由于题材的限制,作者只是集中论述美国对韩政策中推动韩国经济发展的政策,涉及的问题到1965年为止。与前文相比,董向荣的"美国对韩国的援助政策:缘起、演进与结果"[⑥]一文,进一步深化了美国对韩援助政策的总体特征研究,该文把美国对韩政策总

---

① 中国朝鲜史研究会:《朝鲜历史研究论丛(一)》,延边大学出版社1987年,第288-308页。

② 曹中屏、张琏瑰等编著:《当代韩国史:1945—2000》,南开大学出版社2005年。

③ 沈定昌:《韩国外交与美国》,社会科学文献出版社2008年。

④ 安成日:《当代日韩关系研究,1945—1965》,中国社会科学出版社2009年。

⑤ 董向荣:《韩国起飞的外部动力——美国对韩国发展的影响,1945—1965》,社会科学文献出版社2005年。

⑥ 董向荣:"美国对韩国的援助政策:缘起、演进与结果",《世界历史》2004年第6期,第15-23页。

结为五个阶段，分别揭示了各个阶段美国对韩经济和军事援助的特点，并指出美国军事援助对朴正熙执政时期经济发展的重要影响。

刘洪丰的博士论文“美国对韩援助政策研究，1948—1968”[①]集中分析美国对韩援助的变化与阶段性特征，专章论述20世纪60年代美国对韩援助政策的变化与特点，认为20世纪60年代美国对韩援助的特征是在向开发援助转轨的同时，促使日本承担对韩援助责任，并着重分析了越南战争对美国对韩援助政策的影响。崔天模的博士论文“美国援助与韩国和台湾的经济增长，1945—1971”[②]，依据大量的韩文史料，从经济学的角度，分析了美国对韩国和台湾地区的援助成效。

与前述以援助为主题的研究相比，梁志的《冷战与“民族国家建构”——韩国政治经济发展中的美国因素(1945—1987)》[③]视野相对开阔，将美韩关系置于美国对第三世界冷战战略政策的框架下，不仅论述了美国对韩国经济发展的影响，而且考察了韩国内部的政治发展进程对美国对韩政策的逆向影响，力图揭示美韩关系中韩国对美国对韩政策的“牵制”和“制约”，并综合分析了韩国经济起飞的主客观因素。从研究对象的时段来看，马德义博士的“从肯尼迪到卡特时期美国对韩政策研究”[④]与梁志的观点接近，但该文采用专题研究的方式，力图以点带面，揭示20世纪六七十年代的美国对韩政策特征，对于把握这一时段美韩关系的具体特征有着重要参考价值。与梁志的研究相比，马德义的专题方式，深化了对具体问题的研究，但对于朴正熙时代美国对韩政策的内在联系与美韩互动关系揭示不够，比如对“日韩邦交正常化中的美国因素”“美国对韩政策中的人权问题”以及“卡特政府对韩人权及军事政策”等问题，尽管做了相对深入的专题研究，但其内在联系及统一性的分析有待加强。

随着档案的解密和研究视野的拓宽，一些青年学者的研究进一步深入，发表了相关的专题研究论文。冯东兴的“韩国5·16政变与肯尼迪政府的

---

① 刘洪丰：“美国对韩援助政策研究，1948—1968”，[郑寅达教授指导]华东师范大学博士学位论文2004年。

② 崔天模：“美国援助与韩国和台湾的经济增长，1945—1971”，[陈振汉教授指导]北京大学博士学位论文1997年。

③ 梁志：《冷战与“民族国家建构”——韩国政治经济发展中的美国因素(1945—1987)》，社会科学文献出版社2011年。

④ 马德义：“从肯尼迪到卡特时期美国对韩政策研究”，[黄定天教授指导]吉林大学博士学位论文2009年。

反应"[①]集中研究了美国政府对"5·16"政变的观望态度,并揭示出美国采取这种态度的深层原因,即肯尼迪政府看到军政府显示出的活力,符合美国在韩国实现经济建设和推动韩国政治稳定目标的客观现实需要,因此接受强力独裁的军政府,胜过维持软弱混乱的民主政府。马德义的"卡特政府从韩国撤军政策变化初探"则集中探讨了卡特政府最终停止从韩国撤军政策的原因,揭示卡特政府调整美韩军事关系的限度,即美国不会轻易撤出驻韩美军。[②]

除了上述论题与美韩关系密切相关的论文之外,一些以韩国政治、经济现代化为研究主题的专著,在论述过程中也不同程度地揭示了美国对美韩关系的影响,对于理解美国对韩政策的效果具有一定的参考价值。其中比较重要的有赵虎吉的《揭开韩国神秘的面纱——现代化与威权主义:韩国现代政治发展研究》、尹保云的《韩国为什么会成功? 朴正熙政权与韩国现代化》、任晓的《韩国经济发展的政治分析》[③]等。

与国内的研究相比,国外对美韩关系的研究比较丰富和深入。早在 20 世纪 70 年代初,美国学界就出版了论文集《不对等:1945 年以来的美韩关系》[④]。该文集收录的七篇论文有四篇涉及朴正熙政府前期的美韩关系,其中赫伯特·比克斯(Herbert P. Bix) 的"地区一体化:美国亚洲政策中的日本和韩国"一文,通过追溯日本、韩国之间的对抗关系史,突出美国在日韩关系正常化中的作用。作者把美国的亚洲政策视为一个整体,认为正是美国的这种政策考虑促使美国推动韩日关系的正常化,而韩日关系正常化又促进了地区的融合。詹姆士·帕莱斯(James B. Palais)则以"韩国的民主政治,1948—1972"为题,较为深入地研究了自韩国成立以来,韩国国内民主政治的进程,分析了李承晚、朴正熙政权对待民主政体的不同态度和美国在其中的作用。

1982 年 3 月,在美韩关系百年纪念之际,韩裔美国学者郭太焕(Tae-

① 冯东兴:"韩国 5·16 政变与肯尼迪政府的反应",《史学月刊》2009 年第 7 期,第 62 - 67 页。

② 马德义:"卡特政府从韩国撤军政策变化初探",《世界历史》2011 年第 1 期,第 36 - 43 页。

③ 赵虎吉:《揭开韩国神秘的面纱——现代化与威权主义:韩国现代政治发展研究》,民族出版社 2003 年;尹保云:《韩国为什么会成功? 朴正熙政权与韩国现代化》,文津出版社 1993 年;任晓:《韩国经济发展的政治分析》,上海人民出版社 1995 年。

④ Frank Baldwin, ed., *Without Parallel—The American-Korean Relationship Since 1945*, Random House, Inc., 1974.

Hwan Kwak)等人，以“美韩关系，1882—1982”[①]为题将一次专题讨论会的论文结集出版。与前者相比，该论文集收录了19篇论文，涵盖的主题更为广泛，时间跨度更长。有些论文已经开始摆脱美国中心主义的研究倾向。其中崔钟基的“美韩外交关系，1961—1982”一文，立足于韩国视角，初步梳理了朴正熙政府时期美韩外交关系的脉络特征。郭太焕、金宇楠(Yu-Nam Kim)等人在研究20世纪70年代美韩关系时，希望进一步提升韩国地位，使其与美国处于“相互依赖”的地位。此外，杰拉德·柯蒂斯(Gerald L. Curtis)和韩松均(Sung-joo Han)编著的论文集《美韩同盟：安全关系模式的演化》从大国关系的角度，分析了美韩安全关系的变化。特德·伽林·卡彭特(Ted Galen Carpenter)编著的《美韩同盟：一个变化的时代》与上一本论文集名称相似，但更多讨论冷战后美韩关系的变动。这些论文集的研究视角和结论互为补充，有助于加强对美韩关系的综合理解。

李曼寓(Manwoo Lee)和罗纳德·麦克劳林(Ronald D. McLaurin)等编著的论文集《紧张同盟：美韩关系的演化》所收录的八篇论文，研究主题更加新颖、细化，主要侧重分析美韩同盟之间矛盾性的一面，突出了韩国对美国政策的反作用。论文分别集中论述了美国对韩国的影响与韩国的反美主义，美国对韩国安全、民主和人权的干预以及韩国的反抗，美韩之间的贸易摩擦，韩国的威权政府与民主发展问题等。这些研究反映了在美韩关系研究中，学界日益关注韩国在美韩关系中自主性不断增强的一面。

随着国际政治经济学(IPE)的发展，有些学者开始借助相应的理论来阐释美韩关系。比较有代表性的是韩国学者林玄镇(Hyun-Chin Lim)的专著《韩国的依附性发展，1963—1979》[②]。作者把韩国置于美国对第三世界的政策框架内，运用依附性发展理论研究韩国的发展，集中研究促使韩国融入国际经济、政治体系的外部因素，以及这种融入的过程对韩国自身的经济、社会和政治发展的作用。该书突出了外部援助，尤其是美国对韩援助对于韩国发展的重要作用。与林玄镇的研究视角刚好相反，B. K. 吉尔斯(B.

① Tae-Hwan Kwak, and Kyŏngnam Taehak, eds., *U. S. -Korean Relations, 1882—1982*, Kyungnam University Press, 1982.

② Hyun-Chin Lim, *Dependent Development in Korea, 1963—1979*, Seoul National University Press, 1986.

K. Gills)的专著《南北朝鲜:合法性之争》[①]则抛开了大国对半岛双方关系的主导性影响,以南、北朝鲜合法性竞争为主线,集中分析了朝鲜南北分裂之后围绕政权合法性展开的各种内外竞争,突出韩国在追求自身进步发展过程中的主动性一面。韩裔日本学者李约翰(John Lie)在研究思路上与吉尔斯有一定的继承关系,其专著《摆脱束缚:韩国的政治经济》[②]以韩国的发展为主题,运用结构分析的方法,说明了韩国政治经济发展的各种必要但不充分条件,通过对这些条件的综合分析,透过现象揭示本质。作者认为,美国只是韩国取得成功的重要条件之一,应突出韩国政府在政治经济发展中的主导性作用。

专题研究的不断深入为学界综合朴正熙时代的美韩关系全貌提供了可能。韩国学者金玄东(Hyun-Dong Kim)的《韩国与美国:20 世纪 60 年代向跨太平洋同盟演进》[③]是第一部综合研究 20 世纪 60 年代美韩关系的专著。利用韩美双方的官方文件及统计数字,该书从共同安全、经济合作、外交和内政三个方面阐述了美韩同盟关系的演化,较为全面地探讨了 60 年代的美韩关系。通过突出韩国在越南与美国的军事合作与经济自立发展,作者揭示了韩国在美韩同盟中地位的提升。作者的论述着力点主要在 1965 年以前,没有充分完成该书的研究主题。另一本研究美韩关系的著作《从解放到自立:美韩关系二十年》[④]也将论述放在 1965 年以前。以美国国务院对韩政策解密文件为基础,以美国国家安全委员会对韩政策文件为纲,作者唐纳德·麦克唐纳(Donald Stone Macdonald)比较系统地论述了 1945 年至 1965 年的美国对韩政策,从半岛统一、军事安全、国际关系、政治经济发展四个主要方面详细叙述美韩关系的发展历程,展示了美国是如何影响韩国发展的。

与前者相比,金永库(Byung-Kook Kim)与傅高义(Ezra F. Vogel)编

---

① B. K. Gills, *Korea versus Korea: A Case of Contested Legitimacy*, London: Routledge, 1996.

② John Lie, *Han Unbound: The Political Economy of South Korea*, Stanford University Press, 1998.

③ Hyun-Dong Kim, *Korea and the United States: The Evolving Transpacific Alliance in the 1960s*, the Research Center for Peace and Unification of Korea by Seoul Computer Press, 1990.

④ Donald Stone Macdonald, *U. S-Korean Relations from Liberation to Self-Reliance: The Twenty-Year Record*, Boulder: Westview Press, Inc. 1992.

著的专题论文集《朴正熙时代:韩国转型》[1]更进一步。尽管该书是20多位学者论文的结集,但基本形成了统一的体系,分别对朴正熙执政的军政府时期及朴正熙时代的韩国国内政治、经济与社会、国际关系做了专题研究。尤其是国际关系部分,对于越南战争中的美韩关系、韩日关系正常化、卡特政府的对韩政策研究,资料充分,深入客观地展示了美韩关系的具体状况。

由于越南战争对美韩关系的深刻影响,研究越战期间的美韩军事合作首先成为国外学界关注的热点之一,先后出现了好几本以越战期间美韩关系为主题的博士论文。李珂(Kil J. Yi)的博士论文"同盟困境:美国、韩国和越南战争,1964—1968"[2]借助有关同盟关系的国际关系理论,对美韩同盟结构进行分析,集中研究了1964—1968年美韩在越南的军事合作。作者认为韩国参加越战是被动的,但越战促使韩国寻求提升其在同盟中的地位,导致美韩关系出现困境。克里斯托斯·弗伦茨(Christos G. Frentzos)的博士论文"从汉城到西贡:美韩关系与越南战争"[3]对越南战争的考察更加全面,与前者相比,该文的资料翔实,很大程度上是基于史料的实证考察,集中论述了1961—1968年韩国参与越南战争的整个过程,揭示了韩国参战的动机,战争对美韩经济、军事关系的影响。

郭太洋(Kwak Tae-Yang)的博士论文"筹划战争:韩国参与越南战争的遗产"[4]使对越战期间美韩关系的研究又深入了一步。依据大量的有关韩国参与越南战争的韩文、英文资料,郭太洋追溯韩国在20世纪50年代就力图实现向越南派兵的意图,考察了韩国自参加越战至1973年退出越战的全过程,着重分析了韩国从越战中所得收益及对美韩关系带来的影响。在作者看来,韩国利用这次机会得到了美国的大量援助,实现了"富国强兵"的百年梦想,同时,导致了政治独裁、南北分裂的加剧,半岛军备竞赛以及东北亚地区的不稳;对于美国而言,美国出于战争的需要不得

---

① Byung-Kook Kim and Ezra F. Vogel, eds., *The Park Chung Hee Era: The Transformation of South Korea*, Cambridge, Mass.: Harvard University Press, 2011.

② Kil J. Yi, *Alliance in the Quagmire: The United States, South Korea, and the Vietnam War, 1964—1968*, UMI PhD. dissertation the State University of New Jersey, 1997.

③ Christos G. Frentzos, *From Seoul to Saigon: U. S. -Korean Relations and the Vietnam War*, UMI: PhD. dissertation, the Faculty of the Department of History University of Houston, 2004.

④ Kwak Tae Yang, *The Anvil of War: The Legacies of Korean Participation in the Vietnam War*, UMI PhD. dissertation, Harvard University Cambridge, Massachussets, 2006.

不放弃推动韩国民主化的政策目标,为了争取朴正熙政权对美国越战政策的配合,支持朴正熙加强个人权力。与先前的研究相比,作者对史料的梳理与解读明显高出一筹。

韩国学者金永阿(Kim Hyung-A)的《朴正熙治下的韩国发展:迅速工业化,1961—1979》[①]则在集中分析朴正熙政府发展政策的同时,揭示了美国在朴正熙政府经济政策中的重要影响,与朴正熙政府对美国对韩政策的回应。作者在结论中分析了美国对朴正熙政府政策影响的限度,认为韩国的工业化与美国的安全政策紧密联系,朴正熙政府能够充分利用美国的援助以及美国能够容忍朴正熙维新体制的原因在于双方都认可美韩安全关系。

随着冷战史研究的不断深入,近来以约翰·加迪斯(John Lewis Gaddis)为代表的"新冷战史研究"进一步拓宽了美韩关系的研究视野。美国学者格雷格·布热津斯基(Gregg Brazinsky)在《外交史》杂志上发表的专文"从后生到典范:美国的开发政策与韩国,1961—1968"[②],利用大量美国原始档案和韩国文献,详细考察了美国20世纪60年代对韩开发援助政策对韩国经济发展外在的影响,提升了学界对60年代美韩经济关系的研究。紧接着,布热津斯基又另辟蹊径,集中研究美国对韩国国家建构的影响。在《韩国国家建构:韩国人、美国人与韩国民主化》[③]中,以阐述韩国如何从东方专制走向美式民主的过程为主线,作者分析了美国在韩国民主化过程中的作用,突出美国对韩国文化、人文观念和政治制度建构的影响。其中,作者把朴正熙时代作为美韩关系的一个转型期,阐述了这一时期美国在韩国推行的民主化政策对于韩国最终发展成为民主国家的重要意义,指出这一时期美国对韩政策的特征是"发展高于民主"。布热津斯基的这种提法突出了这一时期美国对韩政策中经济发展优先的特点,对于理解美国对韩政策的调整很有启发意义。

综合以上研究可以发现,自20世纪70年代以来,有关朴正熙政府时期

① Kim Hyung-A, *Korea's Development under Park Chung Hee, Rapid Industrialization, 1961—1979*, New York: Routledge Curzon, 2004.

② Gregg A. Brazinsky, "From Pupil to Model: American economic development policy and the ROK, 1961—1968", *Diplomatic History*, Vol. 29, no. 1 (January 2005), pp. 83 - 115.

③ Gregg Brazinsky, *Nation Building in South Korea—Koreans, Americans, and the Making of a Democracy*, Chapel Hill: the University of North Carolina Press, 2007.

美韩关系的研究逐步走向深入。其特点有二:第一,研究视角日益多元化,逐步摆脱美韩同盟关系中美国中心主义的研究倾向,试图"从韩国发现历史",力求更客观地展现美韩关系的真相;第二,开始注重多边档案的综合运用。衡量历史研究客观性的重要标准之一,就是研究本身所依据的材料,目前依据一手材料进行的实证研究成果正不断增多。

二、问题的提出、研究思路与文献

尽管相关论著从各种视角对朴正熙政府时期的美韩关系进行了不同程度的研究,但把朴正熙政府时期放在美韩同盟的框架下进行集中考察的专著不多。与李承晚时期美韩关系充满矛盾和困境不同[①],朴正熙政府时期美韩同盟关系中合作与协调增多。首先,相对于此前的美国对外政策而言,1960 年前后的美国对外政策开始步入一个新的时代,在继续同中苏进行冷战的同时,开始缩减美国对外援助,设法减轻美国对外政策的负担,促使盟国分担美国的冷战责任。其次,韩国开始步入一个经济迅速发展的新时代。与前任李承晚政权相比,朴正熙政权的执政理念发生了突出的变化。在力图维持军事力量的同时,朴正熙积极谋求韩国经济的起飞。这两个政权之间的张勉政府尽管历时短暂,却为后来朴正熙政府时期的经济发展做了相应的铺垫。再次,就美韩同盟关系而言,与艾森豪威尔时期重视韩国军事发展和半岛南北双方的军事竞争相比,这一时期的美韩同盟关系开始发生变化。随着韩国经济的发展,韩国在同盟中的地位逐步提升,独立性增强。这一方面是美国推行促进盟国自立的外交政策的结果,另一方面是韩国本身努力进行政策适应性调整的结果。因此,系统考察朴正熙政府时期美韩同盟关系,将有益于深入理解美韩同盟地位关系的渐进变化,弄清其中的原因、特点和结果。

此外,从冷战史学研究的演进来看,研究美韩关系还有着深刻的学术意

---

① 李承晚政府时期,由于国家战略目标的差异,美韩同盟之间矛盾重重。美国主要追求的是自身在朝鲜半岛的军事安全战略利益,而李承晚主要追求的是国家统一和增强军事实力。为此美国的朝鲜半岛政策往往面临困境,最终不得不对韩国施加更大的压力或者妥协。具体参见陈波:《冷战同盟及其困境——李承晚时期美韩同盟关系研究》,上海世纪出版集团 2008 年。

义。随着冷战史学的发展，20世纪90年代以来逐步形成了“新冷战史研究”[①]。在继承了冷战史正统学派与修正学派以大国为中心的研究范式之余，学者们开始将大国与地区盟国的互动关系作为国际冷战研究的学术追求。这将有助于打破传统的大国中心主义，尤其是以美国为中心的研究模式。更重要的是，可以将宏观的全球冷战演进同局部地区甚至是某个国家之间的关系联系起来，深入透视冷战的全貌。

基于上述考虑，本书以美国对韩政策目标的确定与实施为主线，同时考察朴正熙政府对美国相应的政策回应，力图从以下几个层面分析朴正熙执政时期的美韩同盟关系，揭示美国对韩同盟政策特征。

第一，美国对韩政策的多元目标之间的冲突与协调。随着冷战形势的变化和美韩同盟关系的演进，美国对韩政策目标的重心也做出了相应的调整，从李承晚政府时期以传统军事安全目标为中心，向推动韩国经济发展和政治稳定等目标倾斜。自20世纪50年代末60年代初，美国的政策目标重心出现转变的趋势，开始强调推动韩国经济发展，但这种目标重心的转换经历了一个较为漫长的过程，来自美国政府内部的阻力是一个重要因素。因为对韩政策的调整，涉及美国政府内部决策部门之间的协调与平衡，尤其是美国军方与国务院之间。另外，推动韩国发展经济、社会稳定与政治民主的目标之间也存在一定的张力。对于这些目标如何取舍，是美国面临的重要问题。

第二，美国对韩政策目标与美苏区域冷战目标的对立与统一。美韩同盟只是美国全球冷战同盟体系的一部分，美国对韩政策同样也属于美国全球尤其是远东冷战政策的组成部分。然而，美国对韩政策与美国远东冷战政策毕竟不是一个层次的政策，如何保持远东冷战政策与对韩政策的协调统一，是美韩同盟关系需要考虑的重要方面。与李承晚政府时期不同，朴正熙尤其注重配合及利用美国的战略政策，为韩国的国家战略政策的实施与目标的实现提供外在条件，这在越南战争期间表现尤为突出。由于美国扩大越战的需要，韩国借积极参与越南战争之机，提升了韩国在美韩同盟中对

① 代表人物有文安立(Odd Arne Westad)和约翰·加迪斯(John L. Gaddis)，其中前者认为，“新冷战史研究”本质上是以多边档案为基础、多元视角为框架的研究，在某些具体研究中，研究者能够以多元文化优势理解彼此冲突的观念。Odd Arne Westad, “Introduction: Reviewing the Cold War”, in Odd Arne Westad, ed., *Reviewing the Cold War: Approaches, Interpretations, Theory*, London: Frank Cass Publishers, 2000, p. 5.

美国的影响力，增强了自身的实力。但当美韩双方的发展战略发生冲突时，美韩双边关系则陷入紧张。尼克松政府至卡特政府时期，朴正熙政府和美国的关系陷入紧张状态，这很大程度上要归于美国东亚战略调整与美韩国家战略的分歧。

第三，美韩同盟中两国之间的冲突与协调。与以往相比，朴正熙政府时期的美韩同盟关系中，韩国的自主性呈现出逐渐增强的趋势。对于美国的对韩政策，韩国并非总是处于被动的状态。越战期间，朴正熙政府对于美国的对韩援助政策调整就具有一定的影响力。对于尼克松政府的战略调整，朴正熙政府也做出了积极反应，在调整对外政策的同时，不同美国协商，加强自身权力，建立维新体制。

除了上述层面分析外，笔者还尝试运用矛盾的对立与统一关系原理解释这一阶段的美韩关系。相互矛盾的事物是矛盾的对立统一体，矛盾的对立双方地位可以相互平衡、转化。运用矛盾的对立与统一原理可以很好地解释美国对韩政策多元目标之间的地位关系、美韩同盟关系、美国冷战目标与同盟目标之间关系的冲突与协调。

本书运用的档案文献主要有三：首先是美国国务院出版的《美国对外关系文件集》(*Foreign Relation of United States*, *FRUS*)，该文件集为本书论证主题提供了基本的框架资料，有益于发掘美国对韩政策总的决策结果和目标。但因涉及美国政府内部具体的决策过程，各部门的分歧与协调，文件集中存在不少空白。作为该文件集的增补，盖尔(Gale)集团出版的美国政府《解密档案参考系统》(*Declassified Documents Reference System*, *DDRS*)提供了相当具体的文件，有助于探讨美国对韩政策的具体决策动机以及韩国的相应反应。另外，华东师范大学国际冷战史研究中心收藏的缩微胶卷《肯尼迪政府国家安全文件，1961—1963》(*The John F. Kennedy National Security Files*, *1961—1963*, *Asia and the Pacific*)及其增补文件[①]，为论证肯尼迪政府对韩政策提供了更加详细的资料参考。

① 以上两种资料，都是本人 2008 年 9 月—2009 年 1 月在华东师范大学访学期间，于华东师范大学图书馆和国际冷战史研究中心收集到的。为引用方便，本书引用缩微胶卷资料时，统一使用该中心的收藏号。

第一章　美韩同盟的起源及特征

第二次世界大战结束之际,美苏双方开始划分势力范围,构建新的世界体系。作为美苏冷战的战略边缘地带,朝鲜半岛显然具有一定的战略地位。美韩同盟的形成及美国对韩政策的变动,与美国对朝鲜半岛战略价值的定位及半岛的形势变化紧密联系。为了防止苏联在反法西斯战争结束后独占朝鲜半岛,1945 年 8 月美国向苏联提议沿北纬 38°线分界,美苏双方分别在朝鲜半岛接受日军投降。1947 年 10 月,随着美苏双方联合托管朝鲜半岛谈判的失败,38°线最终成为朝鲜半岛分裂的政治界线。

1950 年 6 月朝鲜战争爆发,美国很快改变了从朝鲜半岛军事撤退的基本政策,并随着战局的变化重新审视新中国的战略威胁,扭转了美国对朝鲜战略价值的定位。随后美国的朝鲜半岛政策开始逐渐集中在如何建立韩国政权和建设怎样的韩国问题上。1953 年 7 月朝鲜停战不久,美国同韩国签订了《美韩共同防卫条约》,进一步调整并细化了美国战后的朝鲜半岛政策,在维持半岛分裂格局前提下,加强美韩关系及韩国的国家建设。

艾森豪威尔政府在朝鲜停战后出台了 NSC 154/1、NSC 5514 等一系列对朝政策国家安全文件,奠定了美国对韩政策的多元目标特征。尤其是 NSC 6018 号文件,不仅是对既往美国朝鲜半岛政策的总结,而且为未来美国对韩政策提供了重要的政策指导。

尽管在同盟条约框架下,美韩双方建立了密切的同盟关系,但就双边关系的发展而言,美韩关系并不总是和谐融洽的,一开始就充满了不断的斗争与妥协。随着美国冷战战略的演化,美国对韩政策的目标开始日趋多元化,在维持韩国军事力量的同时,建设一个怎样的韩国,成为美国对韩政策的核心内容,因而推动韩国经济、社会发展,促进韩国民主制度建设成为其中心目标。到 1950 年代末,艾森豪威尔政府出台的美国国家安全委员会 NSC 6018 文件,明确了最终的对韩政策长期目标:“建立独立自主、经济不断发展的统一朝鲜,该朝鲜拥有一个自由、独立的代议制政府,能够有效地反映民众的需求、处理社会问题，与美国和其他自由世界国家站在一起，能够维持内部安全并有力抵抗外来的入侵。"[①]除了长期目标外，文件还甚为详细地规定了具体目标。该文件表明，美国对韩政策目标已经相当完备，长期目标和近期目标中不仅包含军事安全目标，而且包括韩国的制度建设、经济发展、社会稳定等多个方面。

而与美国相对，在美韩同盟的框架之下，韩国也在追求着自身发展的道路。与美国对韩政策主要基于美苏冷战的战略需要不同，韩国的对外政策主要基于如何在同朝鲜的竞争中占据优势，这在李承晚政权的对美政策上表现得非常突出。李承晚并不愿完全服从美国的战略需要，而是在美韩同盟的框架之下，竭力为自己的政权利益和国家利益同美国斗争，因此，美韩冲突接连不断。

第一节　美韩同盟的缘起

1943 年 11 月，美、中、英三国首脑在开罗会议上宣布，在击败日本之后，三国将采取适当行动，实现朝鲜的自由和独立。斯大林在德黑兰会议中支持三国的立场。为了推动苏联参加对日作战，美英承认苏联在东北亚的利益。1945 年 8 月 9 日，按照《波茨坦公告》的精神，苏联对日宣战，攻入中国东北地区，并很快进入朝鲜半岛。此时，美军正远在日本外岛作战。为了防止苏军单独占领朝鲜半岛，美国提议以北纬 38°线为界，作为美、苏两国军队的临时分界线，各自受理驻朝日军的投降事宜，38°线以北为苏军受降区，以南为美军受降区。斯大林很快接受了美国的提议[②]，此举奠定了朝鲜半岛分裂的基本格局。同年 12 月 16—27 日，美、英、苏在莫斯科召开会议，就联合托管朝鲜问题达成一致，计划在朝鲜建立临时政府，作为朝鲜发展工、农、文化等产业的第一步；随后建立美苏联合委员会，以四国名义监督朝鲜本土力量发展朝鲜自治能力，直至组建独立政府；为促进美苏各自占领区

---

① "National Security Council Report, NSC 6018", November 28, 1969, in *Foreign Relation of United States*（*FRUS*）, 1958—1960, Volume ⅩⅧ, Washington D. C.: United States Government Printing Office, 1994, pp. 699 - 707.

② Jongsoo James Lee, *The Partition of Korea after World War II—A Global History*, New York: Palgrave Macmillan, 2006. pp. 39 - 40.

的合作,双方应在两周内召开美苏司令部代表会议。① 但是,随着冷战逐渐展开,美苏出于各自的战略利益考虑,在托管的具体方案以及建立怎样的统一朝鲜政权问题上,难以达成一致。② 最终,四国托管朝鲜半岛的计划不了了之。

除了美苏战略利益的分歧使联合托管的方案难以实现之外,大国联合托管朝鲜的政策一开始就遭到朝鲜本土民众的反对。美苏在难以就托管方案达成一致的同时,开始转而积极在各自的占领区内扶植自己中意的朝鲜本土政治力量。美国陆军中将约翰·霍奇(John Hodge)率领第 24 集团军占领朝鲜南部后,在组建"南朝鲜"军政府时,任用一大批朝鲜社会中的右翼势力,甚至包括部分日本管理技术人员,奠定了南部朝鲜政权的政治基础。实际上,关于建立怎样的朝鲜政权,美国从进驻朝鲜南部时就开始考虑。从 1946 年美国政府与驻朝官员来往的文件可以看出,美国朝鲜半岛政策基于三点考虑:建立不受外国控制的、自主的朝鲜政府并加入联合国;确保该政府是一个广泛代表全朝鲜民意的民主政府;援助朝鲜建立独立民主国家所必需的经济和教育体系。③

不过,美国政府此时主要忙于日本的战后问题,加上中国的局势和国际地位尚不完全明朗,因此并不太看重朝鲜半岛的战略价值。这充分反映在 1948 年 4 月 2 日美国国家安全委员会第 8 号对朝政策文件(NSC 8)中。该文件提出了三种可能的对朝政策行动:(1) 抛弃南朝鲜;(2) 在尽量避免产生不利影响的情况下,厘清美国对南朝鲜的人员和资金义务,支持建立一个南朝鲜政府;(3) 以必要的军事力量保障南朝鲜的独立和领土完整。文件采取了第二种折中办法,支持建立独立、统一、自治的南朝鲜政府,免于外部势力的控制,并成为联合国的成员。美国给予该政府一定的经济、教育援助,以使其建立一定的统治基础,进而尽快实现从朝鲜半岛的军事撤退。④ 在该文件精神的指导下,5 月 10 日,美国支持南朝鲜举行单独选举,并很快

① Se-Jin Kim ed., *Documents on Korean-American Relations: 1943—1976*, Seoul: Research Center for Peace and Unification, 1976, pp. 30 - 31.

② Donald Stone Macdonald, *U. S. -Korean Relations, from Liberation to Self-Reliance—The Twenty-year Record*, Westview Press, Inc., 1992. pp. 3 - 4.

③ Ibid, p. 4.

④ "Note by the Executive Secretary of the National Security Council (Souers) to President Truman", April 2, 1948, in *FRUS*, 1948, Vol. Ⅵ, Washington D. C.: United States Government Printing Office, 1974, pp. 1163 - 1169.

组成所谓的"制宪国会"。在随后的国会总统选举中，李承晚成为大韩民国第一任总统。三个月后，韩国政府成立。与美国在朝鲜南部建立政权相对应，苏联很快做出反应，支持金日成于 9 月 9 日在朝鲜北部建立政权。朝鲜南北政权的建立，标志着半岛对峙局面的最终形成。

然而，李承晚政权建立后，韩国政局不稳，经济形势恶化，新生政权的存续面临很大问题。与此同时，美苏冷战在欧洲加剧，加上中国共产党在内战中力量壮大，蒋介石在中国的败象突显。美国政府内部的一些人士开始认为 NSC 8 文件确立的"脱离"朝鲜半岛政策已经不适合新的形势，美国需要重新评估朝鲜半岛战略价值，要求修改 NSC 8 文件。随后，国务院提出了 NSC 8/1 号文件，经过国家安全委员会的讨论修订，1949 年 3 月 22 日出台，即 NSC 8/2 文件。与 NSC 8 相比，新文件明确了撤军和援助的关系，突出了美国在军事撤退的同时，必须积极确保韩国政权生存的政策目标。文件决定推迟撤退驻韩美军的最终日期，因为驻韩美军的存在，可以为韩国提供基本的内外安全保证。文件指出："如果要巩固迄今所获得的重大成果，依据韩国人民的福祉和美国的国家利益，美国必须向韩国政府提供政治支持和经济、技术、军事以及其他援助。"①

这句话在客观上道出了随后美国迅速卷入朝鲜战争的原因，反映了美国对韩政策理念上的困境：一方面，美国并不想在朝鲜半岛驻留太多的美国军队，因而需要韩国能够自立；另一方面，既然扶植了韩国这样一个政权，就必须要保证该政权的生存。为了维持韩国的存在，帮助其抵御内忧外患，实现韩国的自立，美国对韩政策目标将会从原来的军事安全目标衍生出更多的具体目标。

1950 年 6 月 25 日，朝鲜战争爆发，朝鲜军队迅速推进，韩国政权危在旦夕。得到朝鲜战争爆发的消息后，美国政府内部迅速做出强烈反应，一致认定朝鲜战争是苏联人指使的，是共产主义扩张的体现，甚至是第三次世界大战的征兆，并于当天在苏联代表缺席的情况下，主使联合国安理会通过决议，要求朝鲜军队立即撤回"三八线"以北，然后由联合国朝鲜问题委员会监

---

① "Report by the National Security Council to the President", March 22, 1949, in *FRUS*, 1949, Vol. Ⅶ, part 2, Washington D. C.: United States Government Printing Office, 1976, pp. 969 - 978.

督朝鲜撤军，同时呼吁各成员国不向朝鲜提供任何援助。①

朝鲜战争迅速扭转了美国从朝鲜半岛实行军事撤退的政策，促使美国开始全面的军事介入。6 月 27 日，杜鲁门发表声明，指责朝鲜的军事行动是侵略行为，并于两日后得到国会全面介入朝鲜战争的授权。在介入朝鲜战争的过程中，美国也在同时审视战争的最终目标和新的朝鲜半岛政策。围绕是否越过“三八线”问题，美国政府内部发生了激烈的争论。9 月 1 日，美国国家安全委员会 NSC 81 号文件“美国在朝鲜的行动”出台。该文件尽管对美国越过“三八线”后中苏介入朝鲜战争的可能性做出了各项评估，但并没有予以足够的重视。②

9 月 15 日，“联合国军”在仁川登陆，将朝鲜军队拦腰截断。此举使南下的朝鲜军队陷入南北夹击，很快溃败，战局发生了大的逆转。军事上的胜利使美国政府失去了对朝政策的谨慎态度，决定借机统一朝鲜半岛。10 月 7 日，“联合国军”不顾中国军队的多次警告，越过“三八线”。

美军越过“三八线”，逼近中朝边境，给中国的国家安全造成很大压力，迫使中国于 19 日派遣中国人民志愿军入朝作战。经过两次战役之后，朝鲜战局再次发生变化，“联合国军”被赶回“三八线”以南。中国的参战促使美国重新考虑调整战争目标，加之来自盟国的压力，美国最终确定了“有限战争”目标，维持半岛的分裂局面。1951 年 2 月 13 日，美国政府内部达成一致，决定在军事上狠狠打击中朝军队，以实现停火谈判。③

4 月 9 日，马修·李奇微（Matthew Ridgeway）接替强硬的主战派道格拉斯·麦克阿瑟（Douglas MacArthur），开始寻求实现朝鲜半岛的军事停战。5 月 17 日，美国国家安全委员 NSC 48/5 号文件出台，确立保障“联合国军”和美军安全的原则，寻求避免朝鲜战争演变成一场同苏联的世界大战

---

① “The Ambassador in Korea (Muccio) to the Secretary of State”, June 26, 1950; “The Secretary of State to the Embassy in Korea”, June 25, 1950; “Memorandum of Conversation, by the Ambassador at Large (Jessup)”, June 25, 1950, in *FRUS*, 1950, Vol. Ⅶ, Washington D. C.: United States Government Printing Office, 1976, pp. 155 - 165.

② “Memorandum by the Executive Secretary of the National Security Council (Lay)”, September 1, 1950, in *FRUS*, 1950, Vol. Ⅶ, pp. 685 - 693.

③ “Memorandum by the Deputy Under Secretary of State (Matthews) to the Chairman of the Joint Chiefs of Staff (Bradley)”, February 13, 1951; “Memorandum for the Record of a Department of State - Joint Chiefs of Staff Meeting”, February 13, 1951, in *FRUS*, 1951, Vol. Ⅶ, Washington D. C.: United States Government Printing Office, 1983, pp. 174 - 177.

或者扩大为同中国的直接军事冲突。[①] 6 月 30 日，李奇微通知中朝方面准备举行停战谈判，朝鲜战争以军事斗争为主的阶段基本结束，开始进入打打谈谈的谈判阶段。

随后，作战双方围绕如何实现停战展开了艰难的谈判。1953 年 2 月，新上任的艾森豪威尔政府重新审视杜鲁门政府的朝鲜半岛政策，决定减少国防开支，集中力量应对苏联在全球范围内的挑战，不能让朝鲜半岛问题长期牵制美国的大量军事力量，因而决心尽快结束朝鲜战争。3 月 5 日，斯大林去世，苏联支持中国对朝鲜停战采取强硬立场的态度也发生了变化，中朝很快接受了新任苏联领导人早日实现停战的建议[②]，这为停战提供了有利条件。

在尽快结束朝鲜战争的同时，艾森豪威尔政府开始着手确立新的美韩关系。1953 年 7 月，国家安全委员会正式出台了 NSC 154/1 号文件，名为"朝鲜战争停战后美国的策略"。文件以遏制中国为前提，决定全面加强和韩国的政治、经济、军事关系。文件基本内容有四项：一是要对中国共产党和朝鲜施以政治、经济压力；二是维持美国在韩国的军事力量；三是继续向韩国政府和军队提供全面政治、经济和军事支持；四是与韩国政府签订一项双边条约。[③] 文件的出台表明，美国开始准备对韩国承担更大的责任。

1953 年 10 月 1 日，美韩双方正式在华盛顿签署了《美韩共同防卫条约》[④]。该条约的签订，表明美韩军事同盟关系的确立，成为冷战时期美韩关系的基础。从条约的内容来看，美韩关系是纯粹的军事同盟关系。然而，与一般的军事同盟关系不同，双方并不仅仅是单纯的军事合作意义上的同盟。由于韩国是美国一手扶植起来的，其生存与发展很大程度上依赖美国，因此，同盟的存在需要美国不断向韩国输血。随着美苏冷战重心的变化，在维持半岛军事平衡、避免新的军事对抗前提下，美韩同盟关系向着全面深入的方向发展，美国对韩政策目标也逐渐走向多元化。

---

① "Memorandum Containing the Sections Dealing With Korea From NSC 48/5", Dated May 17, 1951, in *FRUS*, 1951, Vol. Ⅶ, pp. 439 - 442.

② 沈志华：《毛泽东、斯大林与朝鲜战争》，广东人民出版社 2003 年，第 457 - 482 页。

③ Donald Stone Macdonald, *U. S.-Korean Relations, from Liberation to Self-reliance—The Twenty-year Record*, Westview Press, Inc., 1992, p. 14.

④ 条约原文见附录 1，关于李承晚在《美韩共同防卫条约》签订过程中对美国的影响，有学者进行了专门论述。代表著作有陈波：《冷战同盟及其困境——李承晚时期美韩同盟关系研究》，上海世纪出版集团 2008 年，第 151 - 178 页。

1953年11月19日，美国国家安全委员会出台NSC 170/1号文件，该文件基本继承了朝鲜战争前NSC 8所设定的美国对韩政策的长期目标。[①]围绕美国的对韩政策，艾森豪威尔政府出台的NSC 5514号文件，最终确定了美国朝鲜半岛政策长期目标的表述，即"建立统一朝鲜国，该国经济独立、拥有自由的代议制政府；该政府对美国及其他自由世界国家友好；并根据国际协定确保其主权和领土完整；建立足以确保自身安全的军队"[②]。艾森豪威尔政府出台的NSC 5702/2、NSC 5817、NSC 5907、NSC 6018号国家安全文件基本继承了有关美国朝鲜半岛政策长期目标的多元设计。

第二节　美国与李承晚政府关系的演进及其特征

自1945年9月美军进驻朝鲜本土后，美国军方就不得不考虑如何驾驭和运用本土力量来维持南朝鲜的统治秩序。在美苏协商联合托管朝鲜半岛的过程中，朝鲜本土的反对声势及派系纷争使美国进一步认识到，维持美国在朝鲜半岛的战略利益，必须倚重朝鲜的本土力量。随着美苏冷战形势的日益明朗，美苏在朝鲜半岛实行联合托管已无可能，美国决定放弃联合托管计划，扶植南朝鲜的右翼势力，在南部建立独立的政权。李承晚纵横捭阖于南朝鲜各种本土势力和美国之间，成为美国在南部建立政权的最终人选。[③]

尽管美国对朝鲜半岛战略地位的认识不断提升，并对NSC 8号文件进行了修订，但在朝鲜战争之前，美国从朝鲜半岛脱离的政策基调仍然处于主导地位。新成立的韩国李承晚政权竭力阻止美国从朝鲜脱离的政策，由于美国对朝鲜半岛的战略地位没有足够的重视，以李承晚为代表的朝鲜本土力量对美国对韩政策的影响非常有限。

1950年6月，朝鲜战争的爆发，扭转了美国从朝鲜半岛脱离的基本政策，开始转而强化对韩国战略地位重要性的认识，同时也为韩国增加了影响美国朝鲜半岛政策的筹码。在"联合国军"参加朝鲜战争初期，美韩在军事

---

① "NSC 170/1, U. S. Objectives and Courses of Action in Korea," November 20, 1953, *DNSA*, PD00368.

② "National Security Council Report", February 25, 1955, in *FRUS*, 1955—1957, Korea, Volume XXIII, Washington D. C.: United States Government Printing Office, 1993, pp. 42 - 48.

③ 关于李承晚的崛起过程，可参见陈波：《冷战同盟及其困境——李承晚时期美韩同盟关系研究》，上海世纪出版集团2008年，第37 - 61页。

目标上是一致的，都主张用武力统一整个朝鲜半岛。但 10 月份中国介入朝鲜战争后，战局很快陷入僵持状态。美国从冷战的战略全局出发，为了避免战争演变成一场同中国的持久战，避免在朝鲜半岛过多投入美国的军事力量，决定通过谈判实现停战，而韩国李承晚政权则从韩国自身的利益出发，主张继续武力统一朝鲜半岛。因此，1951 年 6 月 30 日中美停战谈判开始后，美韩在军事目标上发生明显分歧。从此，竭力阻止实现停战和破坏停战状态成为李承晚政府一贯的政策方针。这给美国的停战政策造成了不小的影响。

1952 年 2 月，李承晚政府频繁的反停战行为令美国上下感到强烈不满，最后，杜鲁门总统亲自致信李承晚，对其行为进行谴责才暂时止住韩国的反停战行为。不过，李承晚借机要求美国尽快同韩国缔结韩美共同防御条约，并加快制订扩建韩国军队的计划。[①] 对此，急于实现停战并在国内面临选举困境的杜鲁门政府迟迟不予答复。

1953 年 2 月，由于在选举之前就公开承诺尽快结束战争，新上任的艾森豪威尔政府急于实现停战。李承晚对美国急于停战的心态心知肚明，因此，竭力通过破坏停战以增加向美国要挟的筹码。1953 年六七月份，在停战谈判接近尾声、即将达成协定的过程中，李承晚政府做出了破坏停战的最后努力，以公开释放韩国士兵看管的中朝战俘[②]相要挟，阻止中美双方达成停战协定。面对韩国政府不断制造的麻烦，美国政府不得不采取安抚政策。艾森豪威尔向李承晚保证：(1) 美国将不放弃用一切和平的方式实现朝鲜统一的努力；(2) 在缔结一项可以接受的停战条件时，准备按照过去美国和菲律宾共和国之间、美国和澳大利亚及新西兰两个英联邦成员国之间所缔结的条约的原则，立即同他谈判缔结一项共同防御条约；(3) 在取得必要的国会拨款的条件下，美国政府将继续向韩国提供经济援助，用以恢复其饱受摧残的国土。[③]

美国很快兑现了自己的承诺。7 月 27 日《朝鲜停战协定》刚刚签订，美

---

① "The President of the Republic of Korea(Rhee) to President Truman", March 21, 1952, in *FRUS*, 1952—1954, Vol. XV, part 1, pp. 114 - 116.

② 1953 年 6 月 8 日，中美双方达成了分两步遣返战俘的问题协议，中美停战实现在望。但是，李承晚集团一心想促成美国北进，采取行动破坏停战，6 月 18 日，"释放"了由其拘押的 2.7 万名朝鲜战俘，并宣布将其编入韩国军队，以此破坏停战协定。

③ 德怀特·D. 艾森豪威尔：《艾森豪威尔回忆录——白宫岁月，1953—1956》，复旦大学资本主义国家经济研究所译，生活·读书·新知三联书店 1978 年，第 215 页。

韩双方就于 8 月 8 日草签了共同防御条约。对于美韩双方而言，共同防御条约有着不同的意义。一方面，韩国借助该条约，得到了美国的安全保障；另一方面，美国则借助该条约取得在韩国长期驻军的合法地位，并把韩国军队的作战指挥权牢牢控制在联合司令部，防止韩国破坏朝鲜半岛的停战状态。

然而，在美韩同盟的框架下，韩国并不完全听命于美国，而反过来竭力影响美国的朝鲜半岛政策。朝鲜半岛实现停战后，在有关战后遗留问题的解决方面，李承晚政府力图打破朝鲜半岛的停战状态，重启战端，因而不断设法影响美国的半岛政策，积极阻挠停战遗留问题的解决。

韩国影响美国停战政策的活动主要集中在 1954 年的日内瓦会议和停战监督的重要机构中立国监察委员会的存废问题上。1954 年 1 月 25 日，英、法、美、苏四国外长在柏林会议上声明，将于 4 月 26 日在日内瓦召开处理朝鲜和印支问题的会议。2 月 4 日，李承晚得到消息后，很快对美国表示不满，认为这是美国在不顾韩国的存亡同苏联做交易。① 针对美国发出的参加日内瓦会议的邀请，李承晚要挟美国在武力统一朝鲜和扩充韩国军事力量之间做出选择，要求把韩国陆军增加到 35—40 个师。②

李承晚借机要价的行为令美国感到非常恼火，但对于韩国的要求，美国也不得不予以考虑。16 日，美国对韩国的要求做出答复，虽然没有明确满足李承晚的要求，但同意继续扩充韩国军队，推进韩国海空军现代化，重组韩国海军陆战队，并派遣军事人员具体磋商实施方案。③ 对此，韩国也见好就收，不再坚持原有要求，宣布参加日内瓦会议。

但在日内瓦会议上，韩国的行为和立场再次让美国陷入困境，并促使美国最终不得不调整自己预定的会议方案。按照会议召开前的预想，美国准备在会上提出三种方案。为了争取韩国和盟国支持，美国主张以韩国现有

---

① "The President for the Republic of Korea (Rhee) to President Eisenhower", February 4, 1954, in *FRUS*, 1952—1954, Vol. XV, Part 2, pp. 1745 - 1747.

② "Editorial Note"; "The Secretary of State to the Embassy in Korea", March 20, 1954, in *FRUS*, 1952—1954, Vol. XVI, The Geneva Conference, Washington D. C.: United States Government Printing Office 1981, pp. 35 - 36, 44 - 46.

③ "The Acting Secretary of State to the Embassy in Korea", April 16, 1954, in *FRUS*, 1952—1954, Vol. XVI, The Geneva Conference, pp. 103 - 105.

制度为基础，在南北分别举行选举，然后再建立统一的朝鲜政府。[①]

这是一种折中方案，体现了美国准备在盟国和韩国之间实现妥协的一种构想。但会议的进程没有按照美国的最初设想进展。折中方案遭到韩国的反对，韩国谴责美国是在向共产党投降，李承晚指出，法国在奠边府的失败就是美国不想在亚洲用兵的结果。[②] 看到该方案难以在盟国内部达成一致，加上中朝方面坚持联合国无权处理朝鲜半岛问题的立场，美国决定放手让韩国去破坏日内瓦会议。最终，日内瓦会议没能就朝鲜问题达成任何一致。

除了在日内瓦会议上竭力影响美国对朝政策外，在战后的监督问题上，李承晚政府积极推动美国废除中立国监察委员会，以达到其破坏停战监督机制，进而打破半岛停战状态的目的。因为在韩国看来，朝鲜半岛的缓和局势意味着韩国在美国对外战略中地位的下降，韩国将从此失去武力统一朝鲜半岛的机会。因此，日内瓦会议结束之后，韩国政府立即拿中立国监察委员会开刀。7 月 30 日，配合正在访美的李承晚，韩国宪兵总司令元容德公开发表声明，准备对中立国监察委员会采取行动，随后韩国爆发了驱逐中立国调查组中波兰和捷克成员的游行示威。[③] 显然，这些示威活动是韩国政府有预谋的行动。

针对韩国破坏朝鲜停战的行动，美国一再向韩国施压，最终于 11 月 17 日迫使韩国同美国签订了《共同谅解备忘录》。该备忘录的签署，使美国得以继续以"联合国军"的名义控制韩国军队，保障韩国在停战问题上同美国进行合作。但在解决中立国监察委员会问题上，美国迟迟不能同盟国达成一致。1955 年 8 月份，韩国又开始频繁向美国施压，促使美国不得不加快解决中立国监察委员会问题的进度。在答复 1956 年 4 月 9 日中国照会的

① "Memorandum by the Technical Secretary, United States Delegation at the Geneva Conference (Van Hollen)", April 24, 1954, in *FRUS*, 1952—1954, Vol. XVI, The Geneva Conference, pp. 131 - 139.

② "Dean - Briggs - Rhee Meeting, Seoul, May 8, Morning: The Ambassador in Korea (Briggs) to the Department of State", May 8, 1954 in *FRUS*, 1952—1954, Vol. XVI, The Geneva Conference, pp. 226 - 228.

③ "The Commanding General, United States Eighth Army (Taylor) to the Chief of Staff, United States Army (Ridgway)", August 3, 1954; "The Chargé in Korea (Strom) to the Department of State", August 5, 1954, in *FRUS*, 1952—1954, Vol. XV, part 2, pp. 1863 - 1865.

过程中，美国最终争得了盟国的一致支持。5 月 31 日，军事停战委员会中的美方代表单方面宣布，中立国监察委员会在韩国各个口岸的视察小组必须在一个星期内全部撤离韩国。[①] 最终，在停战问题上，困扰美韩关系的最后一个重要障碍被扫除。

在朝鲜停战问题上努力协调美韩关系的同时，美国艾森豪威尔政府也不得不积极思考停战后美国的对韩政策。尽管美国的对韩政策仍旧服从于美国的军事战略安全需要，但与战争期间以韩国军事安全为核心的政策不同，战后的对韩政策设计是以建设一个怎样的韩国为核心。韩国李承晚政府的考虑则与之不同，坚持以军事安全为国家政策核心，因此美韩在朝鲜停战后仍然政策冲突不断。

在停战前夕，美国就已着手考虑韩国的战后建设问题。1956 年 6 月 15 日，经过两个多月的实地考察后，韩国经济事务总统特使亨利·塔斯卡(Henry J. Tasca)向艾森豪威尔提交了长篇报告。该报告是二战结束以来最为具体的考察美国对韩政策的重要文件之一，成为国家安全委员会 NSC 156 号文件，并于 6 月 23 日在国家安全委员会讨论。该文件开门见山地指出："美国的安全利益需要加强韩国的经济。"接着文件从"联合国军"和韩国军队行动、韩国民众的基本生活水平、韩国的自卫和持续发展三个基本角度指出加强韩国经济的重要性，并提出了未来 3—5 年内援助韩国的政策建议。[②]

随后，沿着该报告确立的基本精神，在共同防御条约的框架之下，美国对韩政策目标随着美韩关系的演进开始日趋细化。美国国家安全委员会综合美国各部意见，从美国在朝鲜的长期目标、当前具体目标和具体的政策三个方面制定了详细的战后对韩政策目标。国家安全委员会 NSC 170 号系列文件确定，美国在朝鲜半岛的长期目标是确保建立一个自由统一的朝鲜，其政治和领土的完整性得到国际协定的保证，有足够的军队保证内部安全并能捍卫朝鲜领土免于大国的攻击。为了确保韩国的安全，美国应该加强对韩军事和经济援助，把援助的重点"放在提高韩国国民生活水平和能够立

---

① 刘金质、杨淮生主编：《中国对朝鲜和韩国政策文件汇编》，中国社会科学出版社 1994 年，第 871 - 872 页。

② "Note by the Executive Secretary (Lay) to the National Security Council", June 23, 1953, in *FRUS*, 1952—1954, Vol. XV, part 2, pp. 1247 - 1263.

即提高生活水平的领域”。①

一年多之后，1955 年 3 月出台的 NSC 5514 文件取代 NSC 170/1 文件，相比前者，该文件表明美国对韩政策有了四点新变化。它首先规定美国的长期目标是，“在联合国的监督下，在朝鲜实行自由选举，建立亲美、独立的代议制政府，并在该政府领导下，实现朝鲜统一”。第二，文件规定“当前的政策目标”是扩大美国对韩军援，使韩国拥有充足的军事力量维持国内稳定并阻止朝鲜的侵略，进而促使其为“自由世界”在太平洋地区力量的发展做出实质性贡献。第三，文件确定了将韩国纳入太平洋集体安全体系的政策。为了减轻韩国对美国的依赖，美国将积极推动亚洲其他盟国与韩国发展双边或者多边关系，“帮助韩国与日本、菲律宾及台湾形成利益共同体，尽快建立包括菲律宾、日本、‘中华民国’在内的任何一个国家都能与《马尼拉条约》《澳、新、美条约》联系起来的西太平洋集体防卫条约体系”。第四，文件提出了韩国军事力量发展优先于经济发展的原则，规定美国对韩国经济援助的目的在于使韩国承担更多的军事力量维持费。② 该文件所设定的对韩政策表明，美国对韩政策经历过朝鲜战争过度偏向军事化目标之后，开始继承 NSC 8 确定的更加合理的对韩政策设计，综合考虑美国的战略需要，通过加强韩国的自身能力，逐步减少韩国对美国的军事依赖和对外政策牵制，对韩政策不仅仅局限于在朝鲜建立统一的亲美代议制政府，保障韩国不受外来威胁，而且要加强对韩国的军事和经济援助，把韩国纳入美国远东的集体防卫战略框架，让韩国在东亚冷战中承担一定的责任。

1957 年 8 月国家安全委员会又出台了 NSC 5702/2 号“美国对朝政策”文件。在保证韩国内外安全的情况下，文件更加突出了推动韩国经济发展和政治民主的目标。文件规定，当前的美国目标是：促进韩国进一步发展稳定的民主制度，同亚洲其他“自由国家”保持合作关系，使韩国获得最大限度的经济发展，并与一定程度的经济稳定性和必要的消费水平协调一致；防止韩国被共产主义以颠覆或侵略的方式控制；保证韩国军队能够确保国内安全，同美国军队一起遏制或者成功阻止朝鲜单独的进攻，阻遏朝鲜和中国军

---

① “Draft Report by the National Security Planning Board of the National Security Council”, November 9, 1953, in *FRUS*, 1952—1954, Vol. ⅩⅤ. pp. 1600 - 1604.

② “National Security Council Report”, February 25, 1955, in *FRUS*, 1955—1957, Vol. ⅩⅩⅢ. part 2, pp. 42 - 48.

队目前驻扎在朝鲜的军队的进攻或者在美国有限的援助下遏制这一力量；影响韩国按照联合国宪章的目标和原则处理对外关系；促成必要的环境以形成西太平洋集体防御安排，使包括菲律宾、日本、“中华民国”和韩国在内的国家与地区参与这一体系，最终同美澳新条约和东南亚条约连接。[①] 从目标的排序来看，韩国的民主制度建设处于首要地位，其次是韩国的经济发展与稳定；在韩国民主、发展、稳定的前提下，援助韩国发展军事力量，维护韩国的内外安全，进而培养韩国参与美国西太平洋集体防御的能力。随后美国制定的国家安全委员会 NSC 5817 号和 NSC 5907 号文件基本继承了 NSC 5702/2 号文件的对韩政策框架目标。

然而，李承晚政府在国家主要目标的设定上与美国的构想不同。李承晚主要考虑的是如何维护自身政权统治，并努力实现“北进统一”的毕生夙愿。因此，李承晚政府花费很大的精力以维持庞大的军事力量和同朝鲜的军事竞争，而对韩国的国内民主、经济建设缺乏重视，因此，在美国对韩援助资金的使用上，李承晚政府竭力阻碍美国降低对韩军援比例，并促使美国不得不做出让步。

除了在对韩援助资金的使用方面不服从美国的政策之外，在实行韩国民主政治方面，李承晚也不断背离美国推动韩国政治民主化的目标。1956 年 5 月，韩国总统选举结果公布，李承晚的支持率从 1952 年的 74%下降到 56%，副总统的选举结果也出乎李承晚的预想，李承晚意中的自由党候选人李起鹏（Yi Ki-Pong）败给张勉（Chang Myon）。选举的结果令李承晚看到危机，大选之后日益增强的反对势力对李承晚的统治形成明显挑战，因此，李承晚加紧实行独裁统治。1958 年 12 月 9 日自由党主导议会通过《国家保安法》修正案，并于 24 日动用武装警察强行通过该法案。尽管美国警告李承晚的独裁行为将影响盟国对韩国的支持，但李承晚仍一意孤行。

李承晚政权的独裁行为使其不仅在国内逐渐失去了群众基础，也促使美国进一步考虑李承晚政权的存续问题。1960 年 3 月 15 日，韩国举行总统大选。民主党候选人赵炳玉离奇死亡，使选举成了以李承晚为首的自由党的独角戏。李承晚和李起鹏高票当选总统和副总统。自由党的舞弊行为

① “National Security Council Report”, August 9, 1957, in *FRUS*, 1955—1957, Vol. XXIII. part 2, pp. 489 - 498.

引起了反对党和民众的强烈不满，最终激发了以学生为主的大规模示威[①]，韩国局势逐渐失控。4 月 19 日，李承晚政府对学生运动的疯狂镇压进一步激起强烈反抗，最终导致韩国局势的失控。韩国局势的日趋恶化，让美国感到摆脱李承晚这个不听话伙伴的时机已到。美国决定对李承晚采取强硬态度。国务卿赫脱照会韩国驻美大使，指出韩国的游行反映了民众的愤怒，如果不及时纠正并恢复秩序，容易被共产党利用。美国要求韩国采取措施恢复民众对两党民主制度的信任，查处选举舞弊行为。[②] 面对难以缓解的局势，美国于 26 日再次向李承晚施压，要求其辞去总统职务，修订宪法，改组内阁。在内外双重压力下，李承晚被迫辞职。[③] 外务部长官许政代行总统职权，组建过渡政府。为了防止再度出现总统个人独裁，6 月 10 日，过渡政府决定第三次修改宪法，取消总统制，分散政府权力，建立责任内阁制，并筹备新的总统选举。

李承晚政权的倒台，客观上扫除了美国政策调整的韩国国内障碍。美国开始考虑韩国实行新民主的可能性，副国务卿道格拉斯·狄龙(Douglas Dillion)表示，他“盼望着韩国富有世界意义的进步，这是先前我们在朝鲜战斗并一直捍卫的原则”[④]。面对韩国向民主化迈进的趋势，美国政府相当重视。在韩国新宪法通过九天后，艾森豪威尔总统访问韩国，在韩国国会发表演说并会见民主党领导人，鼓励韩国实行选举，尽快实现权力交接，表示美国将支持新的民主政府。[⑤]

7 月 29 日，新的总统大选开始。李承晚下台使其所领导的自由党势力衰落，而原来在野的民主党经过重组实力大增，在选举中大获全胜，赢得国会 233 席中的 174 席，民主党新派代表张勉当选总理，出面组阁，旧派代表尹潽善出任总统。然而，新的张勉政府却无力解决李承晚政府的遗留问题，

---

① 曹中屏、张琏瑰编著:《当代韩国史，1945—2000》，第 173 页。

② “Telegram From the Department of State to the Embassy in Korea”, April 19, 1960, in *FRUS*, 1958—1960, Vol. XVIII, Washington D. C.: United States Government Printing Office, 1994, pp. 624 - 626.

③ “Telegram From the Embassy in Korea to the Department of State” April 26, 1960, in *FRUS*, 1958—1960, Vol. XVIII, pp. 639 - 640.

④ “Telegram from the Department of State to the Embassy in Korea”, May 5, 1960, in *FRUS*, Vol. XVIII, 1958—1960, pp. 656 - 657.

⑤ “Memorandum of Conversation”, June 20, 1960, in *FRUS*, Vol. XVIII, 1958—1960, pp. 668 - 672; Gregg Brazinsky, *Nation Building in South Korea—Koreans, Americans, and the Making of a Democracy*, pp. 110 - 111.

同时由于权力分配不均,民主党内部新老两派很快展开权力斗争,并在内阁席位的分配上矛盾加深,最终导致分裂。民主党内的权力斗争严重削弱了张勉政府的施政能力,导致韩国政局不稳。[①] 重要的是,张勉政府也无力控制军队。

韩国政局的动荡不安促使美国开始深入思考对韩政策,对张勉政府的民主热情开始减退。1960 年年底到 1961 年年初,艾森豪威尔政府出台了最后一份对韩政策文件 NSC 6018/1。[②] 在继承以往文件中建立统一的代议制政府长期目标的同时,该文件加入了该政府应“能够有效地反映民众的需求、处理社会问题”的内容。考虑到美国政府即将换届,文件把以往的“当前目标”改为“暂定目标”并做了相应调整。“暂定目标”中的第一项强调了政府的能力与效力:“建立一个强大、稳定的韩国政府和社会,设计政策、制度和积极行动计划,促进民族团结和进步,满足大众需求,消除腐败,实现个人自由和社会公平的自由世界理想”。第二项目标也是关于韩国经济的发展,不过与以往相比,开始强调在减少对韩援助的同时,促使韩国经济自立。这一调整表明,美国政府总结了以往对韩政策的经验教训,开始转向集中推动韩国政府自身的稳定、自立和经济的持续发展。

小结　李承晚政府时期美韩同盟关系的特征

美韩同盟关系的形成与发展,源于美国的对苏冷战战略。因而,美国的对韩政策服从于美国的冷战战略需要。但在美国的东亚整体战略中,具体到美韩双边同盟关系,美国不得不考虑韩国自身具体的政权特性,结合韩国的本土特点,调整自己的对韩政策。在李承晚执政时期,美国朝鲜半岛政策的实施受到李承晚政府的显著影响。朝鲜战争使朝鲜半岛在美国东亚冷战战略中的地位提升之后,李承晚政权对美国半岛政策的逆向影响则更为明显。

---

① [美]玄熊:《朴正熙》,潘屹译,红旗出版社 1993 年,第 27 - 28 页;曹中屏、张琏瑰:《当代韩国史,1945—2000》,第 192 - 196 页。

② “National Security Council Report”, November 28, 1960, in *FRUS*, Vol. XVIII, 1958—1960, pp. 699 - 707. NSC 6018 出台后,经过各部门的讨论,最终在 1961 年 1 月 18 日肯尼迪政府上台前得到批准,即 NSC 6018/1。

第二次世界大战结束初期，美国对朝鲜半岛的战略地位认识不足，将其排除在太平洋弧形防御圈之外，因此，美国采取逐渐从朝鲜半岛“脱离”的政策。尽管如此，美国依然希望能够按照自己的设想塑造一个统一的朝鲜。早在 1946 年，美国政府就初步考虑过未来美国的对朝政策目标：“建立一个自治的朝鲜，不受外国的控制并且有资格加入联合国；确保建立一个民主政府，使韩国人民有充分的言论自由；为了确保形成独立的民主国家，援助朝鲜人建立合理的经济和足够必要的教育制度。”①

但朝鲜战争的爆发很快扭转了美国的“脱离”政策，走上了全力扶持韩国政府的道路。在美国自身对苏冷战战略需要和韩国李承晚政府的极力推动下，美韩双方在朝鲜停战之际建立了紧密的同盟关系。然而，正是这种紧密的同盟关系成为李承晚政府反过来影响美国朝鲜半岛政策的资本。李承晚正是抓住了美国推行的东亚冷战战略对韩国存在战略依赖性这一点，才敢于贸然释放战俘，破坏停战协定，挑战美国的对朝政策。

为了实现朝鲜停战，美国不得不向李承晚让步，违背《朝鲜停战协定》的基本精神，同韩国建立军事同盟关系。在朝鲜停战后的中立国监察委员会、对韩援助资金的分配以及韩国的民主政治发展等问题上，尽管美国有自己的政策设想，但由于李承晚政府在这些问题上不断施加影响，美国不得不适时调整自己的对韩政策。

朝鲜停战后，韩国在对苏冷战中的“窗口”作用进一步增强了韩国的战略价值。1950 年代后半期，苏联赫鲁晓夫政府提出了和平共处、和平竞赛、和平过渡的对外政策总路线，强调同美国展开制度竞争。国际环境的变化促使美国将政治民主化提升到了冷战的战略层面。在韩国建立亲西方的民主政权，一直是美国的长期政策目标。为了显示西方民主制度的优越性，美国加强了对韩国的扶持力度，对韩政策目标开始沿着最初设想的目标深化发展，逐步细化。随着冷战形势的发展和美国冷战战略的不断调整，美韩同盟不再是单纯的军事同盟，除了发展韩国的军事力量之外，美国开始致力于韩国经济和政治发展，对韩政策目标开始呈现多元化趋势。随着美国对韩政策目标的日趋多元化以及美韩同盟关系的加强，影响美国对韩政策实施

---

① Donald Stone Macdonald, *U. S. -Korean Relations, from Liberation to Self-reliance—the Twenty-year Record*, Westview Press, Inc., 1992, p. 3.

效果的因素逐渐增多。美国政府内部有关对韩政策目标轻重认知的分歧和韩国政府对美国对韩政策的影响开始突显。

朝鲜战争之前，影响美国对韩政策框架设计及实施效果的因素主要是美国政府内部军方和国务院的分歧。双方的分歧主要是对朝鲜半岛战略地位的定位认识不同，这种认识的差异导致美国政府内部对朝政策一直没有稳定下来。经部际协调委员会多次召开会议，最终，美国政府采取折中观点，即 NSC 8/2 文件确定的对朝政策目标，在实现美军军事撤退的同时，通过对韩国的援助，防止苏联控制整个朝鲜半岛。

朝鲜战争扭转了美国政府各部门对朝鲜半岛的冷战战略地位认识，一致同意采取积极扶植韩国政府的立场。随着战争的结束，围绕韩国的军事、经济和政治发展等问题，美国对韩政策目标开始转向韩国的战后重建。其中，主要的政策手段就是加强对韩国的经济和军事援助。但是，在援助问题上，美韩双方就经济援助和经济政策、军事援助和军事部署的调整等方面争执不断。争执的根本原因在于美韩双方政策设想在追求目标上的差异，美国的对韩援助很大程度上服从于美国的东亚冷战政策目标，而李承晚政府则更多考虑韩国统一的国家目标与自身政权的存续。另外，在美国政府内部，关于军事援助问题，军方与国务院也存在一定的分歧，这对于美国对韩政策的实施都产生了相应的影响。①

1950 年代末期，随着韩国内部政治、经济形势的恶化，在政策目标的制定过程中，关于美国对韩政策中的韩国政权民主化、内部稳定和军事安全等目标的优先选择和有关措辞问题，美国政府部门内部的分歧开始愈加明显，美国对韩政策多元目标之间的冲突与协调问题突显出来。② 尽管 NSC 6018/1 文件为美国 1960 年代的对韩政策提供了具体的政策框架，但新形势下美国对韩政策与美韩关系仍将面临新的挑战。

总体而言，从冷战开始至美韩同盟建立再到李承晚政府倒台，美国对韩政策的设计和实施效果受到了双重因素的影响。一方面，美国远东冷战战略的总体框架决定了美国对韩政策的基本定位。另一方面，韩国李承晚政府从自身的国家和政权利益出发，对美国的朝鲜半岛政策实施效

---

① 关于美国对韩援助的具体情况，详细可见陈波：《冷战同盟及其困境——李承晚时期美韩同盟关系研究》，第 240 - 279 页。

② Donald Stone Macdonald, *U. S. -Korean Relations, from Liberation to Self-reliance—The Twenty-year Record*, Westview Press, Inc., 1992, pp. 25 - 26.

果产生了相应的影响。随着美国对韩政策目标从以传统的军事安全为中心不断向经济、政治等多元目标演化，美国对韩政策设计日趋复杂化，美国政府内部、美韩之间对这些目标的认知分歧开始日渐突出。尤其是1950年代末美国政府对外援助理念的逐步变化，对于美国对韩政策重心的变化起到了推动作用。[①] 随着60年代冷战形势的变化和美国对韩政策的调整，围绕美国对韩政策与美韩同盟关系的斗争与妥协将使双边关系呈现新的面貌。

① Rostow W. W., *W. W. Rostow Eisenhower, Kennedy, and Foreign Aid*, University of Texas Press, Austin, 1985. pp. 3-12, 139-150.

第二章　美国政策的调整与韩国政权的变更

自李承晚政权倒台至1961年“5·16”政变军政府上台，这段时期恰是美韩两国政府的权力交接或政权更迭之际。因此，这一时期美韩同盟关系呈现出非常微妙的特征。艾森豪威尔在总结既往对韩政策经验教训的同时，也把混乱的韩国交给了下一届政府。美国新任总统肯尼迪在调整美国总体政策的同时，不得不摸索新的对韩政策。而急速更迭的韩国政府当权者也在努力稳固自身政权并寻求美国的支持，重新定位美韩关系。

经过短暂的许政过渡政府，以张勉为首的韩国第二共和国建立。尽管张勉政府的民主色彩符合美国在韩国建立西式民主政体的目标，但是该政权内部分裂，治理能力不佳，难以有效稳定韩国的政局，不能有效推进美国对韩政策的经济、军事等其他重要目标。

对于美国来说，混乱的韩国还不如不太听话但相对稳定的李承晚政权。但一切都随着李承晚政权的倒台成为过去，当下美国最需要的是帮助张勉政府稳住韩国局势。然而，张勉政权的软弱无力，最终促使肯尼迪政府不愿提供更多的支持。1961年韩国的“5·16”政变，切实考验了美国的对韩政策，但在和以朴正熙为首的军人政权互动中，美国很快选择了军政府。因此，张勉政府的迅速倒台，某种程度上是美国观望放任的结果。

第一节　肯尼迪政府对韩政策调整决策

1961年1月30日，在国会发表的国情咨文中，肯尼迪总统指出，为了应付中、苏对美国的挑战，推动美国在世界舞台上发挥更大的作用，美国必须重新检查和调整其对外政策的全套机能，加强美国的军事能力，提高美国的经济影响力，磨砺美国的政治和外交工具。为此，肯尼迪表示，希望国会授权制订一个援助其他国家和地区经济、教育和社会发展的更有效的新计划。同过去的计划相比，该计划必须能够更具灵活性地应付短期的紧急事件，更多地致力于长期发展，并对受援国各级教育给予新的关注；要更加强调受援国的作用，并推动受援国扩大社会正义和合作，使公共管理和税收制度更加有效。[①]

在加强军事力量同时，肯尼迪政府准备积极调整对外政策机构并制定灵活有效的对外经济政策，帮助受援盟国的发展，强调受援国的自主发展作用。为此，作为以往制定政策的重要机构，国家安全委员会从一开始就成为调整的重点对象。新任总统国家安全事务特别助理麦乔治·邦迪(McGeorge Bundy)刚就任，就着手精简和重组艾森豪威尔政府时期复杂的国家安全机构，撤销了一些专门委员会，组成了一个精干而灵便的国家安全委员会工作班子。[②]

新的工作班子很快参与了美国对韩政策的分析和制定。1961 年 3 月，鉴于韩国混乱的局势，及对腐败无能、无所事事且权力斗争不断的张勉政府的不满，美国援韩使团(U. S. Operations Mission, USOM)中负责对韩技术援助的副主任休·法利(Hugh D. Farley)提出辞职，并很快向安全委员会提交了一份韩国内部政治形势的报告。报告对韩国的形势持相当悲观的看法，指出韩国主要政府部门的渎职、腐败和欺诈几乎不可救药。因为美国对此无动于衷，韩国民众正在丧失对美国的信心。张勉政府日渐无力，难以采取必要的行动。在未来的几个月内，韩国的局势将会急剧恶化，极有可能发生反政府甚至反美的政变。美国援韩使团相当重要，但是由于其决策者犹豫不决和消极领导，没有发挥应有作用，与韩国政府缺乏有效沟通和合作。如果不立即采取措施，在 4 月 19 日李承晚政府倒台一周年纪念日，张勉政府很可能倒台。局势的恶化将严重危及美国在朝鲜半岛的地位，损害美国的共同安全计划和国际名誉。[③]

因此，法利提议，不要因为过分担心"干涉"韩国的主权而束缚了美国的手脚，美国应该立即采取行动，对张勉政府施加影响，扭转当前日渐恶化的局势。为此，法利提出了非常具体的行动建议：首先，肯尼迪总统给张勉总理写一封信，向其施加压力；随后，派遣一位熟悉韩国情况的特使，并全面授权该特使负责所有当前对韩援助资金和项目，对美国援韩使团进行人事调整，推动张勉政府进行改革，争取各界支持。敦促张勉政府采取措施，重新

---

① Annual Message to the Congress on the State of the Union. January 30, 1961. available at http://www.presidency.ucsb.edu/ws/index.php? pid=8045.

② [美]小阿瑟·M. 施莱辛格：《一千天：约翰·菲·肯尼迪在白宫》，仲宜译，生活·读书·新知三联书店出版 1981 年，第 132－133 页。

③ "The situation in Korea", February 1961, in MF0501100.

分配韩国财富,使财产从少数富人手中向多数人手中转移,在4月19日前实施各项改革法令,并严格执行。美国还应该促使国际货币基金组织帮助韩国近期的汇率改革,采取有关稳定措施。对日本、英国、澳大利亚等施加影响,投资韩国市场,促进韩国的发展。①

法利的建议反映了作为援韩使团的重要负责人推动韩国改革的迫切心情。不过,尽管其建议看起来相当完善,但却很难操作,更重要的是它让美国承担了太大的责任。建议一提出,便在美国政府内部引起了广泛争论。国际合作署官员威廉·谢泼德(William Sheppard)认为法利对于4月19日太过敏感,他不同意法利提议的应急措施或重组美国援韩使团。助理国务卿帮办艾弗里·皮德森(Avery Peterson)认为法利不够理性。② 国家安全委员会的罗伯特·约翰逊(Robert Johnson)尽管认同法利对韩国局势的判断,但认为其建议将会令美国对韩国干涉太多。约翰逊认为推翻李承晚的政变"唤醒了韩国的民族主义,产生了新的政治力量——学生和知识分子"。他们高度关注公共问题,对于美国的"干涉"变得敏感,而法利的这些提议涉及太多这样的"干涉"。在约翰逊看来,面对当前韩国的情绪,如果美国重新定位对其援助政策,强调经济和社会改革,而非军事计划,将可能受到韩国各重要政治势力的更多欢迎。因此,约翰逊建议,采用法利提出的有关计划和改革的总体原则,并在4月19日宣布,以表明这些计划和改革的目的是为了实现政变的目标。至于法利建议的派遣一名特使的特殊程序设计,约翰逊则认为不重要。③

与约翰逊不同,国家安全委员会资深顾问罗伯特·科默(Robert W. Komer)认为法利言过其实,根本问题不是韩国政局在4月19日是否再次动荡,而是美国是否真的明白韩国情况相当糟糕,以致必须采取紧急行动。

① "Report by Hugh D. Farley of the International Cooperation Administration to the President's Deputy Special Assistant for National Security Affairs (Rostow)", March 6, 1961. in *FRUS*, 1961—1963, Vol. XXII, Washington D. C.: United States Government Printing Office, 1996, pp. 424-425.

② "Memorandum from Robert W. Komer of the National Security Council Staff to the President's Deputy Special Assistant for National Security Affairs (Rostow)", March 15, 1961. footnotes, in *FRUS*, 1961—1963, Vol. XXII, p. 426.

③ "Memorandum from Robert W. Komer of the National Security Council Staff to the President's Deputy Special Assistant for National Security Affairs (Rostow)", March 15, 1961. footnotes, in *FRUS*, 1961—1963, Vol. XXII, p. 426.

韩国的根本问题是资源匮乏、政府腐败、技术落后、穷兵黩武。所有这些问题的根源是经济，美国未来十年的努力重点应该是：切实缩减韩国军备，将美国的资金转移到韩国的经济发展上；创立劳动密集型的轻工业，充分利用韩国的人力资源，把更多的精力用于推动韩国经济的发展。① 针对法利提出的向韩国派遣特使的意见，负责经济事务的助理国务卿乔治·鲍尔(George W. Ball)在《评休·法利的韩国观》报告中认为，应该向韩国派遣一个特别委员会，尽快把1961年1月审查报告的结论付诸行动，在韩国进行改革，实施新计划，推动韩国经济进步。②

罗伯特·约翰逊对此表示反对，认为不能贸然行事，韩国是美国经济和军事援助的最大接受者，因此美国对韩政策的调整要慎之又慎。"无论如何，不能基于一些假定的危机就采取行动。韩国当前的问题是矛盾长期积累的结果。在弄清楚这些情况之前，美国不应该采取重大行动解决这些问题。"③

邦迪的副手、发展经济学家出身的沃尔特·罗斯托(Walt W. Rostow)总结认为，为了韩国的安全，美国大量的对韩援助不应该只限于保持韩国政权的稳定，而且要用于促进韩国的发展。④

围绕韩国问题的讨论，映衬出美国政府内部虽然已经看到张勉政府在治理韩国方面的乏力，但短期内仍旧没能拿出一套可行的具体方案。不过，经过这番讨论，美国决策者达成了一个基本的共识：只要韩国缺乏强有力的领导，没有在清除腐败等问题上有所作为，韩国的未来就难以稳定。但肯尼迪政府仍旧没有决心对韩国局势采取强力干预，因而，在对待张勉政府的态度上，美国政府仍旧相当谨慎。华盛顿指示美国驻韩使馆，在同韩国领导人进行的重要会谈中，美国官员应该热情而不匆忙，在肯定张勉政府积极表现

---

① "Memorandum from Robert W. Komer of the National Security Council Staff to the President's Deputy Special Assistant for National Security Affairs (Rostow)", March 15, 1961. in *FRUS*, 1961—1963, Vol. XXII, pp. 426 - 427.

② "Memorandum from the Under Secretary of State for Economic Affairs (Ball) to the President's Deputy Special Assistant for National Security Affairs (Rostow)", March 21, 1961, in *FRUS*, 1961—1963, Vol. XXII, pp. 429 - 430.

③ "a letter from Roberts H. Johnson to Rostow", update, 1961, in MF0501100.

④ "Memorandum from the President's Deputy Special Assistant for National Security Affairs (Rostow) to President Kennedy", Washington, March 15, 1961. in *FRUS*, 1961—1963, Vol. XXII, p. 428.

的同时,以恰当方式表明美国的关切。国务院具体提出了与张勉政府会谈的原则:首先,提醒张勉政府不要太在意媒体的影响,不能让统一问题被共产党人的宣传所利用,必须重点加强政府力量。其次,建议张勉政府广泛吸纳人才参与制订符合实际的国家计划,加强国家建设委员会的职能,增加建设资金,促进就业,争取民众支持。第三,4月份危机到来之前,张勉政府需要采取措施整顿政府,应把警察机构从政治中分离出来,提高警察的道德和素质,使其成为自律性强的公共服务机构。第四,近来韩国通过的《国家安全法》非但不能解决当前的危机,反而会带来更多问题。

最后,国务院指出了美国对韩政策的总原则:准备全方位援助韩国,必须更多地强调发展。但韩国的领导人必须主动制订并执行实际的计划。作为"自由世界"的主权国家,未来的韩国,必须依靠自身谋求发展,其他国家的外来援助只能起补充的作用。[①]

随后,作为对自己任职的总结,即将离任的美国驻韩大使沃尔特·麦康瑙希(Walter P. McConaughy)也就美国对韩政策的相关问题提出了自己建议。关于较长时期内美国应该采取的行动和姿态,他提出四个重要的问题:如何更好地向韩国政府施加美国的影响,让它采取符合美国利益的措施?怎样促使韩国的民主制度变得更加有效?如何教导韩国人对自己的未来充满希望,增强彼此间的信任和信心?如何最快实现韩日关系正常化,并且确立韩日之间的相互信任关系?[②]

围绕这四个问题,麦康瑙希建议,美国应平等对待韩国人,坚持在国际问题上适当征询他们的意见,对于韩国的痛苦历史和分裂状态及当前诸多经济政治问题,保持富有同情的理解。美国必须对张勉总理施加更多的影响,锻炼其领导能力,敦促他果断行事,但必须防止韩国政府以镇压方式维护权力。韩国政府需采取积极措施提高国家福利,促进社会稳定,而非采用国家安全法进行强力镇压,这样只会被共产党和左派利用。[③]

关于增强韩国人信心和韩日关系正常化,麦康瑙希认为,这本质上是心理问题,是韩国的经济低迷、社会分裂、彼此长期缺乏信任等所导致的。因

---

① "Telegram from the Department of State to the Embassy in Korea", April 1, 1961, in *FRUS*, 1961—1963, Vol. XXII, pp. 436-438.

② "Telegram from the Embassy in Korea to the Department of State", April 11, 1961, in *FRUS*, 1961—1963, Vol. XXII, pp. 442-447.

③ Ibid.

而，推动韩国认真制订一个长期经济发展计划并积极实施是完全必要的。作为韩国天然的贸易伙伴，日本极有可能给韩国提供发展援助。美国也应该鼓励意大利和德国对韩国的工业项目进行私人投资。然而，韩国《国外投资法》生效 15 个月来，尽管为投资者提供了充足的安全保证，却一直没有吸引大量的外国投资，没有一个资本投资项目在该法的指导下启动。由此看来，政治和社会不稳是抑制国外对韩投资的主要因素。①

国务院的对韩政策原则、麦康瑙希任满提出的四个对韩政策问题与建议，反映了此时美国决策者关注的重点：推动韩国自立发展，不能过分干预韩国内部事务；以张勉政权为基础，推动韩国政治民主化、经济发展、社会稳定等多种目标的协调统一。美国的这种以张勉政府的存续为基础确定的对韩政策，反映了在政变发生前，美国仍然对张勉政府寄予一定的希望，或者事先对政变的发生估计不足。

第二节　韩国"5·16"政变与美国的应对

一、政变前的朴正熙

发动政变之前，朴正熙拥有传奇的人生经历。1917 年 1 月，朴正熙出生在庆尚北道一个贫穷的农民家庭。大邱师范学院毕业后，他成为一名中学教师。1940 年，朴正熙加入伪满洲国日军，并考入新京军官学校。在此期间，他结识了许多富有活力的朝鲜青年，这些人不少成为他日后政变的支持者。由于在学校中表现突出，1942 年 3 月，朴正熙被指定为日本帝国军事学院学员，赴日本东京学习。1944 年 7 月，朴正熙毕业，作为二等少尉，被派往日军驻满洲第八集团军，直到二战结束日本投降。②

在日本军中服役期间，朴正熙萌生了运用军事力量重塑社会的强烈信念。日本投降后，朴正熙返回故土，参与朝鲜的军队建设。1946 年 9 月他进入朝鲜军事学院，并成为该校第二届毕业班学员。毕业后他被派到美国人创建的警察部队任职。但是，对朴正熙而言，加入美国人创建的军事组

① "Telegram from the Embassy in Korea to the Department of State", April 11, 1961, in *FRUS*, 1961—1963, Vol. XXII, pp. 442 - 447.

② Byung-Kook Kim & Ezra F. Vogel eds., *The Park Chung Hee Era: The Transformation of South Korea*, p. 37.

织,并不意味着他支持美国驻朝军政府及其目标。在加入警察部队的最初几个月,他和美国顾问的分歧冲突不断。最重要的是,朴正熙曾经短期参加过朝鲜工人党。他的弟弟在日本殖民时期是反日运动的左翼领导人。1946年10月,他的弟弟在领导推翻家乡警署的示威中,被韩国国民警察杀害。他弟弟的死推动他和渗透进警察部队的朝鲜工人党成员走得更近,并获得了反美的名声。①

1948年秋,朴正熙和左翼分子的联系戛然而止。在一次军事叛乱之后,韩国当局宣布实行戒严法,并采取措施清除军中的左翼分子。朴正熙被逮捕审问。通过揭发他所知道的军中其他左翼分子,朴正熙保全了自身性命。他的很多同党被处决,他本人也被判终身监禁,但是随后不断减刑并中止执行。尽管朴正熙没有在狱中服刑,但他也失去了原有的军官职位。

然而,朝鲜战争的爆发给了他复出的机会。1950年6月,朝鲜军队越过"三八线"。在这种情况下,朴正熙非常容易越过边境,但朴正熙选择留在韩国。朴正熙表现出的忠诚使他得以恢复军中的职位,并获得了勤勉高效的声名。然而,他早期的左翼活动经历继续困扰他,影响他的升迁。他的上司往往采用临时提拔的方式考验他,直至证实他能胜任这个职位。这令朴正熙对他的上司有一种既爱又恨的复杂感情。他们挽救了他的生命并让他继续军事生涯,但是又因对他的不信任而限制他升迁。

1960年春季,朴正熙首次开始筹划军事政变。正当他积极筹备之时,4月19日学生革命,打乱了他的政变计划。朴正熙同情学生运动的领导人,但对因学生运动而掌握权力的政治领导人颇为不屑。他对新政府统治的混乱无序、政府内部的权力争夺及持续腐败感到不满。朴正熙及其支持者对自身军中地位的不满及与高层军官的冲突激发了他们的政变动机。美国驻韩国军队中的军事人员强烈怀疑朴正熙及其同僚卷入了反抗韩国军事领导人的密谋行动,建议张勉政府将他们免职。朴正熙的很多同僚是韩国军事学院第八级毕业生,其中包括他的侄女婿金钟泌(Kim Chong Pil)。当张勉政府实施军事缩减计划时,军队领导人开始迫使第八级毕业生从军中退伍。这些行动激起了曾经参与朝鲜战争的指挥官们的强烈抗议,认为这对他们

---

① Gregg Brazinsky, *Nation Building in South Korea: Koreans, Americans, and the Making of a Democracy*, pp. 113-114.

太不公平。1961 年 2 月，金钟泌被解职，加快了朴正熙发动政变的进程。[①]

二、韩国"5·16"政变进程及美国的反应

1961 年 5 月 16 日，朴正熙联合金钟泌等人发动军事政变。政变期间，美国不同部门之间行为的前后矛盾，暴露了美国应对这场政变的准备不足。张勉政府的猝然倒台，使美国依托该政府综合实现美国对韩多元政策目标的希望完全破灭，促使美国加速确定更为现实的对韩政策。政变期间，政变集团的积极主动，推动美国重新根据军政府掌权的既定现实来调整自己的对韩政策。经过调整，美国对韩政策目标与军政府宣布的韩国国家目标形成契合。肯尼迪政府很快认可了军政府掌握韩国政权的现实，在此基础上发展美韩关系，并在美国东亚战略及美韩同盟的框架下规制韩国军政府的政策行为。朴正熙政权的稳固，开启了韩国发展的新时代，美韩同盟关系的发展也进入了一个新的阶段。

在艾森豪威尔政府末期，美国已经注意到张勉政府的脆弱以及韩国再次爆发全国性暴乱的可能性。但艾森豪威尔政府依然盲目乐观，最后出台的 NSC 6018 号国家安全文件在对韩国内部形势评估后认为，与前任政府相比，张勉政府已经有更高的灵活性、更强的公共责任感，如果美国给予支持和鼓励，其政治稳定便可以持续，最终将更可能进行必要的改革。而且认为作为最重要的稳定力量，军队不可能发动一场军事政变。[②] 1961 年 2 月，肯尼迪政府上台之初，继承了艾森豪威尔政府的基本判断，强调韩国内部稳定，政治民主化，经济发展，并力图把政治与经济统一起来。这种政策取向，影响了肯尼迪政府对张勉政府和韩国政局的基本判断，导致对政变发生的认识和准备不足。

政变爆发之前两个月，驻韩使馆还在向国务院报告，虽然韩国近期内很可能发生政治危机，但军队是保持稳定的关键因素，不会采取独立行动，会听命于政府。同时，使馆对张勉政府稳定的判断充满了主观意识。在使馆看来，张勉政府的稳定基于几点因素：首先，张勉政府是通过自由、公平选举建立的，具有合法性；其次，张勉政府正有效地行使自己的权力，在国际上得

---

① Gregg Brazinsky, *Nation Building in South Korea: Koreans, Americans, and the Making of a Democracy*, pp. 114 – 115.

② "National Security Council Report, NSC 6018", November 22, 1960. in *FRUS*, 1958—1960, Vol. XVIII, Japan; Korea, pp. 697 – 707.

到了相应的承认;再次,美国外交和经济的支持尤其有助于该政府的稳定。与此同时,张勉政府已经采取了应对危机的相应措施,宣布启动国家建设,加强防暴训练。基于以上考虑,使馆相信张勉政府能够有效处理三四月份面临的问题。① 驻韩使馆的立场表明,他们对于张勉政府寄予了较高的期望,力图利用张勉政府维持韩国内部稳定和政治民主,避免发生新的动荡。

驻韩使馆的观点引起了美国政府内部对韩国局势的重视。3月下旬,中央情报局和国务院、国防部等部门的情报机构联合出台了一份特别国家情报评估(SNIE 42-61)。与使馆的观点相同,评估认为,韩国可能受1960年4月李承晚政权倒台周年纪念的影响,发生学生主导的暴力冲突。它全面分析了可能导致危机的四个根源:张勉政府的软弱、经济的不平等、民众对美国的不满、朝鲜的统一问题。② 评估虽然对导致危机的原因考察比较全面,但对军队发动政变的可能性并没有清晰的认识,并再次把军队视为维持稳定的重要力量。

由上可见,在刚上台的肯尼迪政府看来,作为韩国的民选政权,张勉政府是执行韩国政治民主化目标的合适代表。尽管此时他们已经注意到张勉政府内部的政治纷争、腐败等问题,担忧张勉政府的治国能力以及自身稳定。③ 美国政府这种总体的政策倾向,影响了后来美国对韩国军队发动政变的判断。其实,在李承晚倒台之前,美国驻韩军方就知悉,时任釜山军需基地司令官的朴正熙少将企图利用军队内的不满气氛发动军事政变,结果因发生"4·19"学生起义、李承晚政权猝然倒台而流产。④ 张勉政府上台后很快向美国提出裁军10万的计划,引起韩国军方不满,加之张勉政府的腐败无能,军队对政府的不满日盛,发动政变的势力再次抬头。进入1961年

---

① "The Telegram from Seoul to Secretary of State", March 11, 1961, Database: *Declassified Documents Reference System* (hereafter cited as *DDRS*), Document Number: CK3100163985, Farmington Hills, Mich.: Gale, 2010.

② "Special National Intelligence Estimate, SNIE 42-61", March 21, 1961, in *FRUS*, 1961—1963, Vol. XXII. Northeast Asia, Washington D. C.: United States Government Printing Office, 1996, pp. 430-435.

③ 关于美国对韩政策转型的时间问题,存在不同观点。唐纳德·麦克唐纳、吴炯恩(Woo Jung-Eun)、李正万(Yi Chong-Won)认为,美国对韩政策的转型在1950年代后期就已经开始,但是朴泰勇(Park Tae-Gyun)认为转型始于20世纪60年代初。参见Park Tae-Gyun, "Change in U. S. Policy 'Toward South Korea in the Early 1960'", *Korean Studies*, pp. 94-111.

④ 韩国政变裁判史编撰委员会编:《韩国政变裁判史》(第1辑),第915页,转引自曹中屏、张琏瑰:《当代韩国史,1945—2000》,第216页。

4月份,韩国军队发动政变的行动已经成为公开的秘密。美国中央情报局也已经注意到军队发动政变的危险,并获悉时任韩国第二军代总指挥朴正熙是准备政变的主谋。就连一些韩国媒体也嗅到政变的气息。然而,张勉本人尽管听到军队内的一群不满分子可能正在密谋政变的流言,但他对此不予重视,过分相信时任陆军参谋总长张都瑛能够阻止政变。张勉对军队的态度,进一步影响了美国对政变紧迫性的判断,直到政变前夕,美国中央情报局才匆忙告知肯尼迪总统,韩国军队可能发动政变。[①] 但是,由于美国上下对政变的估计不足,因而在政变真的到来时,却没有形成统一的应对行动,致使美国在政变的立场上显得前后矛盾。

5月16凌晨3点,政变刚刚开始,韩国陆军总参谋长张都瑛(Chang Do-Yong)匆忙请求联合国军总司令卡特·马格鲁德(Carter B. Magruder)将军帮助镇压政变,后者当即拒绝,大使馆对此也表示认同,只是表示将适时地支持现任合法政府。[②] 美国驻韩军事当局这一无动于衷的不干涉做法,使美国失去了影响政变进程的最佳时机。政变进展十分迅速,七个小时后,政变集团占领了立法、行政、司法、电台等政府的要害部门,取得了决定性的胜利。此时马格鲁德又匆忙发表声明,号召所有韩国军队支持张勉政府,恢复局势。美国驻韩临时代办马歇尔·格林(Marshall Green)也很快发表了支持张勉政府的声明。但张勉政府大势已去,挽救为时已晚,况且驻韩使馆和军方的支持仅仅停留在口头上。在韩国军队中,对于政变大多采取沉默观望态度,只有韩国第一军指挥官李翰林(Lee Han Lim)将军声明服从张勉政府。[③]

与美国驻韩当局踌躇不决相比,美国华盛顿最高决策层内部对政变的反应更加迟钝。政变爆发之时,肯尼迪总统正出访加拿大,国务卿迪安·腊斯克则正在日内瓦参加关于老挝问题的会议,留下助理国务卿切斯特·鲍

---

① "Memorandum from Director of Central Intelligence Dulles to President Kennedy", May 16, 1961, in *FRUS*, 1961—1963, Vol. XXII. pp. 456 - 457.

② "Coup d'etat occurs in South Korea", May 15, 1961, *DDRS*, Document Number: CK3100170338.

③ "Telegram from the Commander in Chief, U. S. Forces Korea (Magruder) to the Joint Chiefs of Staff", May 16, 1961, in *FRUS*, 1961—1963, Vol. XXII, pp. 449 - 451.

尔斯(Chester Bowles)负责国务院事务。[①] 对于韩国政变，美国政府高层都没有事先提供任何明确指示，马格鲁德和马歇尔·格林代办的声明都是自行其是。声明一出，华盛顿才认识到有必要明确美国的立场。美国国务院倾向于支持张勉政府，猜测政变者企图破坏韩国的稳定和声誉，表示希望恢复合法政府的权威。在其看来，军事政变企图武力推翻合法的民选政府，即使没有明显的意识形态问题，也有悖于美韩共同利益。但是，令国务院感到奇怪的是，韩国总统、军队领导人和其他重要的官员不是不愿意采取积极措施镇压政变，就是偏袒政变，作为政府总理的张勉更是藏匿不出。此外，韩国公众对张勉政府的命运也态度冷漠。韩国的现实让美国国务院感到不知如何支持张勉政府是好，因而主张在形势明朗之前，采取"观望(wait-and-see)"的态度。为此，在给驻韩当局的电报中，国务院委婉批评了马格鲁德和马歇尔·格林所做的鲁莽声明，指出两人的声明无效，美国的最终立场将以同日下午的国务院新闻简报为主。[②] 白宫也持同样的态度，认为未经总统许可，驻韩官员不应该贸然就韩国局势发表声明。参加完白宫会议后，参谋长联席会议主席莱曼·莱姆尼策(Lyman L. Lemnitzer)带着批评的语气指示马格鲁德，以后要安于作为联合国军总司令的职责，保卫韩国免受共产主义的攻击，不要再发表任何进一步的声明。[③]

后来，国务院向肯尼迪总统解释马格鲁德和格林声明支持张勉政府的原因时，很好地道出了美国内部对政变反应迟缓且前后矛盾的原委。国务院认为，"这些声明没有事先得到国务院的授权；但是在韩国当时的状况下，按照既定的加强和维持民主制度的对韩政策，他们的做法是合理的"。长期以来，美国一直以韩国的解放者、保卫者、经济和军事的支持者自居，韩国政府也就不断寻求美国在危机时刻的指导。在国务院看来，1960 年 4 月韩国局势混乱期间，美国驻汉城使馆针对韩国局势所做的公开声明，"对于阻止

---

① "Telegram from the Commander in Chief, U. S. Forces Korea (Magruder) to the Joint Chiefs of Staff", May 16, 1961, in *FRUS*, 1961—1963, Vol. XXII. footnote; "Telegram from the Chairman of the Joint Chiefs of Staff (Lemnitzer) to the Commander in Chief, U. S. Forces Korea (Magruder)", May 16, 1961, footnote 2, in *FRUS*, 1961—1963, Vol. XXII. p449; p. 452.

② "Telegram from the Department of State to the Embassy in Korea", May 16, 1961, in *FRUS*, 1961—1963, Vol. XXII. pp. 455 - 456.

③ "Telegram from the Chairman of the Joint Chiefs of Staff (Lemnitzer) to the Commander in Chief, U. S. Forces Korea (Magruder)", May 16, 1961, in *FRUS*, 1961—1963, Vol. XXII. pp. 451 - 452.

进一步的流血冲突，促使权力转移到临时政府，起到了相当重要的作用。格林和马格鲁德站在张勉政府一边施加的影响，也恰是一项合适的决定”。①

与美国决策上的被动与混乱相比，政变集团的行动却显得迅速、有序。政变伊始，朴正熙等人就力图拉拢韩国陆军参谋长张都瑛加入政变一边。朴正熙曾作为张都瑛副手与其长期共事，深知其秉性。张都瑛系出身于日本陆军学校的北方籍军人，是个名利观念强、优柔寡断的人。政变爆发两个小时后，朴正熙就以张都瑛的名义发布“军事政变委员会”公告，以逼宫方式迫使张入伙。张都瑛在求援美国无果后，便幻想加入政变集团，进而控制政变进程，因而很快也加入政变队伍谋求和政变者妥协。② 张都瑛加入政变一方，阻止了尚处于中立的部分韩国军队反政变行动的可能。接着，李翰林将军也转变了态度，在政变次日参加了政变集团的政变委员会会议，公开宣布支持政变。在政变者的推动下，虚位总统尹潽善也运用其影响，谋求妥协，反对直接镇压政变。③

在政变集团完全控制局面后，一直藏匿不出的张勉终于有了音信。5月17日早晨，格林接到张勉的私人信件。信中张勉询问道：“贵政府继续支持我的政府吗？如果政变者拒绝接受贵政府的政策，你下一步准备如何做？是说服或者迫使政变者支持现任内阁，还是和他们妥协任由他们一意孤行地讨伐我的政府？……我真诚地希望美国政府采取坚定有力的态度，不要和叛乱者妥协让步。……关于你的政府决定做什么，或者你对形势的看法，请告诉我，你希望我去做什么。”④

张勉的来信反映出他对政变已经束手无策，寄希望于美国的强力支持。对此，格林一方面安抚张勉，表示美国会站在合法政府一边，积极支持张勉政府恢复局势，并说服政变集团支持张勉政府；另一方面，格林又指出，韩国局势的恢复必须由韩国人自己采取主动，建议张勉立即和张都瑛联系。对于张勉本人的表现以及形势的迅速变化，格林认为，张勉政府重新执政已经

① “Memorandum from Acting Secretary of State Bowles to President Kennedy”, May 18, 1961, in *FRUS*, 1961—1963, Vol. XXII. p. 463.

② “Telegram from the Commander in Chief, U. S. Forces Korea (Magruder) to the Joint Chiefs of Staff”, May 16, 1961, in *FRUS*, 1961—1963, Vol. XXII, pp. 449 - 451.

③ 在韩国第二共和国即张勉政府短暂执政时期，韩国采取的是责任内阁制，权力集中在以张勉为首的内阁总理手中，尹潽善为第二共和国总统，但没有实际权力。

④ “Telegram from the Embassy in Korea to the Department of State”, May 17, 1961, No. 1551 in MF0501125.

相当困难。[①]

韩国形势的急速变化以及张勉自身的表现,促使美国政府的态度开始变化。国务院、国防部、参联会经过磋商,一致认为张勉政府已经无力回天、必将垮台,因而建议马格鲁德避免任何会卷进韩国内部事务的行动。由于韩国军队的作战指挥权归联合国军总司令,马格鲁德应该继续尽可能保持有关韩国高级指挥官的任免程序,努力影响韩国军队保持独立。如果韩国军队内部互相攻击,这将会给美国的对韩政策带来不利影响。[②]

与此同时,美国政府开始考虑放弃张勉政府,国务院指示驻韩使馆和马格鲁德,如果发现张勉政府的瓦解已经无可挽回,应考虑组建韩国新政府的方案,但美国并不打算接受一个军政权。为了继续维持韩国政权的民主性,国务院初步认为,应该尽量在合法的气氛中,继张勉政府之后,建立一个连续的、合宪的新政府。国务院主张最好维持尹潽善的总统地位,用他的声望和地位,促使政变领导人和重要政治人物协商,组织新的政府总理选举,尽快重建政府权威。这有助于尽快恢复韩国秩序,防止政变势力以共产主义为由,在韩国实行军事独裁。[③]

在隐藏沉默了两天之后,张勉露面并公开宣布,军事政变委员会宣布的戒严法是合法的。[④] 张勉的表态基本上消除了政变集团在韩国国内任何可能的反对力量,也使马格鲁德和格林处于尴尬的境地。

与美国对政变集团的冷淡乃至反对对比鲜明,政变集团一开始就有意"投美国所好"。政变军人占领汉城广播电台之后,迅速发表五点"国家政变公约":反对共产主义,重组并增强反共力量;遵守联合国宪章和所有国际协定,保持和美国及所有自由国家的合作,根除腐败和社会丑恶现象,塑造民族精神,鼓励形成新的社会面貌;加快解决民生疾苦,集中力量建设独立的国民经济;增强民族统一能力,使朝鲜半岛成为一个反共产主义国家;尽快

① "Telegram from the Embassy in Korea to the Department of State", May 19, 1961, No. 1546 in MF0501125.

② "Telegram from CJCS to CINCUNC Seoul Korea", May 17, in MF0501125.

③ "DOS urges U. S. embassy in Seoul to promote non-partisan civilian government after coup", May 17, 1961, *DDRS*, Document Number: CK3100170339.

④ 曹中屏、张琏瑰:《当代韩国史,1945—2000》,第 219 页;"Korean officials announce political maneuvers in wake of coup", May 17, 1961, *DDRS*, Document Number: CK3100164009; "Memorandum from the Director of Central Intelligence to the President", May 18, in MF0501100.

完成政变使命，而后把政权交给诚实有能力的领导者。[①] 其中有两点强调反共，这是美国对韩政策要实现的基本目标；此外，“遵守联合国宪章和所有国际协定，保持和美国及所有自由国家的合作”，则显示了政变集团愿意和以美国为首的西方国家站在一起；清除腐败和努力稳定国民经济则与美国实现韩国内部稳定和经济发展的政策目标相一致；把政权交给诚实有能力的领导者，则是政变集团推翻张勉政府，争取公众支持的有力借口。

5 月 18 日，张勉内阁宣布集体辞职，让权给军事政变委员会。[②] 张勉政府的让位，进一步增强了军政府的合法性。军事政变委员会又及时将委员会的宣言告知美国，进一步向美国明确了军政府积极反共、发展经济、解决民生问题、消除国内腐败的立场，并在最后一点中明确，军政府在巩固政权后将把政权归还给民选政府。[③] 形势的变化和政变军事委员会的主动，显然对美国政府的立场产生了影响。接到军事政变委员会告知当天，格林面向媒体公开表示，面对韩国的新形势，重要的是面向未来，而非过去。在前进的道路上，美国不愿意阻碍新的政府，但是，希望新政府能够成功实现其声明的令人欣慰的目标。只要新政府愿意，美国希望和新政府合作。[④] 格林的谈话表明，美国认同了军事政变委员会五点宣言中确定的目标，开始在推动韩国建立民主联合政府立场上退却，倾向于接受军事政变委员会作为新政府的既定事实。

接着，如何确立美国和新政府的关系成为美国决策的重要目标，而美国最直接的目标就是重新确立正常的美韩军事关系。[⑤] 5 月 21 日，在会见新

---

① “Telegram from the Commander in Chief, U. S. Forces Korea (Magruder) to the Joint Chiefs of Staff”, May 16, 1961, in *FRUS*, 1961—1963, Vol. XXII, pp. 449 - 450.

② “Report of South Korean Cabinet meeting at which ministers resigned to make way for Military Revolutionary Committee”, May 18, 1961, *DDRS*, Document Number: CK3100179527.

③ “Message from Lieutenant General Do Young Chang of Korea”, May 19, 1961, in MF0501100.

④ “Ambassador Green meets with foreign correspondents and wire service representatives for a background press conference on the coup”, May 20, 1961, *DDRS*, Document Number: CK3100202911.

⑤ 此即恢复联合国司令部总司令对韩国军队的运作控制权(operational control)。该权利可以追溯到 1950 年 7 月 7 日的联合国决议，该决议授权组建联合国军，韩国军队当时是联合国军的一部分。朝鲜停战后，《美韩共同防卫条约》成为维持美韩的这种军事关系的基础。利用对韩国军队的控制权，美国可以有效地威慑北部的进攻，同时控制韩国军队单方面的行动，避免半岛发生新的冲突。参见 Hyun-Dong Kim, *Korea and the United States: The Evolving Transpacific Alliance in the 1960s*, pp. 80 - 88.

任韩国外务部长官金弘一(Kim Hong-Il)时,格林要求韩国新政府尽快澄清四点:韩国军队的作战指挥权关系问题(command relationships);保障人权;确立广泛的文官政府基础;经济问题。在此四点中,格林着重强调了韩国军队的作战指挥权问题,指出过去联合国军司令部的作战指挥权不断受到挑战,危及它的权威和存在。格林敦促参与政变的军队回归适当位置,忠于他们的指挥官,否则联合国军司令的权威将不可避免地衰落。格林最后表达了美国的强硬立场,表示美国不会容忍指挥关系的长期混乱,长此以往将会危及美韩关系的共同安全,希望新政府尽快就此采取行动。①

但是,在和韩国军政府的接触问题上,国务院注意到,不能太过主动。国务院分析认为,在马格鲁德同朴正熙就军事指挥关系问题谈判时,朴正熙实际上拒绝归还韩国军队的指挥权。因而,国务院指示格林:"不要在这个阶段采取任何过分的主动,这些主动可能使他们变得大胆,进而对我们所希望的不做出回应。"②

对于韩国军队的指挥权问题,韩国军政府最初也有其自身的考虑,担心美国控制韩国军队指挥权后,危及军政府的存在。军政府的核心成员金钟泌坦言,如果马格鲁德不打算用他对军队的控制权来破坏政变,国家最高重建委员会将把韩国军队的指挥权归还给马格鲁德。军政府的立场很快得到马格鲁德的回应。与 5 月 16 日的声明立场完全不同,马格鲁德表示:"我的任务是保卫韩国,而不是决定韩国政府的性质,只要政变政府不损害韩国的防卫,不必对我感到担忧!"③此言使韩国军政府对美国感到放心,也表明美国对军政府的态度进一步转变。5 月 26 日,双方很快达成了关于韩国军队指挥权问题的联合声明。④

---

① "Ambassador Green discusses inauguration of new South Korean cabinet", May 21, 1961, *DDRS*, Document Number: CK3100316176.

② "Telegram from the Department of State to the Embassy in Korea", May 24, 1961, in *FRUS*, 1961—1963, Vol. XXII, pp. 465 - 466.

③ "Telegram from the Commander in Chief, United Nations Command (Magruder) to the Chairman of the Joint Chiefs of Staff (Lemnitzer)", May 25, 1961, in *FRUS*, 1961—1963, Vol. XXII, pp. 466 - 467.

④ "Text of a joint statement of the Supreme Council for National Reconstruction and the UN Command", May 26, 1961, *DDRS*, Document Number: CK3100493835; "Letter to South Korean Lieutenant General Chang Do Yong from U. S. General Carter B. Magruder regarding restoration of U. S. operational control over the Korean Armed Forces after the 5/26/61 coup led by General Park Chung Hee", May 26, 1961, *DDRS*, Document Number: CK3100471272.

美国与军政府的相互接触和美韩双方军事关系的初步正常化，意味着肯尼迪政府开始和韩国军政府建立了基本的信任关系，5 月 16 日政变引发的美韩关系危机终于过去。与此同时，华盛顿也开始以新的军政府为对象，综合考虑美国的对韩政策，加快美国对韩政策的调整。

小结　美国应对政变的决策逻辑

韩国“5・16”政变的发生，除了张勉政府统治下韩国危机重重等客观因素之外，政变领导人自身的主观作用也是至关重要的因素。作为政变核心领导人的朴正熙既是一个能够顺应形势的现实主义者，也是一个具有独立人格的民族主义者：为民族大义，既能忍辱负重、委曲求全，同时不受抽象意识形态观念影响，立足实际，善于抓住时机。重要的是，长期的军旅生涯锻造了他强硬、果断的性格。这种性格在政变过程中以及他随后执掌韩国政权的十几年间，得到了明显的体现。

对于美国政府来说，它完全有能力镇压 1961 年的韩国军事政变。但是，由于肯尼迪政府刚刚上台，对外政策正处在调整时期，对韩方针并不完全明确，对政变的估计和准备不足。加上受艾森豪威尔政府时期对韩政策的一些理念影响，并不愿过分干预韩国自身的内部事务。同时，韩国的政治现实，即张勉政权应付政变时显示出的极度软弱和政变军人对美政策的积极主动，推动了美国对军事政变态度的变化。从更深层次来讲，肯尼迪政府在政变危机处理中显示出的矛盾表象背后，实际上反映了美国对韩政策调整过程中多元目标之间的矛盾。张勉政府作为合法的民选政府之所以符合美国在韩国建立民主政府的长期政策目标，正是基于对张勉政府推动韩国民主制度发展的一种期望。肯尼迪政府在政变前一直倾向于继续支持张勉政府，但张勉政府的软弱使其无法维持韩国的稳定并推动韩国的经济发展，无法实现美国对韩政策的经济目标和维持韩国稳定，军事政变集团尽管在政治体制上短期内不符合美国的民主需要，但其在推动韩国经济发展和维持韩国稳定方面显示出的活力，使美国态度很快转变，选择了支持军政府。

美国最终决定放弃张勉政权，除了张勉政权本身软弱无力这一根本因素外，政变集团对美国的主动示好，也起到了重要推动作用。朴正熙发动政变时 41 岁，正值年富力强。加上在日本和韩国军队的从军经历，使他能够非常灵活地看待和处理问题。[①] 占领汉城之后,政变集团发表的声明和后来军政府主动向美国传递的信息表明,政变集团有意切合美国的对韩政策目标,并很快把韩国军队的指挥权归还"联合国军"司令部总司令。这些做法消除了美国对政变发动者尤其是朴正熙"左倾"的担忧,很好地争取到了美国的支持。尽管在执行美国的对韩民主化政策方面,军政府不及张勉政府,但军政府在韩国社会稳定、经济政策方面展现出的空前能力,给美国驻韩当局留下了深刻印象。此外,韩国民众对张勉政府的冷漠态度,以及美国难以找到可以替代政变集团的政治力量,也都促使肯尼迪政府考虑接受韩国新政府。最终,肯尼迪政府修订艾森豪威尔政府确定的对韩政策,突出强调韩国政府稳定韩国内部局势和经济发展的行政效能,推动韩国实施经济发展五年计划,相应推迟促使韩国实行民治政府的目标。1962 年、1963 年和 1965 年,美国国务院相继主导制定的三份对韩政策文件,都更加强调韩国的稳定、发展和自立。[②]

经过调整,在韩国社会稳定、经济发展与政治民主等对韩政策目标的排序中,发展高于民主。肯尼迪政府接受并支持韩国军政府,逐步实现了对韩政策的转型。而朴正熙在最终完全巩固了自己在政府中的最高权力地位之后,也按照自己的革命哲学,在"经济发展第一"的理念之下,追求韩国的现代化,开启了韩国发展的新阶段。

---

① Gregg Brazinsky, *Nation Building in South Korea—Koreans, Americans, and the Making of a Democracy*, Chapel Hill: The University of North Carolina Press, 2007, p. 113.

② Donald Stone Macdonald, *U. S. -Korean Relations, from Liberation to Self-reliance—The Twenty-year Record*, Westview Press, Inc. , 1992. pp. 30 - 33.

第三章　合作与冲突:美国与军政府的关系

与张勉政府相比,在对美政策方面,韩国军政府一开始就显示出更大的独立性。尽管其政治体制不符合美国推动韩国政治民主化的目标,但军政府却有张勉政府所不具备的长处,它组织性强、目标明确、充满活力,尤其是在追求韩国经济发展方面,与美国推动第三世界盟国自主性发展的目标一致。因此,肯尼迪政府很快决定支持朴正熙政府。但军政府的政治体制并不符合美国对苏冷战的制度竞争需要。因而,肯尼迪政府在军政府稳定后,很快催促军政府实行民主选举,并最终促使军政府归还民政。另外,由于美国对外援助政策的转型,对韩援助资金缩减,美国政府内部在对韩援助资金的分配及美韩之间在对韩援助数量和韩国经济政策等方面矛盾不断。与此同时,韩国军政府也密切关注着肯尼迪政府对韩政策的调整,竭力影响美国做出有利于韩国的新政策,尤其是在对韩援助方面,韩国政府设法阻止美国对韩援助资金的缩减。

第一节　美国决定支持朴正熙政府

韩国军政府上台后,美国肯尼迪政府面临两个首要任务,其一,尽快根据韩国军政府调整对韩政策;其二,选择支持合适的军政府领导人。

政变发生后,美国对韩政策的混乱失措,促使肯尼迪政府加快研究制定新的对韩政策。1961 年 6 月 13 日,经过综合考察韩国特遣队提供的对韩政策报告,美国国家安全委员会最终形成了一致的对韩政策建议,并被批准作为美国国家安全委员会第 2430 号行动(NSC Action No. 2430),取代了艾森豪威尔政府末期的 NSC 6018/1 号文件。在制定新的对韩政策的同时,美国也密切关注韩国军政府的行动,对军政府内部的人事变动做出积极谨慎的判断,努力选择支持合适的军政府领导人。但在韩国军政府内部的形势最终明朗之前,美国仍保持谨慎中立的观望态度。

5 月 19 日,韩国军事政变委员会改组为国家最高重建委员会,作为最高国家权力机关,张都瑛任主席,朴正熙任副主席,两天后又组成以张都瑛兼任政府首脑和国防部长的“政变内阁”。新政府同时说服尹潽善继续留任总统以保持局势稳定。①

对于军政府的构成，格林代办确信，总统尹潽善实际上是个摆设。在和新政府的接触中，美国应该选择合适的对象，为此，他建议把注意力先转向新任外务部长官金弘一，通过和韩国新政府外事部门的接触，准确把握韩国政府内部的人事情况。

此时，张都瑛作为最高领导人，显然感觉自身地位并不稳固，开始积极谋求美国的公开支持。因此，在新政府改组的前一天，张都瑛便开始以韩国军事政变委员会主席的身份写信给美国政府，展示军政府的五点宣言和同美国建立良好关系的愿望。5 月 25 日，张都瑛向驻韩使馆官员表示，军政府将完全和美国保持一致，希望尽快和肯尼迪总统会面，并发表联合声明。对于张都瑛的访美要求，美国显然非常谨慎。格林以肯尼迪总统日程安排已满为由婉言拒绝。国务院肯定了格林的做法，并要求格林阻止韩国单方面自行宣布韩美双方正在考虑张都瑛访美事宜，以免美国陷入被动。② 此举表明，在尘埃落定、局势明朗之前，美国力图避免和新政权中的个别领导人过分接触，以免造成美国已经决定公开支持军政府某个领导者的印象。

在和军政府积极接触的同时，美国也在加紧考察韩国局势，竭力对韩国形势做出客观判断。31 日，美国政府出台了一份特别国家情报评估(SNIE42－2－61)，对韩国军事政变的意义及未来几个月内韩国的局势做出评估。评估结论表明，美国注意到未来几个月内政变集团将牢固掌握军政府权力，但政变集团构成复杂，极有可能发生派别冲突，韩国可能陷入周期性的派系政变模式。对于政变集团显示出的独立倾向，评估结论表示担忧，担心新政权不善于和美国合作；尽管新政权的公开立场是反共的，但朴正熙的真实立场令人感到怀疑，不排除他是共产主义的长期代理人或者再

① “Message from Lieutenant General Do Young Chang of Korea”, May 19, 1961, in MF0501100；曹中屏、张琏瑰：《当代韩国史，1945—2005》，第 226 页。

② “Ambassador Green stresses to military junta the importance of regaining UN operational control in Korea”, May 23, 1961, *DDRS*, Document Number: CK3100202947; “South Korean leader General Chang wants meeting with Kennedy to enlist U. S. support for new Korean government”, May 25, 1961, *DDRS*, Document Number: CK3100164018; “Telegram from the Department of State to Embassy Seoul”, May 26, 1961, in MF0501101.

次背叛的可能。[①]

对此,格林认为,政变集团的真实特点和最终政治经济目的尚不清楚,建议在弄清政变集团关于韩国政治、经济意图之前,避免做出任何新的承诺。当前最需要注意的因素是,持不同政见的中下级军官的动向。这些军官虽然在近期尊重身居国家最高重建委员会的高层军官们的号令,但他们随时可能清除这些所谓的政府领导人,甚至大胆地否认他们曾经采取的行动和做出的承诺。为了保持政策的灵活性,一方面,美国应该避免让政变集团想当然地认为,美国赞成和支持他们;另一方面,美国也要避免苛刻和过分的批评,应鼓励国家最高重建委员会成员之间的适度磋商,督促他们保持团结。[②]

美国保持政策灵活性的努力,最典型地体现在张都瑛访美问题上。负责远东事务的助理国务卿麦康瑙希透露,朴正熙可能取代张都瑛作为国家最高重建委员会主席。国务卿腊斯克担心,一旦张都瑛去职,美国对他的支持就会徒劳无益,因此,"我们有充分的理由可以等待事情的发展,直到情形稳定,或许某个人应该来,或者张本人"。届时,美韩需要讨论几个关键问题,以澄清双方关于改革、增加援助、长期经济计划等方面的立场。[③]

6月下旬,新任驻韩大使塞缪尔·伯杰(Samuel D. Berger)一上任,张都瑛便迫不及待地再次提出访美请求。伯杰故意拒绝,并明确指出,张都瑛以向美国介绍韩国形势的理由访美不合时宜,因为美国完全清楚韩国的形势,张都瑛没有必要为此访美。依据国家安全行动确定的政策原则,伯杰借机向张都瑛施压,表示美国准备把上届政府批准的2800万美元的支持援助在1961财年发放给韩国,用于帮助韩国购买化肥,但必须有一个前提:韩国政府应该保证重申最终恢复民主代议制度;采取措施协调产业结构,继续执行美国和张勉政府达成的协定;裁减政府职员,增加文职人员的工资;努力根除腐败;承诺减轻农民沉重的负担,并采取有关建设性措施或者发表声明。[④]

---

① "Special National Intelligence Estimate, SNIE 42-2-61", May 31, 1961, in *FRUS*, 1961—1963, Vol. XXII, pp. 468-469.

② "Telegram from Seoul to Secretary of State", June 1, 1961, No. 1716, in MF0501125.

③ "Telegram from Department of State from Embassy Seoul", June 9, 1961, No. 1485, in MF0501125.

④ "Telegram from Seoul to Secretary of State", June 20, 1961, No. 1859; "Telegram from Seoul to Secretary of State", June 30, 1961, No. 1926, in MF0501125.

针对张都瑛的说辞——希望通过此次访问,争取美国援助韩国的 5 年经济发展计划,伯杰指出,直到韩国的各项改革目标得到实际的执行,美国不准备承诺支持其发展计划。伯杰进一步关注军政府逮捕军人以及联合国军总司令的指挥权问题,对于韩国没能执行狄龙信函[①]的有关条款并压制群众自由和媒体感到担忧。为了打消张都瑛访美期望,伯杰进一步指出,访问期间他将可能面临很多尖刻的问题,美国广播电视等媒体将要求采访,并会质疑政变和军政府的有关政策。因此,他的访问可能带来负面效果。面对伯杰提出的各种难题,张都瑛没有退缩,表示早已认识到这些问题,确信能够处理好。[②]

伯杰坚持拒绝张都瑛访美,是因为他并不看好张都瑛的未来。伯杰建议国务院等待形势进一步的发展,尤其是在经济改革领域,不要过早确定张都瑛访问的日期。同时,伯杰不主张完全放弃张都瑛,指出了加强张都瑛影响力的益处。张都瑛是国家最高重建委员会中的温和派,过分推迟宣布他访问美国,将不可避免地使他失去在委员会中的影响。综合考虑,伯杰认为,让张都瑛在 8 月下旬或者 9 月访问比较合适。如果张再次提出访美,他将据自己的判断提出可能的日期。同时,为了保持灵活性,伯杰建议国务院在回答有关媒体的提问时,只说韩国方面正在和大使馆讨论,避免涉及任何具体的日期。[③]

韩国局势的发展很快证明,张都瑛果然是个过渡人物。7 月 3 日,朴正熙迅速采取行动,囚禁张都瑛,剥夺了他的国家最高重建委员会主席和政府总理的职务,同时清除三名支持张都瑛的委员会成员,迫使 40 名将军级的韩国军官退休。随后,国家最高重建委员会选举朴正熙为主席,任命不反对"5·16"政变的宋尧瓒(Song Yo-Chan)为内阁总理和极力主张政变的金弘一为外务部长官,并迅速调整军方重要高层官员。在更换人事的同时,国家

① 该信实际上是美国副国务卿道格拉斯·狄龙(Douglas Dillon)在 1960 年 10 月和张勉政府签订的韩国改革和美国援助的有关协定。信中规定韩国采取包括预算、汇率改革在内的各项措施,推动韩国的经济发展和社会稳定,美国将会向韩国提供 2500 万美元的外汇稳定资金并追加 1500 万美元的援助,使 1961 财年的对韩援助高于 1.8 亿美元。然而,韩国政变使各项改革停顿下来。详见 Donald Stone Macdonald, *U. S-Korean Relations from Liberation to Self-Reliance: The Twenty-Year Record*, p. 286.

② "Telegram from Seoul to Secretary of State", June 20, 1961, No. 1859; "Telegram from Seoul to Secretary of State", June 30, 1961, No. 1926, in MF0501125.

③ Ibid.

最高重建委员会修订委员会基本法,以便朴正熙能够继续担任该委员会常委会主席。通过这些行动,朴正熙公然确立了政治强人地位,清除了实际的竞争对手和潜在反对派。①

美国国务院对韩国形势的突变感到担忧,催促驻韩使馆尽快对局势做出评估。此时,与格林、马格鲁德看待"5·16"政变的态度明显不同,伯杰对韩国内部局势的观察显得更加务实。他认为,随着朴正熙控制国家最高重建委员会,消除各种威胁,政变已进入第二阶段。朴正熙的目的显然是要把最高委员会变成忠于他的团体,实现他所希望的目标。他正在采取措施,目的就是打破军队内部可能存在的反对派联合,同时继续采取措施打击文职领导人和任何可能反对他的政治组织。不论好坏,美国必须让这个阶段的政变自行发展。"无情的力量正在运转,我们良好的意图在这个时候难以发挥作用。首先,朴正熙简直是为生命而战,我们的话很可能不会听;其次,假如我们成功地促使朴正熙采取缓和政策或者减慢清洗对手的步伐,也将仅仅是导致持续的内部党派之争并推迟最高委员会内部的最终摊牌,甚至可能进一步加剧军队的分裂,并推迟做出经济决定,而这些经济决定对于防止受政变影响而步履艰难的经济崩溃是直接必要的;第三,在这个关键时刻,对朴正熙施加不适当的压力,将可能促使他采取更强的镇压措施,这将会使这个政府进一步和民众、美国分离,并且可能导致反政变、流血冲突,而后却没有适合的政治家和机构能够收拾这个烂摊子。朴正熙是当前最强有力的人物,他头脑清醒并善于运用权力,尽管需要进一步观察其行动,但其真正的动机看来是来自内心的爱国理想。"②

不过,伯杰并不赞成朴正熙对付反对力量的极端办法,认为国家最高重建委员会控告共产主义组织、审判张勉和一些前政府官员、高级军官都是严重的战术错误,很多证据令人难以置信。在伯杰看来,朴正熙控告张勉政府的目的是让张勉政府的政客们彻底退出政治舞台。因此,伯杰推断,朴正熙可能想借反共产主义立场打击潜在反对力量。伯杰建议,在表达公开的立场时,美国政府必须注意和韩国人的总体关系,朴正熙可能只是一个偶然的

① "Telegram from Seoul to Secretary of State", July 3, 1961, No. 8; "Telegram from Seoul to Secretary of State", July 4, 1961, No. 23, in MF0501125;曹中屏、张琏瑰:《当代韩国史,1945—2000》,第 234 - 235 页。

② "Telegram from the Embassy in Korea to the Department of State Seoul", July 9, 1961, in *FRUS*, 1961—1963, Vol. XXII, pp. 496 - 498.

现象。然而,"我们当前面临的实际是,只能支持朴正熙,尽力促使他在权力增长和行使过程中保持克制和睿智。到目前为止,处理这种困境的策略是避免公开的声明,尽力通过和朴正熙本人、外务部长官、经济部长官的私人谈话,促使朴正熙采取缓和行动;通过与朴正熙关系密切的个人联系向他施加影响"。伯杰因此提议,国务卿腊斯克可向韩国驻美大使表明,美国准备同军政府合作,敦促它不要采取报复和高压措施。①

在打击反对派加强自身权力的同时,朴正熙显然也相当注意美国的可能反应,充分意识到恢复"联合国军"总司令作战指挥权的重要性。于是,他很快采取许多建设性措施,不失时机地和美国驻韩使馆接触。7 月 12 日,朴正熙主动宴请格林,坦率地解释他的计划和意图,希望同美国密切合作,确立建设性关系。为了打消美国的顾虑,朴正熙表示韩国军政府将迅速采取行动,公平、公开、快速审判所有罪犯,尽力恢复人们对军队和政府的信任。对于恢复韩国代议民主政权问题,朴正熙表示有必要在一段时期内保持军事政权,因为在这个关键时刻,需要清除旧社会的丑恶和腐败、抵制共产主义渗透。军政府大约有一个月的时间来做这些事情,然后,他会宣布恢复代议民主制政权的具体时间。②

对于朴正熙的解释,格林也顺势强调,他关注的不是过去而是未来,即未来朴正熙政府的成功,这是美韩双方最重要的共同利益。然而,成功将必须依靠国内外善意的支持和理解。格林希望韩国加强同美国磋商,避免误解,确保为实现共同目标进行合作。如果韩国政府做得过火,拒绝公平并且挑起韩国人民之间的恐惧与怨恨,这将会使美韩关系复杂化。③ 格林的立场表明,美国此时并不想过分干预内部事务,而只关心与美国利益相关的韩国政治经济稳定问题,因为韩国自身不稳,势必影响美国对韩政策利益。

按照国务院的指示,经过对韩国军事政变的深入考察,驻韩使馆很快提交了评估报告。评估报告的结论是,爱国心、民族主义、反共产主义是政变发动者的最初动机。当然,不少参与政变的人出于机会主义考虑,想借政变改变他们个人的命运。此外,政变发生的外在原因是:韩国弥漫着令人厌恶的腐败;张勉政府的无能低效、经济停滞、公众失望和精神上的浮动与混乱

① "Telegram from the Embassy in Korea to the Department of State Seoul", July 9, 1961, in *FRUS*, 1961—1963, Vol. XXII, pp. 496 - 498.

② "Telegram from Seoul to Secretary of State", July 12, 1961, No. 68, in MF0501125.

③ "Telegram from Seoul to Secretary of State", July 12, 1961, No. 68, in MF0501125.

等。尽管存在共产主义间谍混入政变或者文官领导层中的可能性,但朴正熙绝不是这类人,因为他曾经背叛过共产党,如果共产党掌权,首先惩治的就是他。不过,此时应该小心地应付军政府对有关人员提出的控告,因为有些控告很可能是源于个人的偏见和仇恨。总之,就军政府的政策显示出的强烈反共倾向看,政变者应该不会受到共产主义的影响。①

为此,国务院鼓励驻韩使馆,通过与朴正熙和其他人的接触,进一步了解韩国军政府面临的问题,灵活有效地处理和韩国领导人的关系。国务院准备接受新的韩国领导层本质上反共的假说,要求驻韩使馆应该密切关注新的领导人是不是真的反共;承认美国在韩国关键时刻的重要作用,但是,认为应该避免给韩国军政府一种印象,即美国将无条件支持它,有关韩国政府行为的重要声明应立足于美韩的共同利益。因此,对于韩国政府特赦罪犯的行为,国务院认为没有必要发表声明,但愿意就有利于美韩共同目标的具体行动发表声明。② 国务院的立场表明,美国最关注的是,韩国军政权是否能够继续坚定地反共,坚持和美国站在一起;其次是军政府是否有能力控制和稳定局面。对于和美韩共同利益无关的那些韩国政府处理内部事务的不合理行为,美国采取容忍态度,在不违反共同利益的情况下,一般不加干涉;而涉及美国对韩政策利益的行为,美国将会谨慎处理。

朴正熙为首的军政府显然知道进一步争取美国支持对自身政权稳固的重要意义。为了顺应美国的要求,维护与美国的良好关系,朴正熙积极采取措施,调整政策,力图在更广阔的领域采取建设性行动,采取各种主动措施应付经济危机;控制恣意逮捕和镇压行为,努力发现并曝光以往的腐败;积极同美国协商恢复"联合国军"司令部指挥权威的问题。朴正熙表示,军政府打算公开重申,遵守以往做出的在某个时段恢复代议民主制的承诺,到8月15日,他将会就这个问题做进一步的说明。③

韩国形势的稳定及朴正熙日渐明朗的对美友好态度,令美国感到满意,美国政府内部倾向于公开支持朴正熙的力量开始增强,以便帮助朴正熙牢固掌权。伯杰大使向华盛顿建议,应该利用政变的潜在动力,尽力引导它们向建设性方向发展。美国应该公开支持朴正熙掌握政权,以便消除军政府

① "Telegram from Seoul to Secretary of State", July 15, 1961, No. 88, in MF0501125.

② "Telegram from the Department of State to the Embassy in Korea", July 20, 1961, in *FRUS*, 1961—1963, Vol. XXII, pp. 503-504.

③ "Telegram from Seoul to Secretary of State", July 24, 1961, No. 146, in MF0501125.

对美国不友好或者敌视的怀疑,加强朴正熙在最高委员会的权威,打消那些反对他的念头,鼓励公众支持这个政府。如果华盛顿方面能够很快做出这样的声明,驻韩使馆将在下一周配合发表声明,肯定韩国军政府采取的紧急经济措施。伯杰还建议,国务院派一个专家团队,来帮助韩国政府实现五年发展计划。如果朴正熙真如他所说的,在 8 月 15 日的韩国国庆节采取行动,宽赦一大批犯人并且宣布有关恢复代议民主政府选举的计划,美国政府应发表支持声明。但伯杰强调,这并不意味着美国无条件的支持,而应具体问题具体看待。他提醒国务院,美国一直还没有对朴正熙要求的一些支持做出表示,如果国务院发言人根据上述建议发出声明,将会满足朴正熙的要求。①

国务院接受了伯杰的建议。7 月 27 日,腊斯克在新闻发布会上发表声明,肯定韩国国家最高重建委员会采取的积极行动。② 这是政变以来,美国对军政府第一次公开的支持。美国政府最终迈出了公开支持朴正熙的第一步,此举也引起了韩国媒体的广泛关注。韩国的《东亚日报》评论道,国务卿的声明是"美国政府给军政府的最有力认可"。③

对美国政府的友好表示,朴正熙军政府很快做出积极回应。8 月 12 日,朴正熙发表特别声明,宣布在修订宪法之后,政府将于 1963 年 5 月举行总统选举,恢复民选政府。④ 至此,美韩双方的良性互动逐步消除了政变以来彼此的隔阂。朴正熙本人不失时机地向伯杰暗示,打算以适当的方式访美。伯杰对此反应积极,觉得邀请韩国领导人访美的真正时机已经到来,建议国务院尽快邀请朴正熙访美。伯杰认为让朴正熙访美益处很多,既有助于加强朴正熙在最高委员会和韩国的地位,又有助于帮助该政府确立其世界地位,进而向朝鲜、中国和苏联表明,美国保卫韩国的决心没有动摇。另外,朴正熙访美将会有助于同韩国人就经济问题和长期的经济计划进行直接的交流,阐述并扩大美国对韩国的援助,还可以督促朴正熙如期进行选举,恢复代议民主制政府,也将有助于向朴正熙表达有关韩日关系正常化的

① "Telegram from Seoul to Secretary of State", July 24, 1961, No. 146, in MF0501125.

② "Telegram from the Department of State to the Embassy in Korea", July 20, 1961, footnote 2, in *FRUS*, 1961—1963, Vol. XXII, p. 503.

③ "Telegram from Seoul to Secretary of State", July 24, 1961, No. 200, in MF0501101.

④ "Korean government announces program for return to civilian rule", August 12, 1961, *DDRS*, Document Number: CK3100176315.

观点。①

伯杰的建议得到国务院的积极肯定。② 经过双方的紧张准备，11 月 14—16 日，朴正熙成功访美。朴正熙访美的成功，表明美国完全明确肯定并支持朴正熙在军政府中的权力地位，有关的对韩援助开始加快付诸实施，美韩关系逐步走向稳定。

第二节　韩国军政府向代议制政府转变

推动韩国的政治民主，建立亲西方的代议制政府，一直是美国对韩政策的长期目标。张勉政府的建立一度使美国对韩国的政治民主化寄予希望。但是，张勉民主政府的短命，引起美国决策者对于韩国政治民主与社会稳定、经济发展目标的权衡与思考。如何协调这些目标之间的关系，成为处理美国和韩国军政府之间关系的突出问题。对于韩国民主化问题，肯尼迪政府非常重视，美国国家安全委员会第 2430 号行动把韩国恢复民主代议制度作为对韩经济、军事援助的重要前提。军政府显然对于美国对韩政策目标有着比较深入的理解，因而在政变之初，就宣布了涵盖美国对韩政策目标的六点声明，表达了实现韩国政治民主、恢复文官治国的意愿。军政府权力关系稳定后，围绕韩国举行民主选举，实现政治民主问题，美韩双方的交涉持续了两年多时间，最终促使韩国于 1963 年年底实行总统选举，在形式上建立了代议制政府。③

---

① "Telegram from Seoul to Secretary of State", No, 370, August 23, 1961, in MF0501101.

② "Memorandum from Dean Rusk for the President", September 1, 1961, in MF0501101; "Progress Report", August 24, 1961, in *FRUS*, 1961—1963, Vol. XXII, pp. 516 - 517.

③ 关于美国在推动军政府"归还民政"的选举中的作用与地位，国内外学界已经有一定的研究成果，具体参见：Ahn Byong-man, Kil Soong-hoom, eds., *Elections in Korea*, Seoul Computer Press, 1988。该书以韩国选举制度的历史变迁为研究视角，评价了 1963 年的韩国选举在韩国选举制度变迁中的地位。Donald Stone Macdonald, *U. S.-Korean Relations from Liberation to Self-Reliance—the Twenty-Year Record*。该书通过梳理 1945—1965 年间的美国国务院档案得出初步结论：美国在 1963 年选举问题中认识到分裂的韩国政党彼此斗争激烈，认为美国通过此次选举认识到了自身的制度并非能在韩国行得通。Juergen Kleiner, "Korea—A Century of Change", *World Scientific*, 2001。该文在"第三共和国的诞生过程"小节中，较为详细地描述了整个选举过程，但没有探究美国在选举中的作用。曹中屏、张琏瑰编著的《当代韩国史，1945—2000》对此次选举的进程做了更加详细的描述，但也没有论述美国在选举中的作用。

一、民主选举日期的确定

从政变军人夺权伊始，美国就希望军政府尽快举行民主选举。作为第一步，美国希望首先扩大军政府的文官基础。而对于加强文官基础，为恢复代议民主政权做准备问题，韩国军政府也有自己的立场。在军政府看来，不管现政府决定何时举行新的选举，为了拓宽群众基础，吸收更多的文官进入内阁并担任相关重要高层职务，都应该迅速稳健地进行。但是，在最高重建委员会把控制权完全交给新选举的民主政权领导人之前，需要相当长的时间。政变的整个目的是改革韩国，并用现代、高效、诚实的政府管理和经营方法取代根深蒂固的传统腐败。这是一个需要花费时间的巨大任务，如果军政府结束得过早，所有这些努力都将白费。[①]

美国驻韩使馆显然认同军政府的这种看法。格林认为美国的行动和建议应该指向恢复文官职权的目标，但是，指望在几个月内就举行新的选举或者军政府放弃任何决定性的权威地位，也是不现实的。目前，出于他们自身的利益和社会安全需要，军政府无疑将会实行严厉的反腐败计划，采取恢复经济等必要措施。格林建议，在一个合理的期限内，美国可以适应政变集团的统治，而不过分催促其实现代议民主制政府，同时尽力影响它尊重民权、保留宪政形式，扩大文官基础。相反，如果操之过急，全民公投式的民主则很可能成为韩国军政府的橡皮图章。[②]

既然不能迫使军政府匆忙恢复代议民主制，美国就必须在国际社会中为军政府争取合法性。尽管尹潽善总统的留任多少象征了军政府的合法性，但在国际上还需要必要的解释，尤其是争取组成“联合国军”的 16 个国家的一致支持。[③] 1961 年 6 月 3 日，在讨论韩国政权变更的 16 国会议上，美国代表首先比较了军政府和张勉政府的优劣，告诉与会各国代表，张勉民主政府虽然得到更多联合国会员国的支持，但比较软弱，已经垮台。尽管韩国军事政变可能为下一届联合国大会处理朝鲜问题带来更大的麻烦，新成

---

① “Telegram from Seoul to Secretary of State”, May 30, 31 1961, No. 1703, in MF0501125.

② “Telegram from Seoul to Secretary of State”, May 30, 31 1961, No. 1703, in MF0501125.

③ 此即追随美国参与朝鲜战争的 16 国。朝鲜战争结束后，美国阻止 16 国完全从韩国撤军，美军则一直以“联合国军”的名义在南部驻扎，并控制韩国军队的作战指挥权。

立的军政权显出极权统治和镇压民权的倾向,但也存在很多积极方面:它有着强烈的反共色彩和民族主义倾向,在韩国自身发展上显示出空前活力并尊重韩国的国际义务。当前除了接受别无他择。加上韩国总统依然在其位,因而,不存在承认的问题。美国号召16国仍旧和军政府保持各个层面的联系和交流。对于政变期间美国政府和驻韩使馆方面显示出的矛盾态度,美国解释说,5月16日早晨由美国代办和驻汉城联合国军总司令发表的声明是自然的、合适的,得到美国政府的完全支持,因为声明表达了美国适时支持现存友好的合法政府的政策,反对未获承认的武装力量推翻它。这些声明对美韩的关系没有什么负面影响。美国打算和军政府保持友好关系,对韩国的经济和军事援助将继续。① 在美国的影响下,16国一致承认了军政府的合法性。

承认军政府合法性的同时,美国开始促使军政府尽快恢复代议制民主政体。6月13日的美国国家安全委员会2430号行动文件,把推动军政府尽快恢复代议民主政体作为重要的政策目标。随着朴正熙在韩国军政府内权力的稳固,美国开始就军政府尽快恢复代议民主政权问题向朴正熙施压。

驻韩大使伯杰上任后,开始进一步推动韩国军政府早日归还民政。7月16日,伯杰向朴正熙强调采取措施恢复文官政府的重要意义。与此同时,国务院也指示驻韩使馆,催促朴正熙尽可能早地进行选举,改善韩国的国际形象,以便在下一年联合国大会上避免使美韩陷入尴尬。② 为了显示美国对韩国恢复民主制度的重视,腊斯克专门向韩国驻美大使丁一权(Chung Il-Kwon)复述了6月份肯尼迪总统和赫鲁晓夫就民主政体展开的辩论。当肯尼迪批评共产党国家政府不是民选时,赫鲁晓夫以韩国军政府为例反唇相讥。

腊斯克进一步指出,韩国已经成为其他联合国成员国关注的焦点。韩国过去需要联合国的支持,将来也一样需要。为了韩国的安全,赢得联合国成员国的尊重至关重要。能否争取到这种支持,很大程度上取决于韩国是否重建代议民主政权。因此,腊斯克建议韩国政府应该在1962年联合国大

① "Telegram from Department of State to the Embassy in Seoul", June 3, 1961, in MF0501125. 这些言辞显然是美国对自己在韩国政变期间矛盾表现的一种勉强解释,以避免盟国误解自己对韩国的政策,显示美国政府内部在对韩政策上的一致立场。

② "Telegram from Department of State to Embassy Seoul 241", August 10, 1961, in MF0501126.

会召开前考虑选举问题。推迟选举日期将影响其他国家对韩国的看法,影响韩国在国际关系中的地位。[①] 显然,考虑到韩国选举的国际影响,有利于美国同苏联的政治斗争,美国力图促使韩国尽快在1962年选举。

美国政府的立场很快得到了朴正熙的回应。第二天一早,朴正熙宣布,军政府准备在1963年3月就新的一院制总统宪法进行公投,在5月举行选举,恢复文官政府。军政府将力争在1962年年底为公投和选举奠定坚实的基础,在此期间,军政府将继续采取措施加快审判政治犯、惩治腐败和选举舞弊,重组文官系统,扩大国家重建项目等。[②]

从公布举行选举的日期来看,朴正熙并没有完全满足美国的意愿,但是美国方面显然并不打算在具体的日期和有关选举的细节问题上同朴正熙较真。朴正熙公布选举日期的当天,尹潽善总统就向美方表达了对选举日期推后的不满,认为选举最迟定在1962年年底也会比推迟到次年5月好。尽管时间安排上看起来可能差别不大,但从心理上讲,定在1963年看起来时间会比较长,韩国人会变得不耐心。另外,仅在预定的选举开始前的几个月内才允许选举政治活动,让人怀疑是否有足够的时间为选举做充分的政治准备。对于军政府立法禁止"腐败和不诚实的前政治人物返回政界",尹潽善表示关注,担心军政府滥用法律,打击潜在的竞选对手。对此,伯杰显得不以为然,向尹潽善指出,不管普选的时间和方法怎样,选举的日期和预期行动已经确定,希望韩国全民族团结一致、建设性地支持现政府,以便实现代议制政府的转变。[③]

在冷落尹潽善的同时,伯杰高度评价朴正熙的声明。伯杰告诉国务院,就韩国本身而言,声明促使公众更多地关注当前严重的经济形势和政府的改革措施,对于商业的稳定具有重要影响,有利于缓解最高委员会内部的矛盾,稳定内部形势,集中精力于其他问题,为韩国现政府争取了大量的群众支持。就美韩关系而言,声明将有利于美国和韩国的其他盟国支持对抗朝鲜的宣传攻势,有利于美国在世界舆论面前做出支持军政府的解释,保持美

---

① "Memorandum of Conversation", August 11, 1961, in *FRUS*, 1961—1963, Vol. XXII, pp. 513 - 515.

② "Report on actions, intentions of military government", August 12, 1961, *DDRS*, Document Number: CK3100176310.

③ "Telegram from Seoul to Department of State", No. 297, August 12, 1961, in MF0501126.

国对军政府的积极姿态。但是,该声明也存在不利方面,对于选举的具体细节缺乏规定,韩国的经济形势、朴正熙的地位是否稳固等因素将会影响恢复代议民主政权的进程。[①]

正是这些不利因素,为后来美韩双方在恢复代议民主政权问题上的再次冲突埋下隐患。尽管如此,美国对这个声明表示欢迎,因为它在很大程度上暂时满足了美国的对苏冷战和对韩政策需要。鉴于朴正熙在美国对韩政策上的积极配合,美国决定公开对朴正熙表示支持。1962 年 11 月中旬朴正熙应邀访美,受到肯尼迪政府高规格的接待。朴正熙再次在联合公报中重申将尽快举行选举,恢复文官政治。

二、选举的临近与美国的应对

在选举来临之前,对朴正熙政府压制言论自由等反民主行为,美国一度采取劝说和忍耐的态度。在美国决策者眼里,促进韩国的经济发展和社会稳定,才是美国当下需要追求的政策目标。只要韩国军政府采取的措施与恢复韩国民主代议制的目标不相冲突,美国就采取纵容的态度。从军政府上台到大选期间,以商业舞弊、政治通共等罪名,朴正熙政权将不少前政府官员、现任政府要员和商人送上法庭。这些审判中有不少都是出于政治派系之争,对此,美国劝告军政府,希望在处理这些所谓的罪犯时,要考虑到对韩国形象带来的负面国际影响。国务院指示驻韩使馆,万一美国的劝告无效,派系斗争引起的政治不稳超越了朴正熙的控制能力,要求大使馆考虑并报告采取其他行动的可能性及是否需要提前开始选举。[②]

1962 年 3 月 6 日,在大选日期临近前,韩国最高重建委员会宣布《政治活动净化法》,规定民主党政府时期被认定的公民权受限者、第五届国会议员、民主党政府内阁成员、政党与社会团体干部、地方长官、地方议会议员、国有企业经理与非法敛财者,在该法令实施 15 日内,不能通过"政治净化委

---

① "Analysis of possible effects of Chairman Park's announcement of elections scheduled for 1963", August 13, 1961, *DDRS*, Document Number: CK3100176317.

② "Telegram from Seoul to Department of State", September 27, 1961, No. 527; "Telegram from Seoul to Department of State", No. 530, No. 531, September 29, 1961; "Telegram from Department of State to Seoul", 434, October 6, 1961; "Telegram from Seoul to Secretary of State" No. 885, January 1, 1962, in MF0501126.

员会”政治活动资格审查的话,至 1968 年 8 月 5 日止,停止政治活动 6 年。[①] 显然,该法的意图不仅仅是消除腐败、净化政治,而是尽可能地限制潜在的对手参与未来的选举。因此,法律一公布就引起了不少人的反抗,尹潽善总统很快以辞职抗议。

面对尹潽善总统的辞职表示,美国方面也无意向军政府过分施压,只是抗议劝说一番了事。它一方面以该法将会影响美国乃至世界舆论,进而影响美国政府对韩援助为由,促使军政府调整或从宽执行该法,另一方面尽力说服尹潽善总统不要急于辞职,以免形势进一步复杂化。[②] 当时驻日大使赖肖尔的话很好地反映了美国的政策考虑:“韩国政府展现出的清除腐败、改善政府道德形象,同各友好国家发展关系的决心和诚意给人留下了深刻的印象,是政变的决心促使他们采取了不当的方法……朴正熙主席无疑希望得到美国在道义上和物质上的支持。因此,相信美国驻韩大使和其他官员能够在一定程度上影响未来的行动。无论怎样,尽管实现满意的民主可能有点粗暴,但在韩国有这样的政府致力于个人的正直和反腐败,同时又强烈反共,我认为我们是幸运的。因此,我建议,不要因为韩国最近的政治行动改变我们当前的对韩援助政策。”[③]

既然美国无意阻止《政治活动净化法》的实施,尹潽善的辞职就在所难免。针对辞职可能带来的政权连续性和国外的承认问题,美国方面很快找到了法律上的理由。伯杰认为,1961 年 6 月 6 日韩国军政府通过的《国家重建特别措施法》规定,总统辞职,最高重建国家委员会主席将自动行使总统职权。因此,尹潽善总统的辞职,并没有导致政府的变化,也不会导致外国的承认问题,可以保持政府的连续性。[④] 3 月 22 日,尹潽善总统辞职,朴正熙很快以主席资格代行总统职权。

在通过各种行动打击未来潜在选举对手的同时,朴正熙指示韩国中央

---

① “Telegram from the Embassy in Japan to the Department of State”, March 18, 1962, footnote 2, in *FRUS*, 1961—1963, Vol. ⅩⅫ, p. 551;李基泽:《韩国在野党史》,第 174 - 175 页,转引自曹中屏、张琏瑰:《当代韩国史,1945—2000》,第 235 - 236 页。

② “Telegram from Seoul to Secretary of State”, No. 1039, No. 1042, March 17, 1962, in MF0501126.

③ “Telegram from the Embassy in Japan to the Department of State”, March 18, 1962, in *FRUS*, 1961—1963, Vol. ⅩⅫ. p. 551.

④ “Telegram from Seoul to Secretary of State”, March 20, 1962, *DDRS*, Document Number: CK3100170400.

情报部长官金钟泌秘密创建民主共和党(DRP)，为将来的总统选举准备政党基础。5月，在禁止政党活动的戒严法尚在实施的情况下，金钟泌秘密在中央和地方创建了共和党的“事前组织”——“再建同志会”，提前着手党的干部培训。7月11日，最高重建委员会成立了以9名委员和21名专门委员组成的“宪法审议委员会”，着手起草新宪法，“恢复代议民主政权”事宜提上日程。[①]

随着选举事宜的逐步展开，军政府内部的矛盾开始日益突出。韩国政局的不稳，引起了美国的关注。驻韩美军当局认为，韩国中央情报部长官金钟泌和他所属的机构最应该为当前的不稳定局势负责，政府内部几个核心成员都和他存在权力斗争，应该想办法削弱金钟泌的权力，或者把他从中央情报部长官的位置上调走。韩国国家队(country team)[②]则比较谨慎，不主张过分干预军政府内部的斗争。美国不应该对军政府的所有行为和政策亮明相关的美国立场，而应着眼于以和平方式向代议制政府的转变，促进韩国的经济发展。朴正熙维持了转型期的政府结构，通过他的领导，美国才有望在韩国采取稳定措施，不到万不得已，不要介入韩国政府事务，一切让朴正熙政府自行处理。如果形势恶化，需要美国做必要的介入，比如，如果金钟泌的权力和行为引起公愤，美国可以一起反对他。“韩国存在的政治经济问题不可能一夜之间解决。我们必须明智地干涉韩国的内部事务，不能为了达成暂时的协定而牺牲我们长期的原则和目标。我们和现政府的关系还有待于继续检验，应该保持一种稳定而合理的姿态。”[③]

驻韩使馆的观点更进一步，认为韩国在1963年全面实现民主、军事领导人完全消失是不现实的，继续使用这些军事领导人符合美国的长远目标，他们可以维持向自由社会发展的动力。在不出现重大逆转的情况下，美国

---

① 曹中屏、张琏瑰：《当代韩国史，1945—2000》，第235-236页。

② 国家队是美国各使馆决策运作的核心，实际上分管协调各种驻外机构，包括各驻外领事馆。国家队给所驻国各使团提供指导，直接向领事馆发出指示，给国务院官员提供行动建议，并围绕驻外使馆提供的有关所驻国家的战略计划协调或者平衡美国各机构之间的冲突。国家队会议一般由大使主持，至少每周举行一次。如果该国驻有美国军队，国家队也需向军方通报国家队的最新情况，军方官员也会派联络官参加国家队会议。参见 http://www.state.gov/courses/rs401/page_25.htm。

③ “Appraisal of the current situation in ROK”, June 9, 1962, *DDRS*, Document Number: CK3100041413; “Memorandum of Discussion at a Department of State-Joint Chiefs of Staff Meeting Washington”, June 15, 1962, footnote 1, in *FRUS*, 1961—1963, Vol. XXII. p. 575.

可以容忍一些波折。美国应该暗中支持朴正熙并影响他沿着美国接受的路线行动。①

国务院最后认定，朴正熙是唯一拥有足够智力、远见、人脉、能力、个人声望的领导人，美国将不可避免地准备接受他作为未来几年韩国的领导人，但前提是他必须通过公平合法的途径当选。如何有效地阻止集权的趋势，如何限制年轻陆军军官的政治和个人权力野心，如何保持韩国靠近民主发展之路等都是美国面临的问题。而关于金钟泌和中央情报部问题，看来是美国所预见的这些问题的集中体现。因此，国务院指示伯杰采取以下行动。

首先，关于金钟泌问题，伯杰应向朴正熙表明，即使在国家转型时期，韩国中央情报部的头面人物，也不能成为政府的主要决策者和位居第二位的现代国家领导人，要么限制中央情报部的权力，要么把金钟泌从政府中清除。接着，伯杰应该督促韩国政府，加强内阁的权力，提高政府行政分支的效率，推动韩国朝着民主政体发展；应该把不受法律支配的行政机构取消或者融入既定的政府结构中去，例如韩国中央情报部。

其次，关于恢复代议民主制度问题，伯杰应该督促朴正熙，选用有才能的人执行政府计划，并设法拓宽民众的参与渠道，方便他们表达意见、施加影响。为了争取公众的支持，韩国政府需要做出合理的承诺，保护那些愿意为国家发展献身、诚挚且有才能的军事领导人，采取恰当的方法，以公民投票选举的形式，让民众正常表达建立合法政府的意见，并进行公开选举。如果采取镇压方式，进行贿赂舞弊选举，无论选举计票结果如何，都将会造成长期的损害。对付意料中的反对派的最好办法是，分化而非镇压有竞争力的候选人。朴正熙应逐步扩大言论自由，终止军事法庭和其他紧急控制措施，然后同反对派领导人就政治主张、施政方针等选举论题展开娴熟的公开辩论，这样才能与公众建立良好关系，增强自身优势。

最后，关于文官参与政权和选举后韩国局势控制问题，国务院认为，驻韩使馆应向朴正熙施压，促其敞开同高层领导人的信息交流渠道，听取他们的建议，赢得他们的支持，提名他们担任内阁重要职位。鉴于韩国自身现实情况的特殊性，像中央情报部这样的机构继续以某种形式存在是不可避免的，朴正熙提名军人担任政府职务并和文官一起工作，也对保持政策的连续

① "Telegram from the Embassy in Korea to the Department of State Seoul", July 23, 1962, in *FRUS*, 1961—1963, Vol. XXII. pp. 581 - 585.

性有益。既然如此,美国应该顺势加以引导,向韩国军事领导人展示,加强其影响的另外一个办法是,议员的改选。这种方式可能比单纯选举更有效。①

国务院的上述指示,可以说是美国对韩国恢复代议民主制政府的整体规划。显然,美国是站在军政府的角度,向朴正熙指明了争取选举胜利的办法,表明美国已经有意接受军人背景的官员继续掌权,只是希望他们走民主选举道路,通过合法选举方式获得政权。

三、美国的推动与韩国选举的最终成功

在美国密切关注选举进程的同时,韩国军政府也在为选举做积极的准备。11 月 5 日,国家最高重建委员会公布了"宪法修正案",新宪法赋予总统很大的权力,规定总统不必征得国会的同意,有权直接任免国务总理;有权动员军队维持公共安全和秩序;任期 4 年;取消副总统一职,新设副总理职务。新宪法同时废除两院制国会。新宪法一公布,就引起了一些政府反对派的担忧,他们竭力阻止宪法公投生效。尹潽善努力劝说美国阻止这样的宪法获得通过,反对进行宪法公投。为了说服美国驻韩大使伯杰支持自己的看法,尹潽善用词恳切,历陈新宪法潜在的危险,揭露军政府在准备选举方面的不合理行为,指出反对派的关键领导人被剥夺了参加竞选的权利,其他残余的政治人物只有两到三个月的准备时间,难以形成较大力量,而军政府已经采取各种办法组建了新的政党并在筹集各项资金。"国会选举应该推迟,以便为真正的反对派形成赢得时间。在国会选举之后才能举行总统选举,3 月份举行总统选举将会是一场闹剧。没有哪位领导人竞争得过朴正熙。"②

此时,美国决定支持朴正熙等军人继续掌权的政策倾向已经很明显,对于显然具有总统个人集权色彩的宪法采取默认态度。伯杰对尹潽善毫不客气地表示,他显然知道在宪法公投和选举中可能出现的危险,但形势是极端复杂的,没有简单或者唯一的解决方法。以往美国一直准备支持张勉政府,可是,张勉政府倒台了。军政府犯过错误,有些甚至很严重,但是也做了许

① "Telegram from the Department of State to the Embassy in Korea", August 5, 1962, in *FRUS*, 1961—1963, Vol. XXII, pp. 591 - 594.

② "Telegram from Seoul to Department of State", November 23, 1962, in MF0501126.

多有建设性的事情。军政府已经许诺进行选举,建立新的政府。

伯杰对待尹潽善的态度表明,美国汲取了先前对待张勉政府的教训,避免过分卷入韩国内部局势。在答复尹潽善时,伯杰尽管表现冷漠,不愿干预宪法修正案的有关事宜,但仍表示愿意促使选举在表面上显得自由和公平。随后伯杰向朴正熙施压,要求推迟总统选举的时间,放宽对参选人的限制,允许更多的人参与竞选;关于军政府建立自己的政党,应该尽力扩大政党基础,以便拓展未来政府的群众基础。面对伯杰的压力,朴正熙采取了有选择的接受,答应考虑调整总统选举的时间。但对于老派政客们,朴正熙以他们不思悔改为由,坚持从重处罚。[①]

宪法的修订意味着政治活动和选举将在韩国全面展开。根据美国驻韩使馆的观察,军政府开始采取措施,力图使权力保持在发动“5·16”政变的军人手中,保证朴正熙当选并控制国会多数。通过禁令,政府阻止绝大部分以前的政治家参与选举,限制某些政党的活动,并做出了有利于政府目标的规定。在朴正熙的支持下,金钟泌在政变集团内部实施强有力的领导。依靠良好的组织和广泛的警察网络,金钟泌继续保持着权力优势。但是,持不同政见的文官和部分退伍军人等政府反对者,把政变集团看作他们政治生命和雄心的威胁。政变集团内部存在对金钟泌和年轻军官们主导政府计划的不满,宗派斗争很可能发生。与此同时,学生作为潜在的政治力量也随时可能兴起。[②]

韩国政治形势可谓山雨欲来风满楼,一时间政治进程的前景变得扑朔迷离。尽管认为执政党将来可能赢得人为的选举,但伯杰担心朴正熙—金钟泌为首的政变核心集团将会继续以独裁的方式,逐渐清除反对派,消除对他们权力的威胁,军事集团内部的斗争迟早会爆发。如果金钟泌和他的追随者取胜,他们将可能通过极端方法控制权力;如果他们失败,新的联盟将可能在更广泛的基础上形成,但是派别冲突将难以避免。如果选举成功,韩国将逐渐走向代议民主制道路;如果选举失败,军事独裁主义者将逐渐加强权力并在未来几年内控制韩国政权。[③]

为了避免韩国的政治形势持续恶化,伯杰提议美国做好准备,尽力保持

① “Telegram from Seoul to Department of State”, November 27, 1962, in MF0501126.

② “Airgram from the Embassy in Korea to the Department of State, A-399”, December 7, 1962, in *FRUS*, 1961—1963, Vol. XXII. pp. 616-618.

③ Ibid.

当前紧张的稳定状态，关注军政府的行动，随时准备改变对军政府的政策与态度，同时，敦促军政府采取措施推动民族团结，尽可能广泛地实行言论与集会自由。如果美国的建议没有被采纳，应该向军政府施压，表示美国将不支持其所有的政府计划，不提供相应的援助；如果必要，准备发表一份谨慎的声明，亮明美国关于韩国恢复代议制政府的立场，并根据形势，选择支持其他韩国领导人。目前，韩国人自己也对形势判断不明，美国应该谨慎应付当前局势，采取“等等看”的态度。①

12 月 17 日，韩国政府开始就“宪法修正案”举行全民投票，1240 万选民有 85.28％的人参加投票，结果宪法修正案以 78.78％的赞成票获得通过。新宪法尽管具有总统个人集权色彩，但关于总统和国会议员候选人，宪法规定必须由政党推荐产生，这意味着没有政党就不会有总统和国会议员选举，这使政党成了国家机关存在的前提条件。② 此项规定有利于韩国政党政治的逐步形成，但也为朴正熙的一党独裁埋下了隐患。

新宪法公布次日，朴正熙举行新闻发布会，表示总统选举将在 1963 年 4 月初举行，国会选举将在 5 月的后期进行。权力交接时间尚未确定，可能会在 8 月中旬。国家最高重建委员会所有的成员将以文职人员身份参加下届政府，具体事宜由其加入的各党派决定。国家最高重建委员会意识到这样有违最初的政变誓言③，但是这样做是为了国家的利益。④ 为了给未来执政党的胜利铺路，国家最高重建委员会很快又公布了《政党法》和《集会与游行示威法》。前者规定每个政党必须在 1/3 的选区拥有地区组织，各选区的法定党员人数为 50 名，分布在汉城特别市、釜山直辖市和其他 5 个地区以上，不具备上述条件者不得组建政党，各政党负有向当局报告党员人数和活动状况的义务，后一规定近乎剥夺了反对党活动的自由。⑤

1963 年 1 月 1 日，国家最高重建委员会宣布恢复政治活动，韩国的形

---

① “Airgram from the Embassy in Korea to the Department of State, A－399”, December 7, 1962, in *FRUS*, 1961—1963, Vol. XXII. pp. 616－618.

② 闵俊基等：《韩国的政治》，转引自曹中屏、张琏瑰：《当代韩国史，1945—2000》，第 236 页。

③ 发动政变的“革命”公约第六点明确表明，军政府随时准备把政权让给善良的政治家，回到原来的军事岗位上去。参见曹中屏、张琏瑰：《当代韩国史，1945—2000》，第 225 页。

④ “Telegram from Seoul to Department of State”, No. 459, December 27, 1962, in MF0501101.

⑤ 高峻石：《韩国现代史入门》，第 112 页，《韩国的军部政治》，第 262 页，转引自曹中屏、张琏瑰：《韩国当代史，1945—2000》，第 237 页。

势开始变得愈加混乱。尽管如此,美国仍无意干预韩国的选举活动甚至影响韩国的选举结果。为了避免美国被各派利用,同时打消朴正熙的担忧,伯杰向朴正熙私下亮明了美国的立场:朴正熙应设法保持军政府的团结,避免内部分裂,以便韩国的持续稳定;执政党应该尽可能拓宽代表基础;民主进程需要强大有效的反对派,主要反对派应该建立在尽可能广泛的基础上,以国家利益为重,克服旧的敌意,以便韩国人民能够进行真正的选举;竞选期间保持自由辩论。伯杰表示,美国驻韩大使馆官员将严格保持中立,禁止向任何政党提建议。无论谁组建政府,美国都将与其友好相处。重要的事情是政治稳定,避免在选举之后发生暴力和新的政变。伯杰赞扬政变以来军政府的成就,鼓励朴正熙打起精神,因为此时韩国局势的稳定需要他。[①]

随着选举日渐临近,韩国的内部斗争不断加剧。韩国中央情报部加紧了秘密创建执政党的活动。但纸里包不住火,中央情报部的秘密活动很快被陆军谍报队长金在春(Kim Chae-chun)——朝鲜军事学院第五期毕业生,属于军政府中的温和派——侦破。这在军政府内部引起了很大震动,结果导致原军事政变主体势力明显分裂为以金东河、金在春为首的反金钟泌派与金东焕为首的亲金钟泌派。对于与政治资金有关的"四大疑案"[②]以及以金钟泌及其亲信为中心的中央情报部背着最高委员会组建"再建同志会"及其组织体系二元化现象,金东河等反金派强烈不满,要求金钟泌辞职,解散"事前组织",并要求朴正熙开除金钟泌的公职。但金钟泌的权力进一步加强,1 月 18 日,民主共和党筹备委员会成立,金钟泌出任党主席。针对亲金派人士垄断民主共和党权力的情况,金东河表示不满,很快宣布辞去最高委员会中的职务并放弃共和党发起人资格。此外,反金派人物也联合最高委员会中其他反金委员,围绕军部参政问题和"四大疑案"问题向朴正熙施压。[③]

面对军政府内部的权力斗争,美国力图保持韩国政局的稳定,争取妥协解决。1 月 24 日,在驻韩使馆的影响下,朴正熙表示,金钟泌将辞去执政党党主席的职位,并离开韩国到国外长期旅行,他本人放弃从国家最高重建委

① "Telegram from Seoul to Secretary of State", No. 503, January 17, 1963, in MF0501126.

② 指 1963 年暴露的有关中央情报部为确保未来执政党政治资金的"四大疑案",即"新国家汽车案件""沃克希尔美军疗养所工程事件""弹球盘事件""证券风波"。参见曹中屏、张琏瑰:《韩国当代史,1945—2000》,第 231 页注释。

③ 曹中屏、张琏瑰:《韩国当代史,1945—2000》,第 237 - 238 页。

员会中清除五名反金军官的打算，把国家最高重建委员会和民主共和党分离。对于妥协解决国家最高重建委员会内部分歧的方案，美国国务院感到满意，指示驻韩使馆在适当的时间，增进和朴正熙的友好关系，进一步促进他推动韩国向代议制政府的转变。为了使未来的韩国政府更有效，国务院建议伯杰把将来的评论集中在“韩国的政体应该争取更广泛的群众支持”方面。新的政权必须付出更大的努力，尽力接触并影响重要团体，比如学生、知识分子、劳动者和农民，发布并积极追求符合群众需要的政策，争取群众的支持。[①]

但伯杰怀疑朴正熙解决国家最高重建委员会内部分歧的计划并不奏效。金钟泌辞去执政党主席和可能随之而来的清除金钟泌支持者的行动，可能会导致反金派与挺金派之间的权力斗争。如果双方都拒绝妥协，最终可能导致武装冲突，向代议制民主政府平稳转型的计划就会泡汤。[②]

驻韩当局的担忧不错，军政府内部的权力斗争不断加剧。面对激烈的权力斗争，国务院全力支持伯杰，力争妥协解决政变集团内部的斗争，以免政局发生变化。对于金钟泌辞职带来的政变危险，要尽力预防，争取保证选举平稳进行，顺利实现政治体制的和平转变。[③] 此时韩国的局势让美国陷入困境之中。一方面，美国政府希望朴正熙限制金钟泌的权力扩张，削弱其领导能力。因为一旦金钟泌取得胜利，美国担心他将会自由执行他的计划，建立独裁式的政党。另一方面，美国也难以接受发生针对金钟泌的军事政变。军人干政的不幸先例将重演，向民主政府转型可能将遭遇失败。

面对混乱局势，朴正熙惺惺作态，向伯杰表示他对韩国政治形势感到失望，打算退出竞选。美国原本希望借朴正熙的威望保持韩国政权稳定过渡与政权连续性，但朴正熙打算退选的决定使美国的这种政策设想面临困难。伯杰努力劝说朴正熙坚持保持韩国局势稳定。但在美国国务院看来，朴正熙是否真的退出竞选并不明确，建议伯杰不要影响朴正熙退选的决定，只强调他有义务实现韩国政府有秩序转型；也不要明确地建议金钟泌离开，如果

---

① “Telegram from the Department of State to the Embassy in Korea”, January 24, 1963, in *FRUS*, 1961—1963, Vol. XXII, pp. 618 - 619

② “Telegram from the Department of State to the Embassy in Korea”, January 26, 1963, in *FRUS*, 1961—1963, Vol. XXII, pp. 619 - 620.

③ “Telegram from the Department of State to the Embassy in Korea”, February 14, 1963, in *FRUS*, 1961—1963, Vol. XXII, pp. 625 - 626.

让金离开韩国不成功，将不利于美国和韩国政府未来关系的发展。伯杰可以对金钟泌利用情报局控制民主共和党及破坏党民关系提出建议，向朴正熙指明，对政府的发展来说，争取广泛的群众支持高于一切。如果朴正熙决定不参加竞选，美国只需要设法保持过渡期韩国的稳定。美国倾向于在选举之后建立一个强大政府，比如可以以许政为领导，军事集团将支持这样的政府。① 国务院的指示表明，尽管美国倾向于建立以朴正熙为代表的强大政府，但如果朴正熙辞职，美国将会支持其他候选人。

2 月 14 日，朴正熙会见尹潽善、许政等重要反对派政治领导人，讨论军政府之后的韩国政体，双方最终达成妥协。反对派领导人接受朴正熙提出的 9 项要求：在民选政府建立后，不对"5・16"政变参加者施加政治报复，继承"5・16"精神和"政变任务"，保证"政变政府"任用的公务员的身份地位，维持新宪法的权威，各级政府优先任用有能力有贡献的预备军官，在为关系正常化而举行的"韩日会谈"中进行合作等。四天后，朴正熙发表声明，表示将不参加总统竞选。美国立即表示支持该建议。韩国各政党领导人也很快公开表示完全接受朴正熙的计划。②

作为两派妥协的结果，金钟泌以巡游大使身份离开韩国。金钟泌的离开并没有影响民主共和党的成立，26 日，民主共和党成立大会如期举行。反金派人士努力阻止亲金势力的扩张，国家最高重建委员会的金东河与中央情报部新任长官金在春趁机施压，要求解散金钟泌一手组建的共和党。共和党组织当然不会妥协，以共和党的建立符合政党法且不是最高重建委员会的下属组织为由，不仅拒绝解散，而且利用自身的组织优势扩张了地方党组织。③

与此同时，面对来自反金势力的压力，支持金钟泌的力量积极组织反击。民主共和党开始向朴正熙施加压力，扭转当前的形势发展。他们告诫朴正熙，不要背叛当初发动政变的理想，抛弃他的军事同僚和朋友，不要削弱对局势的控制能力。政府中以金东河为首的反金派也向朴正熙施压。拥金派的力量显然处于强势地位，新的中央情报部长官金在春难以抵抗金钟泌在情报局的势力，调查金钟泌任期内的腐败活动时，并没有走法律程序，

① "Telegram from the Department of State to the Embassy in Korea", February 14, 1963, in *FRUS*, 1961—1963, Vol. XXII, pp. 625 - 626.

② 曹中屏、张琏瑰：《韩国当代史，1945—2000》，第 239 页；"Editorial Note", in *FRUS*, 1961—1963, Vol. XXII, p. 627.

③ 同上。

最终宣布免除对金钟泌的控诉，而只是指控金的几个“小伙伴”。面对对立的双方，朴正熙不得不做出抉择。最终他选择了长期支持自己的金钟泌派。在朴正熙的默许下，韩国中央情报部迅速采取措施，以阴谋政变的名义，逮捕反金派要员，借机一并清除最高重建委员会中的异己力量。[①] 至此，在很短的时间内，反金派力量被从军政府中清除了出去。

对于朴正熙宣布不参加竞选的真实动机，美国一开始也有怀疑。美国中央情报局曾报告，自 2 月中旬朴正熙宣布不参加总统竞选以及金钟泌离开韩国以来，就有不少信息显示，朴正熙和金钟泌并非真正打算放弃权力。从短短几天的权力斗争结果来看，此前的朴、金行动确实是一种战术举动。[②] 然而，美国对朴正熙在韩国内部的权力斗争策略，没有做出任何干预，只要权力斗争没有背离美国推动韩国选举的最终轨道，美国都采取睁一只眼、闭一只眼的中立态度。

然而，朴正熙随后采取的政策则让美国难以容忍。3 月 14 日，在清除反金派力量巩固权力地位后，朴正熙通知美国，准备举行全民公投，以决定是否延长军政四年。朴正熙还宣称，公投行动并不会和现有党派协商，因为他们不代表民众。[③] 美国还没来得及做出反应，两天后，朴正熙便发表声明，准备再次修改宪法并举行全民公投，决定是否延长军政，同时公布临时措施法，中止一切政治活动，限制言论等自由。朴正熙的声明，立即引起了各党派团体的广泛反对。尹潽善通过媒体表示，该声明犹如晴天霹雳，击碎了公众的信任，令国人痛心。许政把该决定描述为“韩国人民的重大悲剧”，认为朴正熙没有理由推迟权力的交接。[④] 随后，韩国出现大量示威活动，随之而来的是政府镇压。

朴正熙此举最终超出了美国对韩政策目标的忍耐限度。显然，韩国的政治走向一旦不能满足美国推动韩国恢复代议民主制度、同苏联展开冷战制度竞争的需要，美国就会进行积极干涉。伯杰怀疑，过去几天发生的旨在迫使朴正熙参加总统选举、放弃他 2 月 18 日声明的一系列事件，很可能是朴正熙本人幕后策划的结果。朴正熙可能并不打算实现他的声明，金钟泌

---

① “Telegram from the Embassy in Korea to the Department of State”, March 14, 1963, in *FRUS*, 1961—1963, Vol. XXII, pp. 628 - 629;

② “Information Report: South Korea”, March 14, 1963, in MF0501126.

③ “Telegram from Seoul to Secretary of State”, No. 645, March 16, 1963, in MF0501126.

④ “Telegram from Seoul to Secretary of State”, No. 655, March 17, 1963, in MF0501101.

和朴正熙周围的官员仍旧有效控制着政权，他们非常担心有关调查会对他们不利。[1] 除了继续延长军政，公投不会有其他结果。因此伯杰建议华盛顿，必须明确反对大量的逮捕，如果要公投的话，无论采取什么办法，军政府必须有其他政党的支持，即使公投也必须争取广泛的同意。对此，美国政府的立场非常明确，国务卿腊斯克指示伯杰必须促请朴正熙改变决定，向朴正熙明示，美国坚决不能容许公投延长军政府的统治，因为这违反了朴正熙多次公开的誓言，也将会遭到世界舆论谴责，美国将不得不因此重新考虑对朴正熙的支持。[2]

朴正熙意识到自己的行为可能导致美国的强烈反对，为了争取美国的理解，朴正熙很快致信肯尼迪总统，解释公投延长军政的原因。朴正熙通过回顾"5·16"政变以来，军政府在恢复代议民主政权方面的追求，表明军政府一直在追求民主进步。描述了自1963年初恢复政治活动后韩国政治形势的混乱之后，朴正熙转而指出，随着韩国大量政党的产生，各种欺诈和政治混乱达到了难以容忍的程度，一些反政府的极端分子，利用政治混乱造成的不稳定、不安全和恐惧感，策划了反政府的阴谋；在这种情况下，恢复代议民主政权不仅无助于国家的政治稳定，甚至会危及韩国国家安全。[3]

与此同时，朴正熙及其支持者和尹潽善、许政等重要反对派领导人谈判，做出努力达成妥协、建立临时联合政府的样子，并尽力影响美国驻韩使馆的立场，向伯杰表明放弃公投的巨大压力以及军事集团与反对派领导人的矛盾，促使伯杰认为形势有可能向着混乱方向发展。朴正熙的策略产生了效应，伯杰开始倾向于支持朴正熙，并建议国务院考虑朴正熙建立临时联合政府的主张。国务院断然否定了伯杰的观点，认为在这个时候把美国同任何特殊的主张牵扯起来都是不明智的，因为朴正熙的主张很值得怀疑，主要反对派领导人的意见也不清楚。尽管韩国军方其他主要官员公开支持朴正熙3月16日的决定，但他们的真实看法并不清楚。美国在韩国的主要目标是，创造一个有广泛政治和群众基础的稳定政府，尽快结束军政府，保持韩国和联合国军的国际支持。因此，美国应该督促军政府按照初期确定的日期实行选举，否则，由于军政府内部的宗派斗争，韩国的稳定性可能降低。

① "Telegram from Seoul to Secretary of State", No. 645, March 16, 1963, in MF0501126.

② "Telegram from the Department of State to the Embassy in Korea", March 16, 1963, in *FRUS*, 1961—1963, Vol. XXII, pp. 630 - 631.

③ "Letter from Park Chung-Hee to Kennedy", March 19, 1963, in MF0501125.

如果在1963年联合国大会前,韩国反复许诺举行选举却最终没有执行,美国将很难做出合理解释,将冒失去更多国际支持的风险,而这些支持对韩国和联合国军来说,是至关重要的。根据当前韩国政治活动的终止和逮捕政党领导人的气氛,国务院相信不会有任何公平的公投,推迟选举、缓慢转型也不会好到哪里去。因此,驻韩使馆不应鼓励任何妥协基础上的公投。①

退而求其次,假如军事集团和反对派能够达成一致,则有可能重组国家最高重建委员会,国务院认为理想的妥协结果是回到2月27日的协议,不过,让所谓的"腐败"政客退出是难以理解的。"谁来决定腐败?到底怎样才算腐败?……像许政、尹潽善这样的人被判为腐败,为什么?"如果确实有可能妥协,应该积极引导。假如要求退出的只是些次要政治人物,协议也可以接受。国务院认为,尽管此时军队宣布支持朴正熙举行公投,伯杰大使仍应继续和军队中反对军队过分介入政治的军官接触,利用这些人,分化朴正熙的影响。对于金钟泌本人,应以适当方式告诉朴正熙,阻止金钟泌回国,这对韩国政治的稳定和韩国政府的国际支持都有利。②

国务院的观点得到了肯尼迪的支持。4月2日,伯杰传递了肯尼迪总统给朴正熙的回信,信中肯尼迪敦促朴正熙和其他政治领导人协商,尽快达成韩国全民支持的向代议民主制政府转型的协定,举行总统选举。伯杰也趁机进一步表示,美国希望韩国政府不要做出任何公投建议的声明,这只会使问题变得更加复杂,要求朴正熙以后要加强和美国的磋商,不要单方面做出任何决定。③

面对国内外的压力,朴正熙最终做出了妥协。次日,朴正熙发表声明,在对军政府决定建立过渡政府的公投原因做了保全脸面的解释后,很快以混乱局面影响经济形势,政府需要维持秩序和公共福利为由,宣布3月16日声明中提到的修改宪法的全民公投暂时中止,到9月底另行决定;9月份,政府将和各党派的代表讨论,考察整个国家的政治形势,决定是否举行公投或者按照修订的宪法举行总统和国会选举;与此同时,政府将加强行政职能,集中解决民生问题,政府将再次允许政治活动。在此期间,政府将促请各政党采取有力措施,营造新的政治气候,变革政治风气,确立向文官政

---

① "Telegram from the Department of State to the Embassy in Korea", March 28, 1963, in *FRUS*, 1961—1963, Vol. XXII, pp. 636 - 638.

② Ibid.

③ "Telegram from Seoul to Secretary of State", No. 766, April 3, 1963, in MF0501101.

府平稳过渡的基础。届时应付紧急情况的临时措施法将被取代。① 延长军政的修宪公投引起的风波,最终以暂时搁置的方式平息。

随着延长军政问题的搁置,韩国政治形势渐趋平静,美国对韩国的政策重点开始转向经济发展与稳定。趁此空隙朴正熙开始对政治力量进行联合与重组,指示首席秘书李厚洛(Yi Hu Rak)与金在春另外组建一个"自民党",吸纳一批在野人士。7 月 13 日,自民党很快实现了与民主共和党的合并,合并后所形成的新民主共和党实力大增,在 7 月末举行的新民主共和党大会上,朴正熙被提名为第五届韩国总统候选人。②

7 月 27 日,国家最高重建委员会撤销 3 月 16 日的修宪提议,宣布总统选举将在 10 月中旬举行,11 月举行国会选举,围绕选举的较量再次展开。美国对选举步入正轨感到高兴,密切关注选举的正常进行,谨防选举再次出现不利情况。8 月 8 日,与朴正熙反目的前总理宋尧瓒在《东亚日报》上发表文章,指出,"军人应专心于国防","腐败可恶,独裁更可恶",公开要求朴正熙下台。宋尧瓒立即遭到逮捕。美国很快对逮捕宋尧瓒表示关注,助理国务卿罗杰·希尔斯曼(Roger Hilsman)向韩国大使表示美国反对逮捕宋尧瓒,驻韩使馆也询问军政府逮捕宋的有关理由。接着,韩国国内很快出现反对美国干涉宋案的反美海报,在美国看来这显然受到了军政府的幕后支持。美国的反对促使军政府很快释放了宋尧瓒,同时朴正熙向美国保证推迟金钟泌回国,直到选举结束之后。③

一个月后,朴正熙举行退役仪式,正式脱下军服加入民主共和党,并成为该党总裁,接受总统候选人提名,选举运动最终在 9 月份开始。除了朴正熙本人,参加选举的还有尹潽善、许政等六名反对派候选人,其中能够和朴正熙竞争的只有尹潽善。随着选举的深入,2/3 的主要反对派候选人放弃。④

---

① "Telegram from Seoul to Secretary of State", No. 766, April 3, 1963; "Telegram from Seoul to Secretary of State", No. 787, April 8, 1963, in MF0501101.

② "Telegram from the Embassy in Korea to the Department of State", July 15, 1963, in *FRUS*, 1961—1963, Vol. XXII, pp. 652 - 656;《韩国的军部政治》,第 233 页,转引自曹中屏、张琏瑰:《韩国当代史,1945—2000》,第 241 页。

③ "Telegram from Seoul to Secretary of State", No. 201, August 14, 1963, in MF0501126; "Telegram from the Embassy in Korea to the Department of State", September 2, 1963, in *FRUS*, 1961—1963, Vol. XXII, pp. 657 - 661.

④ "Telegram from the Embassy in Korea to the Department of State", October 9, 1963, in *FRUS*, 1961—1963, Vol. XXII, pp. 661 - 664.

10 月 15 日，韩国举行第五届总统选举投票，1300 万选民中 1100 万人参加投票，投票率为 84.9%，朴正熙获得 4702640 张选票，以 46.6%的得票率当选总统；尹潽善获得 4546614 张选票，得票率 45.1%，与前者相差仅 1.5 个百分点；三个其他次要候选人总票数为 1031944 张，得票率为 7.53%，有 954977 张废票和 1948840 张弃权票。驻韩使馆观察认为，选举有序进行，投票行动有效。从如此接近的选举结果来判断，选举似乎是公平的。军队的投票有利于尹潽善，显然没有作弊。朴正熙并没有赢得预想中的决定性胜利，尹潽善反对派尽管没有赢得大选，但和朴正熙差距不大，这使他们感到精神上的胜利，因为在他们看来，自己是在和有钱有组织的政府竞争，这给他们下次赢得竞选带来很大的希望。①

韩国总统选举的有序进行使美国能够保持中立。国务院高兴地指出，朴正熙微弱优势的胜利将对其更有利，这使其加强权力有了更大的合法性。如果反对派赢得选举，韩国将进入一段广泛的不稳定期，可能寻求暴力确定权威。不过，反对派赢得了精神胜利。显而易见，即使不计算大量的无效票，真正支持朴正熙的人只占微弱多数。大量的军队选票投向反对派，表明军队并非坚定支持朴正熙。韩国总统选举的有序进行，使美国坚信以往政策的合理性。国务院建议驻韩使馆继续以中立的姿态，保持在政府和反对派之间进行合作与对话，执行一种平衡政策。② 鉴于对选举表现与结果的满意，驻韩使馆和美国政府很快发表声明，公开肯定选举的公正。

11 月 26 日，韩国开始第 6 届国会议员选举。选举期间，美国对韩援助在韩国选举中成为争论的重要话题，反对派借美国中止对韩援助抨击政府的无能，使政府处于不利地位。为了消除反对派攻击的口实，军政府向美国施压，要求发放因选举问题而中止的有关援韩资金。美国接受了军政府的提议，很快发放了有关资金。此举对于国会选举中民主共和党争取主动起到了积极作用。结果，尽管投票率比较低，共和党仍赢得 175 席中的 110 席，取得了足以控制国会的超过半数的议席。③ 12 月 27 日，新宪法生效，朴

① "Telegram from the Embassy in Korea to the Department of State", October 16, 1963, in *FRUS*, 1961—1963, Vol. XXII, pp. 665 - 666.

② "Telegram from the Department of State to the Embassy in Korea", October 22, 1963, in *FRUS*, 1961—1963, Vol. XXII, pp. 667 - 668.

③ Donald Stone Macdonald, *U. S. -Korean Relations from Liberation to Self-Reliance: The Twenty-Year Record*, pp. 226 - 227.

正熙宣誓就任第五届韩国总统，第三共和国诞生。

1963 年的韩国民主选举，在韩国的发展进程及美韩同盟关系中都具有重要的地位。1961 年“5·16”政变上台的军人政权虽然很快稳定了韩国的内部局势，采取了积极发展经济的政策。但是，纯粹的军人独裁政权把美国置于对苏冷战的被动地位。苏联在对美制度竞争中借韩国的军人政权攻击西方民主价值的优越性。因而，为了摆脱被动地位，美国必须推动韩国军人政权向民主政权的转变。在推动韩国军人政权向民主政权转变的选举过程中，美国显然吸取了张勉政府的教训，为了确保韩国选举能够逐步推进，对朴正熙政府压制言论自由等反民主行为，美国立足韩国现实，一度采取劝说和忍耐的态度。在美国决策者眼里，促进韩国的经济发展和社会稳定，才是美国当下需要追求的政策目标。只要韩国军政府采取的措施与美国恢复韩国民主代议制的目标不相冲突，就采取纵容的态度。美国只是劝告军政府，希望在处理这些所谓的罪犯时，要考虑到给韩国形象带来的负面国际影响。[①] 最终，美国立足于韩国现实，总体权衡了各项对韩政策目标，逐渐接受并支持韩国军人脱下军服，以文官的身份参与竞选，实现继续执政。

1960 年代韩国的发展证明了美国在 1963 年韩国选举过程中所采取政策的合理性。朴正熙等军人出身的韩国官员继续执政，保证了韩国在整个 60 年代的持续稳定，为美国实现在韩国的经济、军事以及对苏冷战目标提供了有力的政权保证。韩国自身在 60 年代的经济起飞以及在越南对美国的战略支持更表明了美国这一对韩政策的成功。

第三节　肯尼迪政府的援韩政策

美国政府决定支持军政府之后，如何确定新的、明确的对韩援助政策，不仅在美国政府内部引发了矛盾与分歧，而且成为美韩之间争论的问题。美国政府内部分歧的中心在于援助的数量及重点，主要表现在对韩经济发展援助和对韩军事援助的分配问题。而韩国方面则力图阻止美国对韩援助的缩减，希望加强或者至少维持对韩经济和军事援助的现有规模。关于美

① “Telegram from Seoul to Department of State”, Sep. 27, 1961, No. 527; “Telegram from Seoul to Department of State”, No. 530, No. 531, Sep. 29, 1961; “Telegram from Department of State to Seoul”, No. 434, October 6, 1961; “Telegram from Seoul to Secretary of State”, No. 885, January 1, 1962, in MF0501126。

国对韩援助的争论与妥协，不仅反映了在对韩政策多元目标中美国必须平衡安全与发展这两个目标，而且也突显了美韩同盟关系的协调问题。

一、安全与发展：美国政府内部关于对韩援助资金的权衡

安全与发展，是一对长期困扰美国对韩援助政策和美韩同盟关系的矛盾。在李承晚执政时期，围绕对韩援助的分配问题，美韩同盟之间、美国政府内部展开了激烈的讨论。

在朝鲜停战协定签订之初，鉴于停战局势尚不明朗，朝鲜战争作战双方爆发新战争的可能性仍旧很大。因此，美国在朝鲜半岛仍旧保留大量军事力量，同时保持对韩大量的军事援助。但 1950 年代后期，随着朝鲜半岛局势的逐渐稳定，爆发大规模军事冲突的可能性也随之减小，美国在缩减驻韩军队规模的同时，并调整对韩援助中经济和军事援助的比重，增加对韩经济援助，推动韩国自身的经济发展。

在艾森豪威尔政府时期，美国对韩援助政策调整经历了一个缓慢的过程。在完全停止中立国监察委员会的监督职能之前，美国的对韩援助受到停战机制的相应限制，加上韩国反对美国缩减对韩军事援助，美国这一阶段的对韩援助主要是军事援助。但 1956 年年底中立国监察委员会撤往非军事区后，美国开始调整对韩援助。1957 年 1 月，美国国家安全委员会决定，通过升级驻韩美军和韩国军队的武器系统，增强威慑力量，缩减韩国军队规模。[①] 经过半年多的讨论，国家安全委员会通过 NSC 5702/2 文件，正式确认了这种政策方针。文件新增了两点对韩政策目标，反映美国将进一步鼓励韩国发展稳定的政治民主机制，并推动韩国同其他自由世界国家发展合作关系；与此同时，推动韩国实现经济的快速增长，满足韩国民众的基本消费需求，促进社会稳定。[②]

1960 年底，艾森豪威尔政府卸任前制定的 NSC 6018 号文件，吸纳了国家安全事务总统特别助理沃尔特·罗斯托的经济起飞理论[③]，更进一步体

---

① "Evaluation of Alternative Military Programs for Korea," January 14, 1957. NSC 5702, in *FRUS*, 1955—1957, pp. 374 - 384.

② *FRUS*, 1955—1957, Vol. XXIII, Part 2, National Security Council Report, NSC 5702/2, Washington, August 9, 1957. pp. 489 - 498.

③ Macdonald, Donald Stone, *U. S-Korean Relations from Liberation to Self-Reliance: The Twenty-Year Record*, Boulder: Westview Press, Inc. 1992. pp. 26 - 27.

现了美国对韩援助政策调整的倾向。该文件指出，李承晚政权在 1960 年 4 月的学生运动中倒台，源于李承晚政权的独裁、腐败及该政权治下的韩国贫困和政治不稳。NSC 6018 文件对美国对韩政策的长期目标做了进一步的修订，把推动韩国自主、经济增长，增强韩国政治社会稳定及维护内部安全的能力作为重要内容写进长期目标。NSC 6018 在肯尼迪政府上台之前最终被批准为 NSC 6018/1 号文件，[①]成为艾森豪威尔政府留给下一任政府的重要遗产。

肯尼迪政府上台之后，继承了 NSC 6018/1 号文件的精神，并开始逐步进行对外援助政策调整。与艾森豪威尔政府相比，肯尼迪政府的对外援助政策理念发生了相应的变化，开始进一步加强对外经济援助，推动受援国的自主发展。1961 年 8 月 31 日，国会通过了《1961 年外援法》。为了提高对外援助资金的使用效率，加强了对行政部门的限制，该法否决了肯尼迪政府提出的授权行政部门可以长期直接借款的要求，只批准长期授权，而没有给予直接借款的授权，仍以国会拨款方式提供资金，即行政部门的外援计划每年仍需国会批准，国会还同时缩减了行政部门提出的外援拨款要求。[②] 新外援法的通过和外援资金的缩减，加上美国援助理念的转型，导致美国政府内部围绕外援资金的分配问题争论不休。

这在美国的对韩援助中表现得尤为突出。在美国对韩政策目标中，安全、发展目标存有潜在冲突。自朝鲜战争以来，美国的对韩援助主要立足于韩国的国家安全，尽管存在一定的经济援助，也主要服从于安全目标，旨在维持韩国的内部稳定、加强内部安全，而较少考虑如何促进韩国经济自主发展。肯尼迪政府上台后，在外援资金不断缩减的情况下，增加对韩经济援助势必挤占对韩安全援助的资金。因此，如何解决韩国的国家安全与经济发展两大目标之间的困境，一开始便成为美国对韩援助的中心问题。

1961 年 2 月，受罗斯托委托，罗伯特·约翰逊和乔治·韦伯(George Weber)开始对全球的美国重要受援国进行研究。在题为“1962 财年初步的共同安全计划”的报告中，他们建议调整以往美国对中国台湾、菲律宾、土

① “National Security Council Report”, NSC 6018, November 22, 1960, in *FRUS*, 1958—1960, Vol. XVIII, Japan; Korea, pp. 697 - 707.

② 王慧英：《肯尼迪与美国对外经济援助》，中国社会科学出版社 2007 年，第 111 - 117 页。

耳其、韩国、希腊的援助政策，新的政策应强调经济发展而减少军事援助。[①]罗伯特·科默也向罗斯托提议，如果真的希望在韩国问题上有所行动，美国不应该把目标限定在政治、经济方面，也应该触及军事方面。科默认为，多年来美国对韩军事援助份额所占比例过高，可能远远超过所需，应该趁张勉政府主动提议缩减 10 万韩国军队之机，削减对韩军事援助。[②]

"5·16"政变之前，关于对韩援助问题，如前文所述，围绕休·法利的建议，肯尼迪政府内部早就开始讨论新的对韩政策。尽管罗斯托、科默等人认为应该缩减对韩军事援助，但由于肯尼迪政府刚刚上台，美国没有很快形成明确、稳定的对韩援助政策。"5·16"政变的发生，使得如何确定有效的对韩政策成为当务之急。

"5·16"政变后，韩国政治形势趋于稳定。根据韩国新的政治形势，肯尼迪政府开始考虑制定新的对韩政策。美国对韩援助重视韩国经济发展的倾向愈益明显。6 月 12 日，国家安全委员会成员罗伯特·科默(Robert W. Komer)给总统国家安全事务特别助理迈乔治·邦迪(McGeorge Bundy)的备忘录中，明显反映了这种情绪。该备忘录题为"军事相对优先，抑或以韩国重建为中心"。科默认为，"自 1953 年以来美国对韩援助收效甚小，其中的一个基本原因是，一直在以军事援助为中心"。他继续指出：

> 在 1953 年至 1960 年，我们投在军事援助项目上的钱超过了国内经济投资。这种以军事援助为中心的政策很大程度上是基于如下判断："三八线"只是一个停战线，摩擦和冲突随时可能重启。结果，我们用于经济运作的资金不足，而注意力集中在维持韩国军队的规模上……鉴于所有这些威慑力量，韩国再次遭受外部攻击的危险要远低于内部虚弱而被颠覆的危险。北朝鲜正在高唱充满诱惑的统一之歌，对一个软弱分裂的南朝鲜来说，这可能增加北方的吸引力。如果南朝鲜走上或愿意走这条路，将不会发生战争。

---

① "Memorandum for Mr. Rostow from Robert H. Johnson and George Weber", February 22, 1962, *DDRS*, Document Number: CK3100317628.

② "Letter from Robert Komer to Walt Rostow", March 9, 1961, in MF0501100. 张勉执政时，曾经向美国提议大幅缩减韩国军队，但遭到美国军方强烈反对。考虑到张勉建议缩减的幅度太大，最终美国没有采纳其建议。

科默建议逐渐缩减韩国军队，把韩国军队缩减到 14 乃至 12 个师，这样仍旧拥有足够的威慑力，但可以节省更多资源用于解决美国在韩国面临的真正问题。[①]

然而，科默的建议在美国政府内部并未得到广泛支持。6 月 13 日，美国国家安全委员会出台了 NSCA 2430 对韩政策文件。在文件中，是否缩减对韩军事援助成为一个遗留问题。在讨论制定该文件时，围绕对韩经济和军事援助问题，美国政府内部出现严重分歧。国家安全委员会官员科默和国务卿腊斯克等人一致认为，应该缩减对韩军事援助，努力推动韩国经济发展，加大对韩经济援助。但以国防部长麦克纳马拉为代表的军方则坚决反对此时减少对韩援助，缩减韩国军队，认为这将首先疏远新的军事领导层；其次，将导致严重的失业问题；再次，缩减 10 万左右韩国士兵一年才仅仅节省 600 万美元，对于经济发展而言作用相当有限。驻韩美军官员也认为，从军事角度来看，保持韩国军力是必要的，157 英里的前线必须防卫；从技术层面上来讲，战争状态仍然存在。[②] 因为美国政府内部难以得出一致意见，最终，关于韩国军事援助如何定位，则留给国务院和国防部联合评估再做决定。

国务卿腊斯克认为，如何确保军事援助的有效性，是美国政府一直关注的问题。为了保证美国的安全利益，提供相应的军事援助是必要的。"以往很多美国的国家计划只反映了美国过去的思维和习惯性运作方法，而没有充分把握当前面临的问题和机会。"在新的外援政策背景下，对这些国家计划进行现实的评估势在必行。美国需要重塑对外军事援助计划。[③] 为此，国防部和国务院决定，针对中国台湾地区以及美国的六个重要受援国——韩国、越南、巴基斯坦、伊朗、土耳其和希腊——的援助计划进行专门评估。7 月 8 日，由国防部、国际开发署和参谋长联席会议代表组成联合军事援助指导小组，在国务院的领导下对这个从 1962—1967 年军事援助计划中分离出来的特殊问题进行评估。腊斯克要求驻韩使馆从美国利益出发，为美国

---

① "Memorandum from Robert W. Komer of the National Security Council Staff to the President's Special Assistant for National Security Affairs (Bundy)", June 12, 1961, in *FRUS*, 1961—1963, Vol. XXII, pp. 474 - 475.

② "Notes of the 485th Meeting of the National Security Council", June 13, 1961, in *FRUS*, 1961—1963, Vol. XXII, pp. 480 - 481.

③ "Letter from Secretary of State Rusk to the Ambassador to Korea (Berger)", August 1, 1961, in *FRUS*, 1961—1963, Vol. XXII, pp. 505 - 510.

制定对韩援助政策提供参考意见。①

关于对韩援助问题，驻韩大使伯杰综合考察了韩国的政治经济形势后，建议用鼓励经济独立的发展援助取代支持援助和 PL480 法案②援助，不过，这只是美国的政策追求。因为外援资金的缩减，美国的对韩援助规模有限，实现韩国经济独立的目标将需要花很长的时间。③ 伯杰指出美国在韩国的基本目标是：保持韩国的独立和领土主权完整；援助并保持韩国的军事防卫能力；加快其经济和社会发展，增强其生存能力；培育代议制政府力量发展，促进政治稳定，而推动这样的目标需要大量的美国经济和军事援助。但美国对韩援助的传统方法不仅在推动韩国进步方面效果不佳，反而导致韩国对美国援助的严重依赖。这种状况决定了对韩援助的结构不可能在短期内发生重大变化。急剧缩减从韩国进口物资，将会引起韩国政治、经济的明显不良反应，严重的话还将危及美国实现对朝政策的所有目标。面对如何重新分配已经缩减的外援资金，美国要么维持经济增长，要么维持沉重的军事负担。无论怎样，传统对韩经济援助的僵化方式将导致韩国经济依赖美国的援助，在从赠予援助向贷款型援助观念的转变中，美国必须考虑到这些因素。④

伯杰的看法只是提出了对韩援助的困境，并没有替华盛顿想出解决的办法。随着援外资金的逐步缩减，对韩援助资金如何分配的争夺开始变得激烈。其中最直接的表现就是驻韩使馆和驻韩军方关于援韩资金的使用问题。比较典型的例子是 1961 年年底驻韩大使馆和驻韩军方围绕 1962 年美国控制的韩国本土货币——或称"对等部分"——分配问题的争吵。美国控

---

① "Letter from Secretary of State Rusk to the Ambassador to Korea (Berger)", August 1, 1961, in *FRUS*, 1961—1963, Vol. XXII, pp. 505 - 510; "Memorandum from Robert W. Komer of the National Security Council Staff to the President's Special Assistant for National Security Affairs (Bundy)", December 20, 1961, in *FRUS*, 1961—1963, Vol. XXII, pp. 548 - 549. 在美国的外援文件中，不顾台湾是中国一部分的现实，把台湾作为国家看待。另外，在随后的评估中，由于南越的特殊性，评估排除越南，只是对原来计划中的六个进行评估。为行文方便，下文论述沿用美国文件中的说法，但并不认同这一观点。

② 该法是关于处理美国剩余农产品的法案。1954 年 7 月 10 日第 83 届国会通过，全名《1954 年农产品贸易开发与援助法》，一般称为 480 号公法。详见王慧英：《肯尼迪与美国对外经济援助》，第 163 - 170 页。

③ "Telegram from the Embassy in Korea to the Department of State", October 28, 1961. footnote 3, in *FRUS*, 1961—1963, Vol. XXII, pp. 522.

④ "Telegram from Seoul to Secretary of State", No. 722, November 17, *DDRS*, Document Number: CK3100170370.

制的本土货币是根据 PL480 法案第一款,美国向受援国提供剩余产品援助的结果。美国通过和受援国达成相应的协定,允许受援国在本国销售这些援助物资,所得本国货币存入指定的银行账户,由美国支配。这些美国掌握的本土货币,除了用作美国驻受援国机构的运作资金外,还可用来援助受援国的有关项目。出于韩国国家安全考虑,20 世纪 60 年代以前美国控制的韩国本土货币主要用于支持韩国的军事预算。不过到 50 年代中期,在这些资金的分配问题上,经济发展与军事安全之间的矛盾就开始表面化。因为随着韩国军事力量的不断扩张,军事开支占去了其中的大部分资金,使得用于投资韩国民用事业的资金很少,军事开支的扩大则推动韩国物价水平上涨,冲击着原本脆弱的经济。①

关于"对等部分"的分配问题,驻韩大使伯杰力图提高用于经济发展的分配比例,想把美国控制的 2750 亿韩元的本土货币用于支持韩国 1962 年的预算,其中 1500 亿用于军事,1250 亿用于经济。驻韩美军司令盖伊·梅洛伊(Guy S. Meloy)力图把用于军事援助的资金份额从 1500 亿韩元提升到 1800 亿韩元。伯杰认为,随着经济开支的增长,这样的分配相当不合理。针对用于军事援助的资金比例不断上涨的趋势,伯杰指出,照此下去,到 1965 年美国控制的本土货币分配给韩国国防预算的将达到 2020 亿韩元,而用于经济增长的资金将所剩无几。伯杰气愤地表示:"这个计划使我看到,在朝鲜问题上,事实上美国并不知道我们正在做什么或者走向何处。"②

美驻韩军方显然也不想让步,梅洛伊争辩道,当前 60 万人的韩国军队是不够的;"美国参谋长联席会议和国家安全委员会"都支持他,坚持 1800 亿韩元的防卫预算,对韩国来说是"至关重要的"。梅洛伊进一步指出,1962 年以及随后几年美国控制的本土货币分配,美国应该考虑到这个事实,即 1961 年向韩国提供了 1590 亿韩元的军事预算资金,占韩国 1680 亿韩元国防预算的 94.6%。对此,伯杰反驳道,如此高的比重可能出于两种原因:韩元对美元的汇率从 650∶1 上升到 1300∶1,使国际开发援助生成的韩元猛然上升;使用美国控制的本土货币购买援韩物资的新海关制度的实施。正是这些原因使美国所控制的本土货币对国防预算的贡献与 1961 年前相比

---

① Donald Stone Macdonald, *U. S. -Korean Relations from Liberation to Self-Reliance—the Twenty-Year Record*, p. 97.

② "Telegram from Seoul to Secretary of State", No. 817, December 19, 1961, in MF0501126; "action: Amembassy Seoul Niact" 709, December 29, 1961, in MF0501101.

显示出明显不同。

因而，伯杰坚持认为国家队 1961 年的配额中国防预算所占份额过大，对于 1962 年国防预算，美国必须降低这个比重，否则接下来的几年将会受此困扰。伯杰的努力，加上美国政府内部推动韩国经济发展的理念日益增长，美国政府内部最终决定支持伯杰的提议。[①] 就伯杰提议的"对等部分"分配来看，用于对韩军事援助的资金仍旧明显高于经济援助资金，经济援助的资金只是比以往有所提高，但遭到军方的强烈反对，可见缩减对韩军事援助、增加经济援助的难度。

为了能够充分反映对立双方的意见，促使军事援助指导小组广泛听取各部门的看法，在讨论制定 1962—1967 年的军事援助政策期间，负责远东事务的助理国务卿帮办杰弗里・基钦(Jeffrey C. Kitchen)提交了一份特别报告。报告综合了各种相反意见，写作中采取了一种对立的程式，最大限度地让对立双方展示他们的立场。

基钦的报告分两部分。第一部分，综合了支持维持甚至加强对韩军援的观点，强调韩国武装部队的重要性，指出当前的韩国 60 万军队在过去的八年中和美国军队一起有效地震慑了共产主义在非军事区沿线的攻击。但是，这支军队缺乏空中防卫、重型火力、现代船只及后勤支持，必须提供援助改善韩国军队，以满足常规战争的需要。当前韩国军队的力量和设备结构只是达到了总体或者有限战争的最低限度。缩减对韩军事援助将使韩国面临安全威胁。万一发生冲突，后果不堪设想，韩国军队的任何急剧缩减，只会导致一些冷战问题复杂化。

第二部分综合了支持增加对韩经济援助的各种观点，强调美国不能再把对韩国的援助努力过分集中于军事目标。美国在韩国利益的主要威胁不是外部的公然入侵，而是经济停滞和经常性动荡引起的内部危机。因此，除非总体的美国援助能够大量增加，否则美国应该缩减军事援助，节省的资金应该用于内部经济发展需要。韩国军政府已经满怀信心，制订了五年发展计划。如果美国能够利用军政府的机制和行动能力，及时提供它所需要的

① "Telegram from Seoul to Secretary of State", No. 817, December 19, 1961, in MF0501126; "Action: Amembassy Seoul Niact" 709, December 29, 1961, in MF0501101.

资金,则可以实现美国希望的韩国经济社会发展。①

基钦的报告充分展示了美国政府内部对立双方的观点冲突,反映了美国在协调经济发展与军事安全援助目标方面将面临的困境。要实现援韩政策的转变,需要美国政府内部对立双方进行长期的磋商协调。

1962 年 1 月,军事援助指导小组完成了针对六国援助政策的初步报告。报告建议,逐渐缩减对这六个受援国家的军事援助,让这些国家自己承担更多的军事开支,并把这些节省下来的资金转向国际开发援助项目。针对报告中有关缩减军事援助问题,麦乔治·邦迪认为需要仔细研究。为此,他提出涉及长期和短期援助的几个关键问题。②

首先,一个基本问题是,此时开始的"军事援助转让项目"(MAP transfer)③,把相当一部分军事援助计划资金转向经济发展和相关目的是否可取。美国给予任何国家或地区的各种形式的援助应该综合考虑其影响。未来几年,六国面临的最大威胁可能是间接的而非直接的军事入侵,应对这些威胁需要更多强调经济发展和国家建构。但是,美国让盟国分担军事费用又难免增加其所面临的危险。美国不能紧盯着应付敌人的军事冒险,因为美国自己不可能满足六国的全部需要。从政治角度而言,此时开始军事援助计划的转让肯定会存在危险。柏林和东南亚局势高度紧张时期,是军援政策转变的不利时期,难免给敌人和盟国发出错误信号。即使在相对平静的时期,也很难使六国确信军事援助计划和军队缩减不会预示着美国减少对它们的防卫兴趣。如此,将不会有一个"好的"时机适于军事援助计划的转让。④

邦迪转而指出,把用于军事援助的资源转向国家建构,即使在理论上行得通,在实际上也仍存在可行性的问题,因为"迄今为止,我们没有从国际开

① "Memorandum to the Secretary of State and the Secretary of Defense from Jeffrey C. Kitchen, Deputy Assistant Secretary, Politico-Military Affairs, Department of State", December 27, 1961, *DDRS*, Document Number: CK3100429091.

② "McGeorge Bundy's memorandum on issues raised in Steering Group report on MAP for meeting with the President and the NSC", January 3, 1962, *DDRS*, Document Number: CK3100040289.

③ 具体的含义是:美国为了节省对外援助资金,开始缩减对盟国的军事援助,但为了保持盟国自身的军事力量,美国不再提供的那部分资金将由受援盟国自己支付。

④ "McGeorge Bundy's memorandum on issues raised in Steering Group report on MAP for meeting with the President and the NSC", January 3, 1962, *DDRS*, Document Number: CK3100040289.

发署或者国家队得到有关韩国能否有效吸收增加的经济援助的清晰信息。而这样的分析对于做出选择是必要的。另外一个未决的问题是军事援助资金转向经济援助的程度,至少国会愿意这样做”。关于如何才能使军事援助计划和国际开发援助计划更有效地协调起来,邦迪认为,各部门需要更好地制订计划并设置实施方案,以便确保受援国能够更好利用美国的援助。[①]

具体到韩国问题,邦迪指出,韩国是美国最大的军事援助受援国,也是美国所面临困境的缩影。自朝鲜战争结束,美国主要援助韩国维持大量军队,防止敌人新的进攻。但是,在美国的保护下,韩国取得的进步却不足以养活自己。于是很有必要考察,当前的对韩援助分配是否真正有效。[②]

关于缩减对韩军事援助问题,邦迪的看法道出了缩减军事援助的必要性及必须考虑的重要因素。与邦迪冷静地陈述缩减军事援助资金面临的困境不同,罗伯特·科默在对外援助转变问题上的立场比较鲜明。依据最新的特别国家情报评估,通过分析 1961—1967 年苏联的军事战略姿态、中国的军事意图以及朝鲜对韩国的政策,科默认为,在未来几年内,朝鲜不可能公然入侵韩国,与共产主义的公然入侵相比,美国更担忧韩国内部的共产主义颠覆。[③] 因而,大胆进行外援政策的转变,加大对韩经济援助,不可能带来太大的危险。

为了进一步加强政府内部协调,1962 年 1 月 18 日,在肯尼迪总统的主持下,国家安全委员会第 496 次会议讨论军事援助指导小组的报告。但是,由于与会各部门人员的严重分歧,此次会议并没有能够真正解决军事援助计划资金的转让问题。肯尼迪总统指出,美国承担的长期经济和军事援助计划是有限的,经济和军事援助既相互竞争又彼此互补,要求加快对经济和军事援助计划的评估。不过,肯尼迪希望利用外援推动受援国经济发展的倾向性很明显,特别要求参谋长联席会议主席再次审查这个问题,牢记降低军事援助,增加经济援助。最终,国家安全委员会同意在 7 月 15 日之前提出 1964—1968 财年对韩国——同时包括伊朗、希腊、土耳其——的军事援

① “McGeorge Bundy's memorandum on issues raised in Steering Group report on MAP for meeting with the President and the NSC”, January 3, 1962, *DDRS*, Document Number: CK3100040289.

② Ibid.

③ “Memorandum from R. W. Komer to McGeorge Bundy regarding Communist subversion”, January 12, 1962, *DDRS*, Document Number: CK3100114154.

助计划和 1963 财年的最终计划建议,同时要求国际开发署提出类似的计划。对于韩国问题,委员会要求研究韩国的军事、经济、政治状况,就韩国的军事水平和结构提出可行的调整建议,使对韩军事和经济援助的综合效益得到最佳发挥。①

随后,美国政府有关部门开始加快对外援助的研究。考虑到军事援助计划和国际开发援助项目是相互竞争的,同时也互为补充,国防部要求参谋长联席会议对军事和其他形式的援助加以规划,以便最好地服务于美国的国家安全目标;对于韩国问题,要进行综合的军事、经济和政治研究,提出有关韩国军队水平与结构的建议,包括必要的驻韩美军规模。②与此同时,国务院也很快向包括驻韩使馆在内的驻受援国各使馆发出指示,继续评论军事和经济方面的长期计划,要求尽快实现美国外交政策的综合目标。基于各种原因,包括军事援助计划和国际发展援助计划的竞争与互补性,评论尤其应该强调军事和经济计划的密切合作,旨在发现更有效的政策指导,以便应付复杂的社会、经济、政治问题和可能严重危及美国利益的军事发展。③

整个肯尼迪政府时期的美国对韩援助中,安全目标与经济目标作为一对矛盾,伴随着对韩政策的全过程,而对韩援助政策的调整也非常有限。尽管肯尼迪总统尽力推动增强对韩经济援助的比重,但由于军事安全在美国对韩政策中处于传统的优势地位,直到 1963 年,经济援助所占的比重才略高于军事援助。直到 1965 年,美国才真正开始对韩国的经济发展计划提供全面支持,向韩国提供长期投资资金。④

有诸多因素阻碍着肯尼迪政府援韩政策调整,但在美国政府内部,正如科默在给邦迪的备忘录中所抱怨的那样,调整对韩援助政策,通过缩减对韩军事援助资源来增加对韩经济援助的理念,一开始就遭到军方,尤其是联合参谋长们的反对。由于军事部门的强烈抵制,美国对韩援助的调整一直比

① "Editorial Note", in *FRUS*, 1961—1963, Vol. XXII, p. 550.

② "DOD requests recommendations on expenditures in Korea in light of possible budget restrictions", January 29, 1962, *DDRS*, Document Number: CK3100165804.

③ "Review of military and economic aspects of long-range aid programs to determine optimum mix of military and economic programs that will achieve more rapidly foreign policy objectives within the limits of U. S. aid and local resources", *DDRS*, Document Number: CK3100202968.

④ Byung-Kook Kim & Ezra F. Vogel eds., *The Park Chung Hee Era—The Transformation of South Korea*, p. 74.

较缓慢。然而,随着美国深陷越南战争,美国对韩援助政策的实施开始受到战争的深刻影响。

二、安全与裁军:缩减驻韩美军与韩国军队问题

早在李承晚执政时期,韩国军队就是美韩双方争论的突出问题。NSC 5702/2 曾确定和韩国谈判,推动韩国在 1958 财年至少缩减 4 个现役师,把他们转为预备队,但遭到了韩国的强烈抵制。美国军方也抵制政府的决定,拒绝向韩国施压缩减军队。结果李承晚只缩减了两个师,并因此得到美国在韩国部署常规核武器及韩国常规武器系统的现代化援助。短暂的张勉政府曾提出缩减 10 万韩国军队的计划,但该项提议很快在美国政府内部遭到军方的反对。①

尽管军方反对,但肯尼迪政府对缩减韩国军队仍展现出强烈的兴趣,尤其是国家安全委员会中的一些成员。1961 年 3 月 15 日,科默在给迈乔治·邦迪和罗斯托的备忘录中,提议努力组织研究节约韩国资源的方案,以便推动其经济发展。② 然而,6 月 5 日的特遣队报告并没有体现出科默等人的关注。在 6 月 13 日的国家安全委员会会议上,国防部长麦克纳马拉、参谋长联席会议主席莱曼·莱姆尼策(Lyman Lemnitzer)联合反对缩减军队的意见。肯尼迪总统采取了中间立场,提议在大量缩减韩国军队之前,尽可能采取措施让军队为民用工程做出贡献。③

1962 年上半年,缩减韩国军队问题在国家安全委员会会议上反复提出,同时也遭到参谋长们多次反对。他们的理由是,韩国军队是美国东北亚防卫战略的基本组成部分,缩减韩国军队必须考虑朝鲜半岛及整个东北亚地区力量结构的变化。④

4 月 4 日,美国中央情报局组织国务院、国防部等各部门的情报人员对

---

① Byung-Kook Kim & Ezra F. Vogel eds., *The Park Chung Hee Era—The Transformation of South Korea*, p. 77.

② "Memorandum From Robert W. Komer of the National Security Council Staff to the President's Deputy Special Assistant for National Security Affairs (Rostow)", Washington, March 15, 1961, in *FRUS*, 1961—1963, Vol. XXII, p. 426.

③ "Notes of the 485th Meeting of the National Security Council, Washington", June 13, 1961, in *FRUS*, 1961—1963, Vol. XXII, pp. 480 - 481.

④ Byung-Kook Kim & Ezra F. Vogel eds., *The Park Chung Hee Era—The Transformation of South Korea*, p. 78.

韩国的前景进行专门评估(SNIE 42 - 62)。评估结论认为:韩国最大的威胁在于韩国内部的政治纷争、经济停滞、社会混乱,只要共产主义世界认为,美国将防卫韩国,他们就不会发起大规模的军事入侵;因此,韩国军事力量缩减 1/3,不可能增加朝鲜出兵的可能性,然而,这将可能在韩国内部造成大量的政治混乱,可能危及采取措施缩减军队的韩国政府。[①]

尽管文件结论认同缩减韩国军事力量,但这只是美国政府内部一种总体的政策倾向。在讨论该评估文件期间,关于是否缩减韩国军队问题,军方大部分官员持反对意见。国防情报局、陆军部、海军部的参谋们认为,缩减韩国军队将增加地区冲突的危险,会降低美国在东北亚地区的影响,增加美国在亚洲地区的军事负担。在联合参谋们看来,韩国军队的现有水平只是满足东北亚长期安全的最低要求。[②] 军方官员的这种立场表明,缩减韩国军队问题的讨论实际上刚刚开始。

随后,参谋长联席会议对 1962—1970 年美国在朝鲜的形势进行了战略评估。会议结论认为,韩国是美国东北亚前线防卫战略的基本组成要素,缩减韩国军队将会鼓励朝鲜入侵韩国,最终结果将会增加东北亚的军事危险,降低美国在亚洲的影响;在常规战情况下,增加美国军队并且迅速投入战斗能力的必要性日增,否则将鼓励共产主义世界进一步发动进攻。把现行的美韩军事规模作为最低限度,对于保障东北亚的长期安全来说,无论怎么强调都不过分。[③]

为了充分说明保持韩国军事规模的理由,国防部也成立了由约翰·卡里(John B. Cary)领导的国防分析小组,专门分析缩减韩国军队的可行性问题。针对朝鲜、中国对韩国潜在的军事威胁,该小组提出了 A、B、C 三种假设,其中 A 假设是如果半岛发生军事冲突,如何避免中国的公开介入;B 假设如果中国介入朝鲜战争,将对中国使用核武器。C 假设则是如何抑制中国、朝鲜发动对韩国的公然进攻。集中考察 A 和 C 这两个假定的防卫政策后,研究小组认为,如果政治和军事形势发生显著变化,基于美国决心使

---

① "Special National Intelligence Estimate, SNIE 42 - 62", April 4, 1962, in *FRUS*, 1961—1963, Vol. XXII, pp. 552 - 553.

② "Memorandum From the Joint Chiefs of Staff to Secretary of Defense McNamara", April 10, 1962, in *FRUS*, 1961—1963, Vol. XXII, p. 554.

③ "Memorandum from the Joint Chiefs of Staff to Secretary of Defense McNamara", April 10, 1962, in *FRUS*, 1961—1963, Vol. XXII, pp. 554 - 555.

用必要的核力量,采用选项 A 将使其不会遭到攻击,即使遭到攻击也不会成功。结果,韩国的政治和经济优势将会随之产生。因而,研究小组认为,要缩减韩国军队数量,采用 A 项为宜,可以在三年内缩减韩国军队的三分之一,即 6 个师。然而,基于可能的政治反响,分析报告反对此时缩减韩国军队,认为这将会危及朴正熙的统治,危及韩国的政治经济稳定,导致韩国政局不稳;同时,也可能在美国的其他东亚盟国造成不良反响,使他们把这视为美国在东亚防卫利益的缩减。因而,目前美国保障韩国安全的防卫政策不应该做出重大修订,韩国军队应该大约保持在当前计划的水平。①

科默认为该报告是一份相当不错的文件。从军事层面讲,卡里小组同意采取相应的核威慑措施,阻止中国介入朝鲜冲突,“选项 A”确定缩减韩国军队的意见是合理的。不过,科默对得出结论的前提假设提出质疑。即使对其五年计划给予充分的资金支持,仍没有人敢保证朴正熙会接受在三年的时间缩减韩国军队 13.5 万人,使其减至 46 万人。②

接着,科默指出卡里报告的片面性,认为报告只分析了外部威胁,而没有分析比较内外威胁的严重性,而内部威胁是关键;指导小组、中情局的特别国家情报评估(SNIE42 - 62)已经指出内部威胁的严重性,因此,当承认外部威胁仍然存在时,应该赞成稍微缩减韩国军队,以便加强发展经济的努力。③ 显然,科默考虑到军事安全和经济发展之间的张力,但是倾向于适当缩减韩国军队,以便及时增强对韩经济援助。

争论尽管激烈,但一直没有结果,对此,总统军事代表泰勒将军感到很高兴。他认为,军方不可能会提出建议缩减韩国军队,万一中国军队介入朝鲜冲突,应保证能够有效使用核武器予以震慑,有了这样的一项保证,韩国军队的使命可以限于抵消朝鲜的军事力量。泰勒抱怨国务院向国防部施加压力缩减韩国军队:“为什么不要求国务院寻求政治途径解决朝鲜半岛的停

---

① “Letter from Secretary of Defense McNamara to the Administrator of the Agency for International Development (Hamilton)”, April 27, 1962, in *FRUS*, 1961—1963, Vol. XXII, pp. 558 - 562.

② “Letter from Secretary of Defense McNamara to the Administrator of the Agency for International Development (Hamilton)”, April 27, 1962, in *FRUS*, 1961—1963, Vol. XXII, pp. 558 - 562; “Memorandum for the Record”, May 4, 1962, pp. 562 - 564.

③ “Letter from Secretary of Defense McNamara to the Administrator of the Agency for International Development (Hamilton)”, April 27, 1962, in *FRUS*, 1961—1963, Vol. XXII, pp. 558 - 562; “Memorandum for the Record”, May 4, 1962, pp. 562 - 564.

战困境？北朝鲜和他们的支持者必定像我们一样对当前的局势感到厌倦。最低的政治目标将是，确保双方达成一致，共同缩减边境的军队。为什么不像贸易谈判那样处理我们的外交呢？”①

关于缩减韩国军队问题，驻韩大使伯杰显然受到卡里报告的影响。他建议在1963财年和1964财年每年缩减两个师，大约缩减4.5万至5万人。然而，国务院此时又相当谨慎，对伯杰的建议表示怀疑，询问伯杰这是一种严格的有组织的缩减建议，还是他和梅洛伊将军个人粗略的估计。关于伯杰提议的韩国军队现代化，国务院认为应该事先征求驻韩美军司令盖伊·梅洛伊将军的意见。在国务院看来，伯杰的建议前提显然是，向韩国明确保证支持援助和军事援助计划维持在韩国要求的水平，而韩国的要求显然超出了目前美国的承受能力。从国会方面的因素来讲，这样的保证显然是难以实现的。国务院问道：“如果这样的保证实现不了，你的建议将会遭到怎样的影响？”②

针对华盛顿方面的质疑，伯杰承认这是一个应该和梅洛伊将军一起处理的问题。伯杰解释道，美国驻韩当局的上述立场则基于1957年12月11日国务院—国防部的联合指示。以前的军事援助计划旨在实现韩国军队的结构调整，但是由于资金的限制，这些目标尚未实现。对于国务院考虑的国会因素，伯杰表示，驻韩当局将不会就支持援助和军事援助计划的具体水平向韩国政府做出明确的承诺。面对国务院的质疑，伯杰的观点最后来了个大转弯，转而指出，完全排除前面所述的有关韩国军队缩减的补充考虑，韩国现行的政治形势也不利于向其提出缩减军队问题。③

缩减韩国军队问题讨论了半天，可以说仍无果而终。而缩减驻韩美军与缩减韩国军队一样，是节省有关对韩军事援助开支的重要方法之一，因而，在讨论缩减韩国军队的同时，国务院也提出了缩减驻韩美军的建议。国务卿腊斯克提议把驻韩美军的一个师调往冲绳，这样可以增强该师的灵活

① “Memorandum from the President's Military Representative (Taylor) to the President's Special Assistant for National Security Affairs (Bundy)”, June 18, 1962, in *FRUS*, 1961—1963, Vol. XXII, pp. 576-577. 原档案此处没解密，根据上文卡里报告和科默的讨论，没有解密的部分应是指对中国进行核打击。

② “Telegram from Department of State to Embassy Seoul 1114”, June 12, 1962, in MF0501126.

③ “Telegram from Seoul to Secretary of State”, June 19, 1962, *DDRS*, Document Number: CK3100202986.

性,进而节省资金。①

助理国务卿罗伯特·约翰逊受命考察了驻韩美军的重新部署问题。7月27日,约翰逊得出初步的结论:预计从朝鲜撤出部分军队的主要意义在于,增加美国军队在远东地区的战略灵活性,有助于平衡美国的军事预算。同时约翰逊也提出了撤军可能带来的不利影响。对于约翰逊的结论,国防部很快做出回应,参谋长联席会议认为此时从韩国调走一个师不符合美国的利益,并给出了充足的理由:

> a. 从韩国调走一个师不仅会弱化我们当前在朝鲜对共产主义进攻的威慑,而且会导致美韩作战指挥关系产生令人不快的变化,甚至使韩国不再愿意将其军队的作战指挥权交给美国控制。b. 美国在整个太平洋地区的军事力量如果没有同比例增加,美国在韩国的战斗能力将会减弱。c. 由于冲绳飞机场和港口有限,这样的部署反而会降低军队的灵活性。d. 重新部署将需要追加0.87亿至1.38亿美元的预算开支以满足驻扎一个师的相关需求,这是该师驻扎在韩国预算的一倍。e. 考虑到相关的政治因素,在冲绳征集必要的用地是极端困难的。f. 如果发生新的冲突,太平洋司令部当前的运输能力并不能支持从冲绳立即调派一个师到韩国。g. 把一个师从韩国调到冲绳,将会影响国际支付的平衡,每年将超支近1.1百万美元。而在韩国,包括工资与津贴在内,每年将只有相当于9.3百万美元的资金用于维持驻在韩国的一个师,然而,维持驻在冲绳的一个师总共不足10.4百万美元,因为冲绳和日本的经济密切联系。

除此之外,国防部特别研究小组进一步考察了应付朝鲜半岛紧急情况所需的必要军队。结论认为,韩国军队完全足够击败朝鲜的单独进攻,但朝鲜和中国的联合进攻严重威胁这些军队防卫韩国,而成功的防卫则需要一段准备时间,以便利用日本的基地,同时还要考虑世界其他地区的情况。鉴于以上考虑和尚未决定对韩援助资金的合理分配问题,军方表示不准备在这个时候建议从韩国撤退一个美国师。如果1963财年的军事援助计划拨

① “Actions: Embassy Seoul 80”, July 27, 1962, in MF0501101.

款严重缩减，国防部将再次考虑这个问题。①

9 月 15 日，关于从韩国撤退一个美国师的问题，副国务卿约翰逊也得出了结论。作为一种增加美国在西太平洋军事姿态灵活性的方式，他认为尽管撤退一个师不可能在实质上使美国军队存在的威慑淡化，但是需要考虑许多负面的因素。约翰逊认同军方的有关看法，并指出撤退美军在本质上也有许多不利的政治和经济影响。对韩国而言，"这样的撤退将使其政府感到不安，促使韩国政府在指挥关系上提出我们难以接受的要求。……在韩国驻扎一个美国师，相当于给韩国增加 9300 万美元。而一个美国师的撤退，等于是把韩国的出口水平降低了大约 22.7%"。冲绳已经是世界上人口最稠密的地区之一，每平方公里 1539 人，人口的增加将可能引起政治反弹，对美国继续使用这个重要的基地产生不利的影响。因此，在这个时候从韩国撤退一个美国师将是不明智的。② 经过又一番无果讨论后，腊斯克最终同意此时不再考虑从韩国撤退一个美国师，不过准备随时考察这一问题的可行性。

由此可见，由于军方的强烈反对，国务院也对撤军的前景拿捏不准，在缩减韩国军队问题上的态度并不坚决。最终，就缩减韩国军事力量和对韩军事援助问题，美国政府没有取得实质性结果。

对于这样的讨论结果，深受罗斯托开发援助思想影响的肯尼迪总统显然心有不甘，有意重新考察缩减韩国军事力量，节省军事开支。因而，缩减韩国军队问题搁置了近三个月后，8 月底肯尼迪派遣即将就任参谋长联席会议主席的泰勒到远东进行军事考察，力图重启有关缩减韩国军队问题的讨论。9 月 20 日，泰勒提交了一份比较详细的考察报告，指出美国对韩政治、经济等目标之间的冲突使美国在制订相应的计划过程中面临困境，显然美国不可能同时达到这些目标。③

泰勒认为，就美国的对韩政策目标而言，不管其他目标多么具有吸引力和意义，美国首先应该满足充足防卫这个硬性条件。韩国是易受敌人进攻

---

① "Letter from the Deputy Secretary of Defense (Gilpatric) to Secretary of State Rusk", August 28, 1962, in *FRUS*, 1961—1963, Vol. XXII, pp. 596 - 597.

② "Memorandum from the Deputy Under Secretary of State for Political Affairs (Johnson) to Secretary of State Rusk", September 15, 1962, in *FRUS*, 1961—1963, Vol. XXII, pp. 599 - 600.

③ "Paper prepared by the President's Military Representative (Taylor)", September 20, 1962, in *FRUS*, 1961—1963, Vol. XXII, pp. 601 - 605.

的目标,只有满足了必要的安全需求,美国才能采取行动更有效地帮助其发展经济。积极推动加强对韩经援的伯杰大使提议,给韩国的防卫预算限定一个最高值。泰勒认为,可以预见伯杰提议的结果是在接下来的两年内将韩国军队缩减7万人。根据韩国问题专家组的立场,任何人员的缩减,将相应地在其他部分得到补偿。而伯杰的建议则没有涉及如何加以补偿的问题。对于华盛顿政府内部正在热议的两项计划——设置每年军事援助的上限为2.25亿美元和1.8亿美元,泰勒从常规战的需求方面进行了详细的分析,指出两项计划的潜在危险:弱化韩国的防卫姿态,会导致韩国的政治和心理问题;如果大规模缩减韩国军事力量,将迫使美国改变战争计划和军事援助计划的目标。韩国此时的防空现代化尤为重要,应该给予充分的资金支持。因而,他认为2.25亿美元是军事援助计划缩减的最低线。韩国国防预算的数额只是一个期望的目标,美国应该根据国民生产总值的百分比来确定,而不应固定其最高限额。如果做出缩减军事援助计划的决定,有必要全面审查韩国军队的结构,制定符合关于缩减后的军队的新战争计划。①

最后,泰勒提出了三种可供选择的办法:(1)按照原来的计划和程序进行;(2)根据上述的建议,重新制订军事援助和国际发展援助计划;(3)向苏联放出试探性的外交建议,看是否有可能实现南北朝鲜关系的正常化,缓解半岛的军事安全压力。②

科默显然并不赞成泰勒的观点,他引用肯尼迪总统的话——"我们可以把美韩军队的使命限定在应付北朝鲜的单独进攻,……公开缩减美国驻韩军队"——对泰勒得出结论的前提表示质疑。在科默看来,美国在欧洲和远东的战略姿态没有什么不同。中国的全力进攻,将不亚于苏联在欧洲的全面进攻。科默强调,是核武器的威慑促使朝鲜停战。美国现有的核武器威慑,加上美国的军队驻扎在非军事区前沿,中国的进攻将是拙劣的赌博。③因而,科默认为缩减6—8个韩国师将不会改变本质状况。与其他集团外围地区相比,美国对韩国的防卫有着更强大的联合威慑力量——不仅如此,而

① "Paper prepared by the President's Military Representative (Taylor)", September 20, 1962, in *FRUS*, 1961—1963, Vol. XXII, pp. 601 - 605.

② Ibid.

③ 此处原文有半行没有解密,根据前述文件和后文引用文件的对比,没有解密的部分显然也是关于使用核武器问题。后文中也有部分相关没解密部分,本文根据前后推断,认为没解密部分亦为核武器使用问题。

且还有2个美国师、19个韩国师、联合司令部和联合国决议的保护及10英里的非军事区。因此,中国进攻韩国的情形是最不可能发生的。在整个战后时期,苏联或中国直接发动的进攻不曾有过,即使公开的共产主义阵营攻击也是由朝鲜发动的。①

基于以上理由,对于美国在韩国投入大量的军事援助计划资金,科默表示难以理解。为了阐述自己的观点,科默进一步指出,与东南亚、中东甚至欧洲相比,在这个地区,美国给予了超额的军事保险。"为什么我们在1953—1962年花费这么多支持韩国军队,而不去更多支持东南亚?正如麦克纳马拉的中肯观点,我们在韩国问题上一直犹豫不决。我们阻止北朝鲜进攻绰绰有余,但是对于中国的进攻做再多也不足够……是谁正在戏弄我们?"②

针对泰勒所说的中国军队进攻需要充分的时间准备问题,科默认为,大规模的共军集结不会没有许多攻击警戒信号。1956—1959年中国军队已经逐步撤离朝鲜。如果军队再回来,美国能够很容易发现。如果真的发生难以置信的中国直接进攻,美国只需将现在潜在的观念外化,决定在一些情况下是否运用核武器。"因此,我们现在有能力抗击新的大规模进攻。缩减韩国军队,不会产生新的政策问题。"③

从卡里报告及科默等人的观点来看,在讨论缩减韩国军事力量的过程中,是否使用核威慑来阻止中国再度介入朝鲜冲突,成为讨论的一个重要前提。这就引出了一个重要问题,核威胁的效力问题,以及一旦发生冲突,面对中国的介入是否可以使用核武器。为此,军方开始积极考察能否在朝鲜发生冲突时使用核武器问题。颇有意思的是,当军方对在朝鲜半岛使用核武器变得热络时,国务院却从政治角度否定了使用核武器的可能性。

为了增强美国在远东的军事灵活性,1963年4月参谋长联席会议主席泰勒向国务院提议在朝鲜半岛使用核武器,以便从韩国撤退两个美国师并附带缩减韩国军队。对此,国务院仔细考察后认为,从政治层面讲,为了推

---

① "Memorandum from Robert W. Komer of the National Security Council Staff to the President's Deputy Special Assistant for National Security Affairs (Kaysen)", September 26, 1962, in *FRUS*, 1961—1963, Vol. XXII, pp. 606 - 607.

② Ibid.

③ Ibid.

动前述目标，重新部署驻扎在韩国的两个美国师是不可行的，保持美国在韩国的可靠常规力量是形势所需。基于泰勒的主张，国务院假设面对中共的进攻，美国初步的反应是使用核武器。对于韩国而言，经过美国适当的处理，该建议在政治上可能行得通，但前提是总统必须事先向韩国人做出这样的承诺，在遭受这样的攻击之初，美国使用核武器。可是，对任何美国总统而言，这样承诺都显然会引发一系列法律和政治问题，其继任者也必须承担同样的义务。这也使联合国司令部产生了问题，因为美国军队力量的缩减，将无疑会鼓励其他两个贡献军队的国家——土耳其和泰国——从韩国撤出他们的连队。尽管美国军备的预期变化不会违反停战协定，但是，按照对核武器一贯宣传的政策，共产党代表可能在军事停战委员会和一年一度的联合国大会中获得一种方便的宣传方式。[①]

从日本的立场来看，这样的表达或者暗含的承诺将不可回避维持和使用美国在日本的军事基地保卫韩国这样的政治问题。考虑到当前日本公众对使用核武器的态度，日本政府将绝对不会支持这样的战略。放弃利用日本支持在韩国的核战略，即使这在军事上行得通，在整个远东防卫问题上，日本同美国的合作角色，也将不可避免地在日本国内政治中提出来。显然，这看起来只能使日本在美日关系中处于日趋有利的地位。美日之间日益增长的政治经济合作也可能遭到损害。同样，正如在很多亚洲的其他地方一样，宣布专门的防卫韩国的核战略，“尤其是当我们准备使用常规方式防卫欧洲时，将会激起很多不友好的因素，可能被视为美国的‘种族主义战略’。即我们的政策将会被解释为，我们更愿意用核武器针对非白种人。这将给北京方面在向非洲民族国家宣传种族问题时提供有利的武器”。该建议也会在亚洲产生另外一种层面的暗示，其他亚洲国家将会寻求获得美国的核保护承诺。[②]

当美国在朝鲜半岛使用战术核武器时，假定苏联会避免介入核战争，但中国将确定无疑介入朝鲜半岛的任何冲突。在这种情况下，美国势必对共产主义中国使用核武器。而这将可能间接促使苏联考虑向中国提供核武器援助问题。如果核武器威胁到朝鲜的政权和对中国带来极大破坏，苏联将面临困境。一方面它需要保卫社会主义阵营，另一方面它的核反应可能导

---

① “Letter from U. Alexis Johnson to Maxwell D. Taylor”, May 28, 1963, in MF0501125.

② Ibid.

致更大范围内的战争升级。此时,它很可能向共产主义一方提供核武器,当中国拥有核能力时,又很可能对美国在远东的基地实行核报复,回应美国的核攻击。这样的报复将会使敌视升级,进而使苏联难以拒绝站在中国一边。无论哪方赢得核战争,都是需要进一步考虑的问题——必须考虑如何阻止发生核大战。①

对于韩国而言,假如最直接的威胁是政治颠覆而不是军事,撤走美国的常规力量将会极大地缩减美国在那里的影响。以往美国驻韩国的常规力量限制了针对韩国的极端行为,降低了南北冲突演变成大国冲突的危险。考虑到韩国很可能会发生宗派冲突和内战,美国地面部队的继续存在将会起到最重要的稳定性影响,这可以防止韩国共产主义化。国务院认为,排除平衡支出的各项细节,关于这个问题的先前研究已经表明,无论缩减军队能节约美国多少开支,美国都将必须通过增加国际开发援助来弥补韩国收入。如果能够这样做,将可能更有利于韩国的经济,但是,对于美国来说,并没有从整个调整开支中得到什么节余。尽管缩减美国在韩国的军事存在代之以核武器承诺,可能会从中得到一些好处,然而,从政治、军事和经济因素来看,采取这样的行动将得不偿失。缩减美国在韩国的常规力量,需要等到美国能够迅速地向韩国部署美国的常规力量时。②

国务院最终否决了在朝鲜半岛使用核武器的可能性,致使通过运用核威慑来阻止中、朝出兵,进而缩减韩国军队和驻韩美军问题再次流产。随后,由于韩国国内选举问题导致的韩国政局不稳,尽管还有科默等重要决策人员主张缩减对韩军援、韩国军队以及调动驻韩美军,但该问题在美国政府内部的决策中退居次要地位。10月朴正熙当选总统后,缩减韩国军队和驻韩美军问题再次由联合国军总司令汉密尔顿·豪兹(Hamilton H. Howze)等提出,肯尼迪总统要求国务院和国防部重新研究这个对韩援助中的矛盾。③ 但是,11月22日肯尼迪总统遇刺身亡,缩减对韩军事援助的问题留给了约翰逊政府。

---

① "Letter from U. Alexis Johnson to Maxwell D. Taylor", May 28, 1963, in MF0501125.

② Ibid.

③ "Memorandum from Robert W. Komer of the National Security Council Staff to President Kennedy Washington", May 31, 1963, in *FRUS*, 1961—1963, Vol. XXII, pp. 647 - 648; "Memorandum from the Deputy Under Secretary of State for Political Affairs (Johnson) to the President's Special Assistant for National Security Affairs (Bundy)", December 18, 1963, in *FRUS*, 1961—1963, Vol. XXII, pp. 671 - 672.

三、援助与规制:美国与朴正熙政府之间的冲突与妥协

在美国政府内部围绕对韩援助政策争论不休时,美韩之间关于美国对韩政策的实施也矛盾不断。美国援韩资金的缩减,导致韩国经济发展资金短缺,给韩国带来了不利的心理和政治影响,因而,围绕增加美国援韩资金以及韩国经济发展政策问题,美韩双方分歧不断。

早在政变之初的军事政变公约中,军政府就宣布将致力于国家经济的自立发展。政变之后,朴正熙迅速控制军政府大权,确立军政府的国家目标是“自立经济、自主国防”。军政府认为“结束过去政权的腐败和无能造成的社会经济恶性循环,实现国家经济再建和自立增长的当务之急是制订长期经济发展计划”[①],因而,一开始就把解决经济问题放在首位。1961 年 7 月 22 日,韩国军政府把复兴部改为建设部,随后又改组建设部成立经济企划院(EPB)负责制订经济计划。经济企划院的地位在政府各部中地位最高,反映了军政府对经济发展的重视。

朴正熙作为军政府的权力核心,其思想观念对于政府的政策制定起着决定性作用。第一个五年经济发展计划刚开始实施,朴正熙就出版了《我们的国家道路》一书,在序言中,他明确表示,“我们必须把自己从贫困中解放出来”。[②] 朴正熙很赞同李朝中期兴起的实学思想。实学的特点是“知行合一”,注重行动和实践,即“知行之始,行知之成”。朴正熙指出韩国现代化的思想基础是实学的科学精神。他认为:“李朝时期的实用的人生观和实用主义思想是我们应该长期继承下去的民族遗产……如果立身于我们的国家现代化转折期的思想界,能把积存于党论中的性理学等儒教之风荡涤干净,大胆地接受吸取西方科学文明、富有进取性的实学政变思想,并使之成熟化,那么,克服落后的时间就会大大缩短。”[③]朴正熙这种实用主义发展理念为韩国的发展提供了观念基础。

军政府致力于韩国经济发展的执政理念与美国政府促进盟国自主发展的政策目标一致,因而容易迅速取得美国的支持。政变结束不久,美驻韩使馆就向美国政府建议,准备与军政府发展合作关系,美国援韩使团接下来将

---

① 大韩民国政府《第一个发展五年计划》,1962 年版,第 3 页,转引自[韩]赵利济:《韩国现代化奇迹的过程》,张慧智译,吉林人民出版社 2006 年,第 60 页。

② [韩]朴正熙:《我们的国家道路》,陈琦伟等译,华夏出版社 1988 年,序言第 2 页。

③ 郑判龙等选编:《朴正熙经济论著选》,延边大学出版社 1993 年,前言第 4-5 页。

按照既往的方式考虑 1961 财年的对韩援助资金。[①] 6 月 19 日,美国政府依据新出台的 NSCA 2430 对韩政策文件,向驻韩使馆指示美国应该在近期内采取的行动,即准备在友好合作的基础上和新政府发展关系,准备继续提供相应的资金援助以及技术和管理专家;在适当时机,向韩国发放 1961 财年剩余的防卫支持资金。[②]

随后,根据新的强调受援国自主发展的对外援助政策,美国政府开始考虑援助韩国的长期经济发展计划。朴正熙取代张都瑛完全掌握了军政府的权力之后,韩国国内形势稳定,显示出的活力给美国留下了深刻印象。伯杰大使指出,国家最高重建委员会"行动迅速、方向正确,尤其是在经济领域…… 我们在处理当前经济危机和奠定五年计划基础方面正在落后于韩国军政府……如果我们打算推动这种趋势,就应该跟上他们的步伐,保持速度与活力"。为此,对韩国提出的放弃"购买美国货"的规定和援助韩国五年发展计划的要求,伯杰建议国务院尽快予以评估,向韩国提供急需的发展援助。[③]

随着韩国政府经济发展政策的全面展开,资金问题成为经济政策推行的瓶颈。如何获得发展资金成为韩国政府的突出问题。在美国援助资金不足的情况下,韩国政府积极采取各种方式募集资金。其中直接的方法是惩处不法商人。1961 年 5 月底,军政府发表了不正当敛财者处理方针,逮捕有不正当敛财嫌疑的企业人士和前任高级官员,并于 6 月份制定了处理不正当敛财的新法律。这些政策导致政府和企业的关系陷入僵局,企业活动大幅度萎缩。[④]

对于韩国政府处理商人的政策,美国很快做出反应。驻韩大使伯杰向朴正熙指出,政府对商人的惩罚可能获得大约 3.5 亿美元,但是如果商人罢工几个月,在生产和工资方面带来的损失将几倍于这个数目,不利于韩国经济的恢复。伯杰进一步敦促朴正熙推动政府采取个别解决的办法。面对自身政策带来的后果和美国的压力,朴正熙及时接受了伯杰的建议。八九月

① "Telegram from Seoul to Secretary of State", No. 1716, June 1, in MF0501125.

② "Telegram from Department of State to embassy Seoul 35", July 5, 1961, in MF0501125.

③ "Report on actions, intentions of military government", August 12, 1961, *DDRS*, Document Number: CK3100176310.

④ "Telegram from Seoul to Secretary of State", No. 530, September 29, 1961, in MF0501126.

份,韩国政府降低罚金,对27名不法敛财企业者课以28亿韩元的罚金,对33名前任官员课以7亿韩元的罚款,并采取了现实的处理办法,同具有不法敛财嫌疑的企业人士协商达成如下共识:第一,政府对有不法敛财嫌疑的企业者不再重审;第二,除银行股份外,不没收企业者拥有的财产;第三,所缴纳罚款用于新基础产业建设,银行股份捐献给政府。实际上,不法敛财嫌疑企业者中有13人被邀请承担第一个经济开发五年计划的主要项目。这些经济界领导者商议将对水泥、化纤、电气设备、化肥、钢铁、成品油等主要支柱产业投资,各企业单独建立一个工厂或两三个企业进行合作建设。工厂建设过程中有成功也有失败,已经建成的工厂归企业所有,不用捐献给政府。①

除了惩治不法敛财商人之外,韩国政府为获取资金采取的另外方法是银行投资和印刷钞票。军政府这种不合经济规律的政策行为很快遭到伯杰的批判,伯杰甚至以援助施压,提醒朴正熙,如果韩国政府采取这样的方法,就不要指望美国的支持,而且随后韩国也将会因为自己酿成的通货膨胀而崩溃。为了切实解除朴正熙的疑虑,伯杰解释了自5月16日以来他没有干预韩国货币增长的原因。第一,这一阶段的货币供应量的增加是合理的,增加的部分实际上是由于销售储存在韩国银行的外汇持有额换取韩元,结果外汇储备稳步增加。第二,随着谷物的种植,农村保持了相应的货币供应量的增长。第三,增加的部分投入有利的公共工程,比如供水系统的改善和扩张、土壤改良与灌溉。第四,在政变时期,必须容忍一定范围的混乱,直到形势变得稳定。但是,韩国政府目前却不宜采取危险的通胀预算。韩国政府应该继续把有效资金用于建设和失业救济。② 伯杰认为,在制造业和贸易增长缓慢的情况下,货币供应量不能过快增长,敦促朴正熙确立3000亿或者3150亿韩元的最大货币供应量,顶住所有的压力在1962年坚持这个最高值。为此,韩国政府应立即严格限制开支,不可过快增长公务员的工资,应该坚持在两到三年内持续增加。③

然而,在限制韩国不当筹集资金方式的同时,由于外援资金的缩减,美

① [韩]赵利济:《韩国现代化奇迹的过程》,张慧智译,吉林人民出版社2006年,第89－90页;"Telegram from Seoul to Secretary of State", No. 530, September 29, 1961, in MF0501126.

② "Telegram from Seoul to Secretary of State", September 29, 1961, in MF0501126.

③ "Telegram from Seoul to Secretary of State". No. 585, October 18, 1961, in MF0501126.

国政府却在考虑缩减对韩经济援助。10月下旬,国务院通知驻韩大使伯杰1962财年对韩经济援助水平的决定。与1961年援助数额相比,此次决定的援韩数额明显减少。考虑到此举肯定会引起韩国的不满,国务院授权驻韩使馆和美国援韩使团通知韩国政府,缩减对韩国的援助是应国会的要求,需要成比例缩减整个支持援助计划。鉴于全球资金配置的限制和国会的批评,对于韩国支持援助的各项资金,必须控制在9千万美元内。为了保全韩国人的面子,美国的援助资金必须集中用于原计划中经济部门的关键项目。朴正熙访美期间,有必要让韩国高层认识到美国援助前景中面临的困难。①

为了让韩国做好准备,接受美国援韩政策的转变,11月5日,国务卿腊斯克访韩,公开向韩国解释美国将缩减对韩援助,强调韩国的发展必须更多依靠自身努力。关于美韩两国之间存在的双边问题,例如,所谓的"购买美国货"政策,腊斯克遗憾地表示,考虑到美国收支平衡困难,这暂时是必要的。因为如果不采取措施弥补美国政府的收支不平衡,国会将不会给国际开发署提供资金。对美国来说,援助事宜正变得越来越复杂,美国已经很难承受全世界的发展需要。腊斯克鼓励韩国努力寻求其他国家及国际租借机构的援助。为了消除韩国的担忧,腊斯克强调,来自其他地区的外部资源,将被视为美国援助的一种补充,而不是替代。②

美国缩减对韩援助的趋向引起了韩国的担忧。11月14—16日朴正熙访美期间,围绕对韩援助问题,美韩双方高层进行了广泛的交流。韩国方面力图争取更多的对韩援助资金。朴正熙反复表示,韩国必须保持60万人的武装力量,同时韩国必须发展经济,这两个大问题必须齐抓并举。自1960年美国有意降低对韩国军事援助以来,韩国正尽可能自己承担美国缩减的那部分军事开支,否则将会影响整个自由世界的防卫态势。然而,韩国已经准备实行五年经济发展计划,防卫开支的增加将是经济发展计划的一项负担。因此,直到韩国经济达到一定程度的稳定前,他希望美国的军事援助保持在1959年的军事维持水平。为了执行五年经济计划,韩国需要大量的投

① "U. S. embassy concerned over reduced aid levels to South Korea", October 19, 1961, *DDRS*, Document Number: CK3100170349; "Telegram from Department of State to Embassy", Seoul 475, October 21, 1961, in MF0501126.

② "Memorandum of Conversation: Korean economic and other objectives", November 5, 1961, in MF0501100.

资贷款。朴正熙要求美国在 1962 年后提供 1 亿美元的特别贷款，0.7 亿美元的稳定资金和 800 万美元的技术援助。①

国务卿腊斯克表示，韩国战略地位重要，美国会全力履行对韩安全义务。关于对韩经济和军事援助，腊斯克指出这好比是"沉闷枯燥的科学"，因为其中的政治需求往往多于实际的需要。美国人民和国会强烈要求缩减对外援助，因而，缩减包括对韩援助在内的各种援助在所难免。腊斯克进一步指出，包括韩国在内的一些国家没有能够充分利用美国的短期发展援助，韩国的政变即重要表现。韩国应该理解美国有自己的问题，不仅韩国，整个世界都需要经济和社会发展。谈及"购买美国货"的政策，肯尼迪再次对朴正熙表示遗憾，指出美国政府面临资金困难，国会已经发出警告，要么缩减援助拨款，要么减少行政开支。他已经选择了后者，但是希望未来几年这种情况将会改变，美国会尽快修改"购买美国货"的规定。②

美国缩减对韩援助肯定会导致韩国发展资金不足，为此，腊斯克提出了三种可能帮助韩国发展经济的辅助办法：第一，在不妨碍履行军事使命的前提下，是否可以通过军队参加经济活动，比如在工程、通信和医疗等领域，支援韩国经济的发展；另一种可能性是，通过和日本改善关系，利用日本的资金和援助；此外，尽管美国的援助存在各种法律上的限制，不过仍"有隙可乘"。为了援助韩国，美国政府会找到解决问题的办法。③

访问期间，美国公开承认将向韩国提供 9000 万美元的支持援助，朴正熙一行要求的其他援助都没有得到明确答复。考虑到韩国方面可能感到失望，国务卿腊斯克临行向朴正熙表示，不希望在他回到韩国后失望地谈及 9000 万美元，这将对双方公众的理解不利，因为这个数字与接受援助的整个数量不相关。同样，发展贷款的目的是启动和支持朴正熙所说的特定经济发展。腊斯克希望新政府能够比前任政府更有效地利用这些资金，希望韩国用它获得利润，而不要用来执行购买外国和"购买美国货"的政策。最后，腊斯克再次向朴正熙重申，美国将尽力做出有利于韩国的调整，将积极

① "Memorandum of Conversation", November 14, 1961, in *FRUS*, 1961—1963, Vol. XXII, pp. 529 - 539; "Memorandum of Conversation", November 16, 1961, in MF0501100.

② Ibid.

③ Ibid.

支持他和他的国家。[①]

朴正熙访美后,美国密切关注韩国形势。伯杰看好韩国的发展形势,与前任政府相比,美国 1962 财年的经济援助、贷款和军事援助计划将会得到更有效的利用,产生切实的经济进步。国际开发协会有望很快向韩国发放第一笔贷款,用于韩国的铁路交通。西德政府已经宣布将把 3700 万美元的政府和私人资金用于基本建设投资。如果实现韩日关系正常化,韩国将会获益更大。伯杰再次肯定,美国应当积极支持军政府。[②]

然而,美国援韩资金的缩减和韩国资金需求的增长,导致韩国经济发展资金不足。韩国政府很快设法促使美国增加援助,提出从 1962 年 1 月 1 日起暂停让韩国分担军事费用的有关项目。对此,伯杰指出,大约 2000 亿韩元的预算能够满足所有需求,不同意韩国的请求。分配给国防的"对应资金"数额不会超过 1500 亿韩元,这要求韩国从自己的财政中拿出 500 亿韩元,大约是他们计划的 1962 财年国民生产总值的 2%,并不过分。与许多远东其他国家相比,这个用于防卫的财政百分比是相当有利的。与此同时,伯杰极力限制韩国政府的预算,认为国家最高重建委员会批准预算若超过 6500 亿韩元可能会导致通货膨胀。其中的 500 亿韩元是用于适度膨胀的,但是任何高于这个数字的金额将会导致他们的外汇储备逐渐外流,因为不得不用外汇进口物资抵消通货膨胀。如果韩国一意孤行,美国也将不得不考虑缩减它所控制的韩国本土货币的投入量。相反,如果采取谨慎的预算,经济形势继续顺利发展,韩国可以在 1962 年中提出追加预算,到时候美国将会尽力提供帮助。[③]

对于伯杰的主张,韩国总理宋尧瓒不满地表示,韩国"所要寻求的是在下一年得到更多一点的帮助,下一年是关键的一年。难道美国就不能调用一些总统的应急资金提供更多的支持或者把军事援助计划资金分出一部分用于经济援助?"伯杰不客气地回绝道,韩国已经在过去多次公开或者私下里批评美国的援助政策,即过多地以消费品形式援助。然而韩国现在恰恰要求美国这样做,这并不是因为这个国家确实需要这些货物,而只是为了获

---

① "Memorandum of Conversation", November 16, 1961, in *FRUS*, 1961—1963, Vol. XXII, pp. 540 - 541.

② "Letter from the Ambassador to Korea (Berger) to Secretary of State Rusk", December 15, 1961, in *FRUS*, 1961—1963, Vol. XXII, pp. 542 - 548.

③ "Telegram from Seoul to Secretary of State", December 20, 1961, in MF0501126.

得资金帮助他们摆脱预算困难。伯杰表示,如果发现经济上确实需要,科伦和他准备在 1962 年间考虑这一要求,但不会是现在。[①]

宋尧瓒接着谈到军事预算,指出美国缩减对韩军事预算支持,将使韩国难以维持 60 万军队开支。伯杰则指出,韩国现在并没有维持 60 万军队,美国也没有要求韩国这样做。美国正承担这些军队的绝大部分花费,所要求的就是让韩国承担自身防卫的一小部分及适当的贡献。1958 年至 1960 年间,韩国的贡献占军事预算的比重分别为 59%、62%和 63%。1961 年美国承担了 95%的军费开支,是由于汇率和进口税等因素的影响。美国现在只是要求韩国承担 25%。他不能在这个时候向华盛顿方面证明,增加支持援助或者重新配置军事援助计划资金的合理性。如果韩国提出谨慎的预算、未来的几个月经济形势顺利发展,他准备要求华盛顿,以一种追加援助的形式在韩国政府追加预算时提供帮助。伯杰指出,无偿支持援助在美国正变得越来越不受欢迎,国会施加了极大压力来缩减它。为了维持韩国军队,美国将不得不继续提供大约 1.1 亿美元物资,以便生成大约 1500 亿韩元用于韩国的防卫。这将是韩国在 1963 年能够得到的最大数量的本土货币供应量。韩国的外汇储备已经上升到 2.05 亿美元。美国却不曾得知韩国如何利用这些储备的具体计划。如果这些储备没有被利用,美国政府将很难向国会证明 9000 万美元用于下一年支持援助的合理性,更不要说 1.1 亿美元了。[②]

面对美国的强硬立场,急于筹集资金的韩国政府显然感到不快,在多次呼吁增加对韩援助无果后,也使出了自己的撒手锏。1962 年 1 月 12 日,韩国大使丁一权向美国发出最后通牒,除非美国提供更多援助,否则韩国军队将可能缩减。韩国此举令伯杰感到惊奇,因为在 1 月 8 日的新年献辞中,朴正熙还明确宣布不会缩减韩国的军队。伯杰赶紧同韩国外务部长官金弘一接触,询问如果美国不同意他们的要求,韩国将如何缩减军队。[③]

然而,金却表示不知韩国政府缩减军队的打算。伯杰因此推断,韩国没有打算真的缩减他们的军队,而只是一种讨价还价的策略,借此希望增加美国的对韩援助。韩国知道美国军方希望维持 60 万韩国军队,指望通过美国

---

① "Telegram from Seoul to Secretary of State", December 20, 1961, in MF0501126.

② Ibid.

③ "Telegram from Seoul to Secretary of State", January 12, 1962, in MF0501126.

军方施加压力促使增加对韩援助。即便美国可能被迫面对严重缩减军队的威胁，也不会持续多久，因而，国务院不必过分担忧。不过，韩国的通牒引起驻韩当局的重视，伯杰、科伦、梅洛伊等驻韩官员综合考察了美国最应该做什么，以向韩国提供额外的帮助为由，考虑着手在韩国国内为韩国军队采购一些物资，用于变相增加对韩资金援助。①

1 月 31 日，金弘一将韩国准备缩减军队的计划通知伯杰，并进一步指出，如果在投资、农业改革、增加文官工资以消除腐败等问题上积极努力，韩国政府不可能维持 60 万人的军队规模。伯杰看清韩国是在虚张声势，坚持重申了美国的观点，反对把销售美国援助物资所得的韩元资金更多地用于防卫预算；如果按照美国驻韩军事顾问团的建议，韩国厉行节约，当前 1963 亿 韩元的国防预算，能够实现 2000 亿韩元的预算目标，实现所有他们想做的事。美国找不到把预算追加到 2130 亿韩元的理由。伯杰指出，如果对韩国的援助不够的话，他将和科伦一起努力促使华盛顿增加对韩援助。随着形势的发展，税收、投资率、出口收入、外汇储备、储蓄等都会影响预算，美国正在考虑对韩采购的可行性。伯杰进一步警告，韩国政府在缩减军队问题上应相当谨慎。如果公开缩减军队的任何有关信息或者采取措施缩减军队，美国国会将会以此为由坚持缩减对韩国 1963 财年的军事援助，这将使美国政府在下一年获得大量的军事援助资金变得更困难。②

美国在对韩援助问题上的强硬立场表明，韩国此时在美国对韩援助多少方面，几乎不能影响美国，对韩援助资金的数额以及相关分配只能按照美国的意图进行。无奈之下，韩国军政府又设法通过其他途径募集发展资金。除了尽力从美国争取援助资金外，军政府加强外汇交易管制，除努力把汇率与 1 美元兑换 130 韩元的公开汇率统一起来之外，努力改善贸易制度，以此来赚取更多外汇。1961 年 6 月，军政府制定了“临时关税特别法”，限制进口，刺激出口，实施出口补贴制度，支援出口企业在海外市场的活动。同时，为了引进外资，军政府向国外派出两个企业家代表团；另外补充修改外资法，为外商投资提供更优惠的条件。③ 但是，由于韩国是处于东西冷战边缘的小国，加上国内政局初定，这些政策最初在募集资金方面的效果并不明

① “Telegram from Seoul to Secretary of State”, January 12, 1962, in MF0501126.

② Ibid.

③ [韩]赵利济：《韩国现代化奇迹的过程》，张慧智译，吉林人民出版社 2006 年，第 85 - 86，88 页。

显。因而，军政府开始进一步考虑聚集国内的资金。

6月9日，韩国国家重建最高委员会通过《货币改革紧急措施》，宣布进行货币改革。改革以10元旧币兑换1元新币，旨在获取不服从《非法财产法》者的"非法所得财富"，消除潜在的通货膨胀压力并且为五年计划筹集资金。随后，韩国政府出台法令，冻结现行韩元、支票和汇票，只返还每人500元。剩余冻结的存款存入新成立的"韩国工业发展公司"。① 与此同时，韩国国家重建最高委员会还立法强迫个人"购买"该公司的股票。②

对于韩国不同美国磋商就采取的货币改革政策，伯杰恼火地指出，在没有剧烈的通货膨胀或者即将面临通胀危险的情况下，进行这种类型的货币改革是很不寻常的。"非法聚集财富"这样含糊的词语，用于普通大众纯属扰民。另外，对于冻结资金的原初持有者是否给予一定工业发展公司的股份或者债券，政府没有做出任何说明。无论怎样，这样的措施将严重打击商业信心。过去主要针对一小撮大的"不正当敛财者"，韩国政府采取过特定的惩罚行动，与其相比，这项措施指向了更大的群体，将波及整个商业，阻碍近来的工业复兴并挫伤私人投资热情。总量达1000—1300亿的现行韩元被置于工业发展公司和银行的名下，相当于当前货币供应量的1/3。当韩国政府决定将这些资金用于投资生产时，将会有相当长时期处于闲置状态。重要的是，收回这么多资金，可能使很多公司失去必要的运营资本。结果可能导致一些部门的运营停滞。这种状况持续时间长短，将取决于韩国政府采取怎样的措施抵消通货紧缩的影响，重建商业信心。如果私人部门没有做出响应，韩国五年计划的实施将面临危机。概而言之，从经济学的观点来看，兑换行动是不明智的，可能导致长期的停滞，而这段时期正是韩国需要扩大生产和私人投资的时候。直接的结果是，影响外国私人对韩投资。从政治的角度来看，将会增加政治动乱，产生新的批评政府的因素。③

6月19日，美国援韩使团主任科伦也对韩国政府冒失的经济政策表示不满，指出这种经济政策违背了工商企业流动资金的运作规律，是一种奇怪的获取发展资金的办法。结果是更多的资金将从当前的生产中流出，影响生产能力。冻结资金的整个计划的可行性令人感到怀疑，会给个体企业带

① "Telegram from Seoul to Secretary of State" No. 1237, June 8, 1962, in MF0501126.

② Byung-Kook Kim & Ezra F. Vogel eds., *The Park Chung Hee Era—The Transformation of South Korea*, pp. 75－76.

③ "Telegram from Seoul to Secretary of State", No. 1246, June 8, 1962, in MF0501126.

来致命的打击。韩国政府此举将会得不偿失,对银行结构和商业信息造成不良影响,进而干扰生产。韩国的这种经济政策还会影响美国的私人投资者,损害其对韩国各项制度的信任。[①]

韩国政府武断的经济政策很快引起了华盛顿的关注。国务卿腊斯克认为,韩国的这种货币政策已经为韩国政府的国际声誉带来了不利的影响,希望韩国政府尽快解冻那些冻结的银行账户;韩国政府所做的任何公开声明、发布的任何与当前货币兑换的规章,都应该对有关的经济、心理和政治问题进行审慎考虑。[②]

6 月 21 日,国务院官员负责远东事务的助理国务卿爱德华・莱斯(Edward E. Rice)向韩国大使丁一权施加压力,指出韩国政府看起来已经采取了不协商的路子。如果韩国希望美国提供帮助,就必须让美国知道韩国制订了什么计划,以便实现有效的合作。美国愿意帮助韩国,但如果美国的努力无效,美国必须重新考虑对韩援助政策,希望韩国政府保持和美国的经常磋商,不要忽略美国的意见一意孤行。[③]

得到国务院的指示,驻韩使馆不断向韩国施压。为了显示美国对尚未解决的商业问题的重视,伯杰明确表示,如果韩国再不听话,打算推迟提供任何已经批准的援助,美国也不会向韩国提供维持经济需求最低限度的援助。[④]

最终,美国的压力以及货币改革带来的混乱,使韩国政府开始考虑调整货币兑换政策,与美国一同修订货币兑换规则,逐步废除不受欢迎的货币改革。[⑤] 由货币改革引起的美韩关系危机逐渐消除。韩国政府随后也相应做出人事调整,以便配合美国援外使团的工作。

对于美国而言,只要不危及美国对韩政策目标,和韩国军政府之间短暂的不睦是可以容忍的。鉴于韩国军政府和美国在经济发展方面的分歧,伯

---

① "Telegram from Seoul to Secretary of State", No. 1331, June 21, 1962, *DDRS*, Document Number: CK3100020738.

② "Telegram from Department of State to Embassy Seoul", No. 1104, June 8, 1962, in MF0501126.

③ "DOS concerned that ROK seems to have taken a path of non-consultation", June 21, 1962, *DDRS*, Document Number: CK3100202995.

④ "DOS presses U. S. views on key South Korean officials regarding currency regulations", July 7, 1962, *DDRS*, Document Number: CK3100183216.

⑤ "Telegram from Seoul to Secretary of State", June 25, 1962, in MF0501126.

杰向国务院建议,应该坚持支持军政府,鼓励其继续前进,不到万不得已,不要介入韩国政府事务。韩国的现实状况决定韩国的发展不可能一蹴而就,因此,美国必须明智地干涉韩国的内部事务,不能为了达成暂时的协定而牺牲美国的原则和目标。美国和韩国现政府的关系还有待于继续检验,美国应该保持一种稳定而合理的姿态。①

随后,为了规范韩国的经济政策行为,美国决定尽快建立相应的美韩磋商机制。② 在美国的影响下,军政府激进的经济政策稍微有些缓和,终止了一些大型的钢铁和化肥厂投资项目。但急于求成的政策倾向仍然给韩国带来了不小损害,尽管工业产量大幅提升,粮食生产却相当落后。与 1962 年相比,1963 年的预算赤字进一步扩大。赤字的扩大和农业歉收加上韩国选举临近带来的政治混乱,造成韩国的经济形势恶化。为了确保韩国的经济稳定,在考虑进一步规制韩国经济政策的同时,美国不得不向韩国提供紧急援助。③

为了缓和混乱的政治形势,1963 年 4 月 8 日,朴正熙宣布推迟选举,采取相应的反通胀措施,集中精力稳定韩国经济形势,美国政府也因此把注意力转移到经济方面,开始讨论实施韩国的稳定计划。伯杰认为:"在未来关键的四个月里,在寻求政治方法的同时,面临的直接问题是,鼓励政府坚持实施它的稳定计划,同时美国采取措施尽可能帮助稳定经济形势。"当前主要的问题是谷物价格的不断增长。韩国现在正处于缺乏安全感和稳定感的时期,美国必须设法帮助韩国稳定物价,对付通货膨胀和高消费的势头,这些正在扰乱整个形势。因此,为了韩国的稳定,伯杰力促美国尽快提供援助物资:"如果我们坚持要韩国明确保证选举并采取相关的稳定措施之后才提供 PL480 援助,这只会增加韩国的挫折感并使形势更糟糕。"④

华盛顿当局接受驻韩使馆的建议,6 月中旬,授权驻韩使馆通知韩国政府,美国对韩国的粮食危机表示关注,准备提供紧急粮食援助。但是,以援

---

① "Telegram From the Embassy in Korea to the Department of State", July 23, 1962, in *FRUS*, 1961—1963, Vol. XXII, pp. 581-585.

② "DOS welcomes indications ROK aware of actual and potential damage due to failure to consult with U. S. on matters of mutual concern and to hasty and ill-advised economic measures", June 27, 1962, *DDRS*, Document Number: CK3100203002.

③ Donald Stone Macdonald, *U. S-Korean Relations from Liberation to Self-Reliance: The Twenty-Year Record*, p. 294, 298.

④ "Telegram from Seoul to Secretary of State", April 29, 1963, in MF0501126.

助受到国会等方面的制约为由，美国政府只提供 17.5 万吨的粮食援助，并没有满足韩国 40 万吨粮食援助的要求。韩国政府最终不得不单方面从加拿大购买 5 万吨粮食应急。[①] 对韩紧急粮食援助方面的表现显示，在对韩援助政策上，美国政府确实在内部面临缩减外援资金的困扰，对韩援助从赠予援助向贷款型援助转变成为政策趋势。不过，这也在客观上促使韩国努力减轻对美国赠予型援助的依赖，尽快走向自立。10 月，朴正熙当选总统后，向美国提议，帮助韩国减轻对美国消费品援助的依赖，更大程度地使用输入资本。朴正熙的提议得到科伦的肯定。科伦表示美国将帮助韩国新政府建立更自立、自信的韩国。[②] 正中韩国下怀的是，美国在越南的战争，给韩国提供了有利时机。借助美国对韩国军队的需求，朴正熙在向美国争取更多发展资金的同时，扭转了韩国在美韩同盟关系中的地位。

小结　围绕政策目标的冲突与协调

从 1961 年韩国"5・16"军事政变后到 1963 年底第三共和国建立，作为韩国军人执政的特殊时段，美韩同盟关系，即具体体现在美国和韩国军政府之间的关系，展现出不同于以往的特点。围绕对韩政策的实施，肯尼迪政府不得不考虑新的韩国本土因素，在其多元目标之间进行折冲平衡。

对美国来说，其政策目标的实现必须依托本土政权，尤其是该政权的核心领导人。因此，"5・16"政变之后，美国显然接受了张勉政府时期的教训，不再盲目支持像张勉之类的特定领导人，而是密切关注军政府内部的权力斗争，审时度势，确定支持对象。从这种意义上讲，朴正熙是韩国本土自产的国家领导人，与美国的培养和扶植无关。

就美国的对韩政策目标而言，既有服从美国冷战需要的"国际性"一面，又有服从韩国自身需要的"本土性"一面，美国必须兼顾两者，保持一种平衡。以美国推动军政府恢复代议制政府为例。美国向军政府施压恢复代议制政体，主要是考虑美苏冷战中的制度竞争需要。然而，美国在推动这种目标时，又不得不考虑这种制度在韩国的适应程度。因此，在推动军政府恢复

---

① Donald Stone Macdonald, *U. S-Korean Relations from Liberation to Self-Reliance: The Twenty-Year Record*, p. 299.

② "Telegram from Seoul to Secretary of State". No. 651, November 11, 1963, in MF0501126.

代议制度的过程中，美国吸取了张勉政府的教训，逐步接受以朴正熙为代表的军方强人政府，只是希望他们能够脱下军服，通过竞选来继续执政，最低限度地满足美国同苏联进行制度竞争的需要。虽然韩国恢复代议制政府几经波折，但在美国看来，只要韩国保持稳定，不危及这个目标的最终实现，就应该少关注过程，多关注目标。[①] 1963 年年底，以朴正熙为首的军人脱下军服，竞选成功，使美国最终成功兼顾了冷战制度竞争需要与韩国自身发展的需要。

美国对韩政策诸目标之间存在的张力，在对韩援助中如何协调安全目标与发展目标上有所体现。肯尼迪政府时期，国会大幅度缩减外援资金，对外援助资金的分配成为政府内部争论的热点。美国对韩政策的最初出发点是以军事为中心的国家安全，对韩国的军事安全援助在整个援助中一直居高不下。当肯尼迪政府采取罗斯托等人的主张，加强对盟国的经济开发援助时，势必将挤压对韩安全援助。关于对韩援助资金的分配，尽管不乏部门利益之争，但在本质上反映了美国对韩政策目标重心转移过程中经济发展与安全目标之间的矛盾。

美国对韩政策的实施，同样受制于韩国的反应和反作用。在军政府时期，韩国独立自主倾向明显增强。韩国军政府体制，违背了美国推动韩国政治民主化的政策目标，不利于美国同苏联的竞争需要。在恢复代议民主政权方面，美韩双方都做出了让步。美国并没有完全让军人退出政坛；以朴正熙为首的军政府领导人则脱下军服，遵从了美国在韩国建立文官政权的冷战需要。

在发展韩国经济方面，军政府的政策目标与美国的对韩政策目标完全一致。但在经济发展的政策方面，美韩之间存在分歧，美国一方面要援助韩国发展经济，一方面还要规制韩国军政府不当的政策行为。韩国当时经济发展的资金来源只有两种：美国的援助和自身筹集。因而，谋求美国尽可能多的援助，对促进韩国经济发展至关重要。为了尽可能获得援助，以朴正熙为首的军政府，不得不对美国的经济干预政策做出让步。

总的来看，军政府时期，韩国在美韩同盟关系中明显处于从属地位，尽管美国对韩政策在实施过程中尽力显得中立，且顾及韩国的本土因素，但从

---

① "Telegram from the Department of State to the Embassy in Korea", February 14, 1963, in *FRUS*, 1961—1963, Vol. XXII, pp. 625 - 626.

未放弃过基本的政策目标:促进韩国的经济发展、国家安全和政治民主。从1964 年开始,美韩关系的这种状况则慢慢发生变化。随着逐渐深陷越南战争,美国开始要求韩国分担美国的安全责任,这样一来,韩国在美韩同盟中的地位得以提升,它开始拥有了影响美国对韩政策的资本。

第四章　越南战争与美韩同盟“蜜月”

就美韩同盟关系而言，1964年是一个重要的节点。由于美国对越政策的演进，在这一年，美国开始公开向越南大规模派兵，从此逐步陷入越战的泥潭。与美国相比，韩国则在这一年逐渐步入了经济起飞的快车道。这一年是朴正熙脱下军服，以合法的总统身份执掌政权的第一年。自身政权的合法性及越南战争的重大战略机遇为朴正熙政府推动韩国的发展提供了有利时机。为了寻求第一个经济发展计划的资金，朴正熙努力推动韩国向越南派兵和韩日关系正常化。美国政府为了减轻自身的援韩压力，积极支持韩国实现韩日关系正常化，同时为了争取更多国家支持美国的越南战争政策，约翰逊政府开始主动寻求韩国向越南派兵。美国对韩国战略配合的需要，使韩国在美韩关系中的地位开始渐渐发生变化。朴正熙政府也积极地迎合美国的战略需求，支持约翰逊政府的越南战争政策。借助美国对韩国的战略需要，朴正熙大力推动“富国强兵”战略。在向越南派遣军队过程中，以军队为筹码，韩国从美国获得了经济发展的大量资金，韩国军队在越战中得到磨炼，军事装备和作战能力也因此得到显著提高。与此同时，韩国政府抓住越南战争这个机遇期，积极参与和组织国际活动，提升了自身在国际社会中的影响力。

第一节　战略的契合：韩国向越南派兵的前奏

1953年7月，在决心结束朝鲜战争之前，艾森豪威尔政府开始积极调整美国的东亚政策。即将担任国务卿的杜勒斯认为，“朝鲜、中国和印度支那应该被看作一个问题，应该作为一个整体来考虑”。在一份国情咨文中，艾森豪威尔也表达了将东亚作为整体的思想。他指出，朝鲜战争是共产党在印度支那和马来亚发动的同一场进攻的一部分，朝鲜问题的解决方法将

“不可避免地影响到所有这些地区”。[1]

这种把东亚作为一个整体的思想,推动艾森豪威尔政府积极干预印度支那地区事务。当法国在印度支那陷于困境时,美国开始援助法国。艾森豪威尔指出,美国有必要制定一个打赢印度支那战争的计划。[2] 1954 年 4 月 7 日,艾森豪威尔解释他的“多米诺骨牌理论”,公开阐述了越南在美国战略中的重要地位,指出“失去越南的可能结果是,不计其数的自由世界陷落”。[3] 在这一思想的指导下,美国开始采取强硬的印度支那政策,逐渐排斥法国支持的保大政权,转而扶植吴庭艳政权。最终,美国不惜违背 1954 年日内瓦会议中确定的在越南进行普选的精神,采取分裂越南的政策,在南越建立吴庭艳傀儡政权。[4]

然而,美国的战略意图因为吴庭艳政权的无能而面临挑战。南越吴庭艳政权的黑暗统治激起了民众的反抗,推动北越劳动党中央逐渐放弃温和路线,转而大力支持和领导南方的武装斗争。随着越南南方武装斗争的兴起,吴庭艳政府军屡受挫败。为了扭转局势,美国军事顾问开始直接参与南越政府军作战计划的制订及实施。1961 年年初,肯尼迪政府一上台,进一步强调要在第三世界进行“反叛乱”斗争,并组织策划“反叛乱”组织体制,建立陆军特种部队“绿色贝雷帽”。10 月,肯尼迪政府决定派遣泰勒率领罗斯托等人去南越了解向越南派遣战斗部队的可能性。不久,泰勒调查团向肯尼迪提交报告,主张派遣战斗部队。按照报告的建议,美国将在南越战场上直接支援西贡部队作战。[5]

泰勒调查团的报告在美国政府内部引起了广泛的争论,综合考虑各种意见,肯尼迪确定了“有限伙伴”式的对越政策:除投入美国战斗部队以外,

---

① “Memorandum of Conversation”, January 8, 1953, in *FRUS*, 1952—1954, Vol. Ⅵ, pp. 882 - 883; “Annual Message to the Congress on the State of the Union”, February 2, 1953, in PPP, available at http://www.presidency.ucsb.edu/ws/.

② “United States Minutes of the Meeting Between President Eisenhower and the Prime Minister of France (Mayer) on the President Yacht U. S. S. ‘Williamsburg’ ”, March 26, 1953, in *FRUS*, 1952—1954, Vol. XIII, pp. 429 - 432.

③ George Katsiaficas, ed., *Vietnam Documents: American and Vietnamese Views of the War*, M. E. Sharpe, Inc., 1992, pp. 33 - 34.

④ George Katsiaficas, ed., *Vietnam Documents: American and Vietnamese Views of the War*, M. E. Sharpe, Inc., 1992, pp. 37 - 43.

⑤ 时殷弘:《美国在越南的干涉和战争,1954—1968》,世界知识出版社 1993 年,第 50 - 87、109 - 112 页。

采用各种军事干涉手段,特别是美国支援部队和军事顾问直接帮助西贡政权作战,争取打败乃至消灭解放武装力量。这就是美国所谓的"特种战争"。"特种战争"是美国对越干涉的重大升级,成为美国在越南越陷越深乃至无法自拔的关键步骤。从 1962 年年初开始,美国派往越南的军队数目开始大规模增加。6 月底在南越的美军人数已达 5576 人,到 12 月底迅速增至 11326 人,到肯尼迪遇刺身亡时已经达到 16700 人。[①]

韩国一直密切关注美国逐步卷入越南战争的过程,并力图争取美国支持韩国向越南派遣军队。早在 1954 年 3 月,李承晚致函驻韩联合国军总司令约翰・惠勒(John E. Hull),表示韩国愿意向老挝派遣一个师。对此,美国政府非常重视,美国国务院、国防部和中央情报局分别从政治、军事和韩国参战的可能性效应等方面做了全面评估,最终结论认为,韩国参与印支战争弊大于利。在讨论是否接受韩国向老挝派兵过程中,国家安全委员会甚至认为李承晚派兵的动机值得怀疑,担忧韩国派兵将会导致李承晚趁机扩编韩国军队,不利于美国限制韩国的北进统一政策。[②] 最终,艾森豪威尔总统向李承晚指出,"如果韩国向其他地区派出军队,美国民意将不会支持驻韩美军的继续存在",以此拒绝了李承晚向越南派遣韩国部队的提议。[③]

朴正熙上台之后,与李承晚类似,对于韩国向越南派兵问题展现出比较积极的态度。但两者向越南派兵的动机不同,李承晚向越南派兵的目的主要是借机扩充韩国的军事力量,而朴正熙更多基于向越南派兵带来的经济效益。

1961 年 11 月朴正熙访美时,谈及东南亚问题,肯尼迪坦言,为了阻止南越的崩溃,美国的最终步骤将是对越用兵,并询问朴正熙对越南问题的看法。朴正熙趁机表示,韩国政府高层官员对此都很热心:"作为一个反共国家,韩国将尽最大努力为远东的安全贡献力量。韩国有一百万人经过严格的游击战训练,可以用于对付北越的游击队。如果美国愿意并提供资助,韩

---

① Stephen Ambrose, *Rise to Globalism: American Foreign Policy Since* 1938, New York, Penguin Books, 1993, p. 197.

② "Memorandum by the Executive Secretary (Lay) to the National Security Council", March 2, 1954, *FRUS*, 1952—1954, Vol. XV, Korea, pp. 1754—1755; "Memorandum of Discussion at the 187th Meeting of the National Security Council", March 4, 1954, pp. 1755—1757; Christos G. Frentzos, *From Seoul to Saigon: U. S.—Korean Relations and the Vietnam War*, pp. 27 - 60.

③ George McT. Kahin, *Intervention: How America Became Involved in Vietnam*, Garden City, N. Y.: Anchor Press, 1987, p. 42.

国愿意向越南派遣部队，如果不需要正规部队，韩国也可以招募志愿者。”[①]但是，此时肯尼迪政府尚未决心向越南大规模用兵，显然还不需要大量地面部队和韩国的战略配合，因而，肯尼迪随即借口和国防部长等军方人员讨论之后再行决定，婉拒了朴正熙的热情。

然而，从实现韩国向越南派兵角度而言，越南局势的变化逐渐朝着有利于韩国的方向发展。1962 年 2 月，肯尼迪在越南建立驻越军事援助司令部后，美国驻越军事人员数量激增。4 月份，朴正熙接到南越总统吴庭艳的正式军事援助请求。随后，朴正熙派出军事考察团考察向南越提供军事援助的方法。经过两个月的实地考察，军事考察团提交报告，建议向南越提供基础设施建设和医疗援助，但以战斗部队形式提供直接的军事援助还不可行。[②]

然而，朴正熙的看法完全不同。1963 年 8 月，在还未进行竞选总统之前，朴正熙与其亲信谈起越南问题时就指出，万一美国要求韩国向南越派遣军队，出于经济和安全考虑，他将实现韩国向越南派兵。[③] 在朴正熙看来，韩国需要等待美国正式向韩国提出向越南派兵的请求。

1963 年 11 月，肯尼迪遇刺身亡，越南这个棘手问题留给了他的继任者林登・约翰逊(Lyndon B. Johnson)。约翰逊接手的是肯尼迪政府的原班人马，因此，在对越政策上，约翰逊完全继承了肯尼迪的越南政策，并将战争进一步扩大到北方。1964 年初，南越军事形势的恶化，促使美国开始考虑轰炸北越。1964 年 8 月 3 日的“东京湾事件”为美国政府轰炸北越提供了有效的借口。美国国会通过了《东京湾决议案》[④]，授权约翰逊政府扩大战争，轰炸北方。

随着战争的扩大，美国开始呼吁盟国分担战争责任。5 月 1 日，美国政府号召更多自由世界国家在越南“打起他们的旗帜(show their flags)”，以彰显自由世界在东南亚一致反共的立场，呼吁韩国和其他自由世界政府与美国一道，向南越提供人力、物力及其他形式的援助。但在寻求国际支持方

① “Memorandum of Conversation”, November 14, 1961, in *FRUS*, 1961—1963, Vol. XXII, p. 535.

② Byung-Kook Kim & Ezra F. Vogel eds., *The Park Chung Hee Era—the Transformation of South Korea*, p. 409.

③ Ibid.

④ Marilyn B. Young, *The Vietnam Wars, 1945—1990*, HarperCollins Publishers, 1991, p. 119.

面，美国并不顺利，英、法等欧洲主要盟国都不愿意出兵支持。作为越南的前宗主国，此时的法国戴高乐政府在一些问题上正在和美国对着干。英国作为美国的传统盟友，只在口头和“道义”上声援美国，坚持以调解者的身份调停战争双方，拒绝出兵越南。[①] 由于第三世界国家在联合国席位的增加，联合国成员国的构成发生了显著变化，美国也难以像朝鲜战争时那样争取到联合国的多数支持。在这种情况下，韩国的支持就显得格外重要。

韩国密切关注越南战争形势，早在 1964 年 3 月初，就不失时机地通过韩国前总理金显哲（Kim Hyon-chol）向美国驻韩大使伯杰非正式透露，韩国可能愿意提供 3000—4000 人的军队援助南越。同时，韩国外务部长官丁一权也表示，支持韩国人参加这场战争，并且提出了克服有关阻力的方法。随后，韩国和南越的联系加强。3 月中旬，民主共和党主席金钟泌到访西贡。4 月初，南越特别军事代表团到韩国考察军事训练及韩国军政府向文官政府转型经验。南越驻韩使馆人员也进一步增加。[②]

对于韩国向越南派兵问题，驻韩大使伯杰起初持谨慎态度，他担心韩国向越南派兵，可能会给韩日会谈带来不利影响。然而越南战争的形势影响了美国政府对韩国向越南派兵的态度。美国驻西贡使馆的要求更加直接，建议韩国提供顾问人员，并选择军事人员接替死亡或受伤的美国人，承担真正危险的工作。国务院指示驻韩使馆，敦促韩国提供军事顾问，追加战地医疗人员和信号部队。[③] 显然，越南战争的形势，增强了美国政府推动韩国派兵的急迫感。

得到美国的通知，韩国外务部表示，将寻求韩国内阁支持派遣战地医疗队，并提出派遣通信兵的可能性。6 月，美国和韩国达成一致，只要南越政府发出邀请，韩国将派遣一个战地医疗队和 10 名空手道教练到越南。韩国进一步表示，对“提供战斗部队也有兴趣”，并对于美国没有“恳请直接的军事参与感到困惑”。美国政府希望韩国能够尽可能承担自身花费，但美国愿意为韩国派往越南人员的花费买单。因为此时美国尚未完全介入越南的地面战争，南越政府没有提出这样的要求，加上游击战不适合使用大量正规部

---

① 张颖：《从“特殊关系”走向“自然关系”——20 世纪 60 年代美国对英国政策研究》，黑龙江人民出版社 2006 年，第 223 - 245 页。

② “Editorial Note”, in *FRUS*, 1964—1968, Vol. XXIX, part 1, Korea, Washington D. C.: United States Government Printing Office, 2000, pp. 15 - 17.

③ Ibid.

队，美国政府婉拒了韩国派出正规部队的心意。①

9月5日，美韩双方签订了有关驻越人员安排的条款和程序。四天后，韩国向越南派出了第一批非战斗人员：一支由34名官员和96名志愿人员构成的医疗队，10名教官组成的空手道教练团。② 韩国国会一致通过了这次人员派遣，国会内占据37%席位的反对派也不反对这次小规模派遣非战斗人员。③ 虽然此次派出的只是小规模的非战斗人员，但就美韩同盟关系而言，此举却有着重要的意义。韩国从此开始分担美国的世界责任，随着越南战局的发展，美国对韩国军事需求不断增强，韩国也因此拥有了影响美国对韩政策的重要筹码。

1964年年底，随着越南战争的持续升级，美国政府开始进一步增派军队，同时呼吁盟国提供更多的国际支持。然而，令美国失望的是，只有澳大利亚、韩国、菲律宾和非洲、拉美一些国家对约翰逊的呼吁做出了回应。在接到美国的第二次请求时，朴正熙表现积极，进一步袒露了向越南派遣军队的意愿。他向驻韩美军司令豪兹将军暗示，无论何时只要美国需要，韩国都可以立即投入"两个战斗师"。④ 美国新任驻韩大使布朗（Winthrop G. Brown）对朴正熙表示，约翰逊关注越南局势，努力拓展国际支持，希望韩国进一步派遣工程或建筑人员、飞机驾驶员、医疗、后勤服务等非战斗人员。不过，引进美国之外的战斗部队的时机还不成熟，要等约翰逊总统的意见。朴正熙转而表示，很多韩国的退伍退役军人也愿意到越南参战，只要美国提供装备就可以把他们派到越南。⑤

12月28日，韩国政府制订向越南派兵的计划：一个陆军工兵营、一支战地工程维修队、一支陆军运输队、一支海军陆战队工兵连和一支后勤服务队。而且，韩国此时对美国的要求也不高，只是要求美国提供这些人在越南的日常津贴及运作费用。韩国则主动承担这些人员的运送及其他花费。韩

---

① "Editorial Note", in *FRUS*, 1964—1968, Vol. XXIX, part 1, Korea, pp. 15 - 17.

② Ibid.

③ Byung-Kook Kim & Ezra F. Vogel eds., *The Park Chung Hee Era—the Transformation of South Korea*, pp. 409 - 410.

④ "Memorandum for the President", December 22, 1964, *DDRS*, Document Number: CK3100409033.

⑤ "Memorandum of Conversation", December 19, 1964, in *FRUS*, 1964—1968, Vol. XXIX, part 1, Korea, pp. 53 - 55.

国内阁一致赞成派遣部队和相关辅助人员到越南。[1] 然而,1965 年 1 月 26 日,韩国国会讨论批准向越南第二次派遣非战斗人员的提案时,开始遭到新民党、民治党等在野党的反对,不过执政的民主共和党以压倒性多数,通过了向越南派遣部队的提议。2 月下旬,按照韩国的要求,美国用美元支付这些驻越韩国人员的工资,并且另外给每人每天 1 美元的津贴。25 日,第一支 600 人的韩国先头部队到达西贡,剩余 1400 人将在 3 月份到达。[2] 因为这些人不参加作战,所以又被称为"鸽子部队"。

从整个 1964 年美韩在越南的合作来看,尽管韩国多次表示愿意向越南派遣军队,但美国并不太热心,所以双方只达成了韩国向越南派遣非战斗人员的协议。但韩国成功向越南派出非战斗人员,则是美韩越南军事合作的前奏。

第二节 愉快的合作:韩国的两次大规模派兵 (1965 年 2 月—1966 年 8 月)

一、相对顺利的第一次派兵

越南战争的升级使兵员需求不断扩大,而美国最初呼吁更多盟国参与越南战争的效果不佳,只有包括韩国在内的几个小国做出回应。韩国虽然不是东南亚条约组织的成员,但是回应最积极的。就美韩同盟关系而言,由于韩国军队的指挥权归驻韩美军司令,韩国向越南派兵的身份更像美国的代理人,不利于增强美国越战政策的国际合法性,但是由于欧洲主要盟国拒绝提供军队参与越南战争,响应美国号召的国家很少,而兵员的需求却在不断增长,约翰逊政府无奈只好寻求韩国的军事支持。1965 年年初,国防部长罗伯特·麦克纳马拉(Robert S. McNamara)建议,外国在南越的战斗部队总人数需要从 7.5 万增加到 17.5 万。为了实现这个目标,约翰逊开始寻求朴正熙的支持,争取韩国向越南派兵。[3]

---

① "Memorandum for the President", December 28, 1964, *DDRS*, Document Number: CK3100185361.

② "Editorial Note", in *FRUS*, 1964—1968, Vol. XXIX, part 1, Korea, pp. 59 - 61.

③ Lyndon B. Johnson, *The Wantage Point: Perspective of the President, 1963—1969*, New York: Holt, Rinehart and Winston, 1971, pp. 142 - 146.

3月2日,美国轰炸北越的"雷鸣行动"开始,一周后,美国海军陆战队两个营从岘港登陆。岘港登陆是美军走向大规模进入越南作战的第一步。[①] 随后,战争的升级促使美国不断向越南增兵。军队需求的增长,促使美国调整对韩国的态度,开始争取韩国向越南派兵。

4月27日,美国驻南越大使亨利·洛奇(Henry C. Lodge)以总统特使身份到韩国访问,和朴正熙商谈韩国向越南派遣军队问题。洛奇向朴正熙初步透露,美国可能要求韩国增派大约4000人团建制的战斗部队。[②] 自此,美韩双方关于韩国向越南派兵的谈判开始公开化。

在美国主动要求韩国向越南派兵之时,韩国在美韩同盟中的地位开始悄悄变化。韩国显然意识到了这一点,因此,在积极回应美国派兵要求的同时,渐渐提出了向越南派兵的价码。韩国政府以争取韩国国会批准为由,向美国提出下列要求:促进韩国在越南的贸易;按照北大西洋公约组织的模式,修订1953年《美韩共同防卫条约》,提升对韩国的安全承诺,继续维持军事力量,保证韩国的充分安全;弥补因缩减对韩军事援助造成的后果,提高韩国驻越军事人员和公务员工资等。[③]

对于韩国方面就增派军队问题提出的一系列要求,布朗大使竭力淡化美国对韩国军队的需求程度,以压低韩国方面的要价。布朗表示,是否满足韩国的以上要求,首先要看南越政府是否需要韩国政府派兵,在南越政府要求增兵的来信副本中,实际上仅有两段谈到"增加战斗队将会很有帮助,我们将对从速派遣战斗队表示感激",并没有谈到任何关于派兵的具体细节;如果派兵行动在国会方面有严重困难,就不要急于派兵,而应推迟采取行动,直到韩国国会批准为止。对于韩国的修约要求,布朗指出,在美国的宪法制度下,即便总统本人愿意,也不可能改变和韩国达成的条约义务。但他可以保证,美国将持续对韩国的军事支持,并正在为扩展韩国在南越的贸易努力,考虑把这点内容包含在朴正熙访美的联合公报中。虽然布朗并没有对韩国的要求做出公然的承诺,但此次谈话使韩国有了"更

---

① 时殷弘:《美国在越南的干涉和战争,1954—1968》,世界知识出版社1994年,第195-198页。

② "Telegram from the Embassy in Korea to the Department of State", April 27, 1965, in *FRUS*, 1964—1968, Vol. XXIX, part 1, Korea, pp. 79-80.

③ "Memorandum of Conversation", May 6, 1965; "Memorandum of Conversation", May 12, 1965, in *FRUS*, 1964—1968, Vol. XXIX, part 1, Korea, pp. 80-84; 85-90.

现实的期待"。[1]

尽管布朗善于谈判,但越南战争的军事需要迫使美国不得不渐渐降低身段。为了进一步促进美韩之间的交流,1965 年 5 月 17 日,朴正熙访美。在美韩双方领导人会谈期间,彼此强调的重点显然不同,韩国旨在争取更多的美国援助,美国则力争韩国派遣军队。为了争取韩国派兵,约翰逊首先主动表示,美国将尽可能向韩国提供各种援助,确保向韩国提供发展贷款、技术援助以及粮食援助;不会缩减驻韩美军,如果有所调整,将第一时间通知朴正熙总统,并且事先进行广泛磋商;根据《美韩共同防卫条约》中美国的义务,美国将在韩国保持相当的军事力量,韩国不必为自身安全担忧。约翰逊接着竭力劝说韩国向越南派兵。从 20 年来美国国会对外援助立场的变化看,约翰逊强调,此时美国政府从国会获得援助要难得多,但是,韩国派出 2000 名韩国人的举动已经帮助他挽救了在国会的援韩议案。因此,约翰逊请朴正熙进一步考虑能否再增派韩国军队到越南,与洛奇最初要求的团建制 4000 人不同,约翰逊直接要求韩国派遣一个师。加上澳大利亚、菲律宾和新西兰提供的帮助,约翰逊预计将有 7—8 万的多国部队在越南帮助美国作战。[2]

朴正熙则强调,1967 年是韩国第一个经济发展计划的最后一年,第二个发展计划正在筹划。韩国迫切需要美国继续援助,推动韩国的经济发展。对于向越南派兵问题,朴正熙则含糊其词,表示韩国人可能担心来自北方的威胁,他个人倒是愿意派更多的军队到越南,但必须和其他政府官员进行研究,他本人并不能就此做出承诺。[3]

约翰逊争取韩国出兵越南的恳切态度增强了韩国讨价还价的底气。6 月 23 日,韩国国防部长金松恩(Kim Song-un)向联合国军司令豪兹将军出示了一份准备争取韩国国会批准派兵的草案,内容包括派遣 2 万人的师级战斗部队和韩国政府向美国提出的十项派兵条件:

1. 维持当前驻韩美军和韩国军队的规模。

---

① "Memorandum of Conversation", May 6, 1965; "Memorandum of Conversation", May 12, 1965, in *FRUS*, 1964—1968, Vol. XXIX, part 1, Korea, pp. 80 - 84;85 - 90.

② Ibid.

③ "Memorandum of Conversation", May 17, 1965, in *FRUS*, 1964—1968, Vol. XXIX, part 1, Korea, pp. 97 - 99.

2. 为了避免削弱韩国的防卫能力，装备三个韩国预备役师，使其达到准战斗状态并提供 100%的装备津贴；改善 7 个常规师，包括海军陆战师，增强其火力、机动性、通讯能力。

3. 这个师派往越南后，不能因韩国本国军队减少而缩减对韩军事援助。

4. 尽早确定有关派往越南的韩国军队的使命、宿营地点、指挥关系、后勤支持。

5. 建立一个小的计划编制小组，决定组织派遣该师。

6. 提供专用通信设备，以保持韩国指挥官和韩国士兵之间的联系通畅。

7. 提供交通工具，以便韩国军队的轮换、调动和物资供应。

8. 向驻越韩国部队和有关人员提供财政支持，包括按照支付美国人员的标准支付韩国军人的工资、奖励、伤亡赔偿，并支付由韩国部队雇佣的越南人的工资。

9. 提供 4 架 C－123 运输机，用于医疗救护和韩国与越南之间的联络。

10. 提供一套战地广播设备，以便能够向韩国驻越军队进行反共播音、心理战以及敌台干扰，并播出韩国国内新闻、战争信息和娱乐节目。[①]

韩国的要求立即遭到美国国防部不少官员的反对，驻韩大使布朗则力主做出让步。针对韩国政府的相关要求，布朗强调了美韩关系中的四个军事关系：维持美国在韩国的军事力量，中止或者修改让韩国承担军事费用的项目，增加军事援助计划，提供财政支持以增加韩国军人的工资。布朗强调，没有在这几个方面的让步，韩国媒体和公众将强烈批评美国，国会也会拒绝批准向越南派遣军队。在布朗看来，韩国要求美国支付的一个韩国师费用，与派遣一个美国师的花费相比，显得微不足道。[②] 由于急于促成韩国向越南派兵，约翰逊政府很快接受了韩国朴正熙政府提出的十项条件。7

① Stanley Larsen and James Lawton Collins, Jr., *Allied Participation in Vietnam*, Washington, D.C.: Department of the Army, 1975, pp. 124－125.

② "Telegram from the Embassy in Korea to the Department of State", July 10, 1965, footnote 2, footnote 3, in *FRUS*, 1964—1968, Vol. XXIX, part 1, Korea, pp. 121, 123.

月 9 日，在韩国的要求提出 16 天后，美国政府做出答复：

1. 不经事先磋商，美国不会缩减驻韩美军或者韩国军队。

2. 1966 财年的对韩军事援助计划不会受到韩国向南越派兵的影响。

3. 1966 财年的对韩军事援助计划包括 700 万美元，另外追加 1.5 亿美元用于装备三个韩国预备师。

4. 终止 1966 财年让韩国分担军事费用（MAP transfer）的有关项目；只要韩国维持在越南 1 个师的军队规模，授权布朗大使根据自己的判断继续终止明年的韩国分担军事费用项目。

5. 韩国本土部队的火力、通信和机动性将实现现代化。

6. 对于派往越南的韩国军队，美国将提供：装备、后勤支持、房舍、训练、交通工具、给养、海外津贴、非战斗人员的合法需求资金以及满足韩国驻越军队的正常资金需求。[①]

从答复清单来看，美国基本上满足了韩国的要求，如加强对韩国的军事援助，并向派往越南的韩国军队提供各种薪金；在某些方面的答复比韩国所要求的更具体，并且考虑得更远，比如上述第 4 点，终止让韩国分担军事费用项目，美国不仅考虑到 1966 年，而且有意在其后继续执行。不过这也意味着美国可能会长期需要韩国军队驻扎在越南，甚至要求韩国进一步向越南增派军队。

8 月 13 日，韩国国会开始讨论向越南派一个步兵师（“猛虎师”）和一个海军陆战旅（“青龙团”）的提案。反对党人民党议员采取离席或者投弃权票方式抗议通过提案。很多反对党把“任何与韩国政府合作的迹象视为在关键时刻和死神接吻”。最终，民主共和党主导的国会授权向越南派兵，101 票赞成、1 票反对、两票弃权。约翰逊总统专门给朴正熙写信表示感谢，指出韩国的派兵“进一步证明了韩国人民对自由和独立精神的热爱”。[②]

随着韩国实现向越南派兵，美韩军队的联合指挥问题再次突显。美国

---

① Kwak Tae Yang, *The Anvil of War: The Legacies of Korean Participation in the Vietnam War*, p. 98.

② “Editorial Note”, in *FRUS*, 1964—1968, Vol. XXIX, part 1, Korea, p. 125.

要求韩国把军队的指挥权交给美国,以便提高盟国部队的战斗效率,遭到韩国拒绝。在韩国看来,把韩国军队的指挥权交给美国,会使韩国军队看起来更像"雇佣军"。国防部长金松恩争辩道:"如果我们把军队的指挥权给美国,我们的军队可能会被派到极端危险的地区,造成更大的人员伤亡。为了避免不必要的军事伤亡,保护那些帮助越南重建的韩国平民,我们的军队应该保持自主并被部署在后方相对安全的地区。"①

韩国认为越南战争的政治意义大于军事意义,战争主要是为了保持南越主权。战争后方的重建和秩序的维持同样重要。美国驻越美军总司令威廉・威斯特摩兰(William C. Westmoreland)最终同意了韩国对自身军队拥有独立的指挥权,双方建立了自由世界军事援助政策委员会,彼此拥有平等的决策权力,承认各自对自身军队的指挥权力。② 军事关系上的平等地位,客观上反映了韩国在对美关系中地位的提升。

二、难度加大的第二次派兵

越南战争形势并没有因为美国的增兵而好转。1965 年年底,北越的部队越来越多地渗入南越开展游击战。随着北越部队渗入南越后方扩大游击战,美国在南越的军事压力加大。为了应付北越的攻势,威斯特摩兰向约翰逊总统提议继续增兵,把军队的人数从 27.5 万增至 44.3 万。威斯特摩兰的提议让约翰逊犯难,因为随着战事的拖延,美国国内的反战运动兴起,使美国持续增兵的难度加大。为了节省开支,约翰逊决定再次推动韩国向越南派兵。根据美国每月支付的津贴统计,韩国尉官的月津贴为 190 美元,远低于相同级别的美国军官的 570 美元、菲律宾的 475 美元、泰国的 407 美元。只有南越尉官的津贴 123 美元低于韩国。③

向越南派兵之后,韩国密切关注越南战局的变化,对于美国是否继续要求韩国向越南增兵问题,也一直比较关注。毕竟第一次向越南派兵为韩国赢得了不小的回报。因而,12 月 7 日,朴正熙的总统秘书室长李厚洛主动

---

① Byung-Kook Kim & Ezra F. Vogel eds., *The Park Chung Hee Era—The Transformation of South Korea*, pp. 414 - 415.

② Ibid.

③ Byung-Kook Kim & Ezra F. Vogel eds., *The Park Chung Hee Era—The Transformation of South Korea*, p. 416.

询问威廉·邦迪,美国是否打算请求韩国向越南增派军队。[①] 威斯特摩兰要求美国政府大幅增兵之后,韩国的询问也很快得到答复。布朗大使向朴正熙全面透露了美国对南越局势的评估,表示美国计划增加在南越的军队,希望亚洲国家进一步做出贡献,并询问明年 7 月增加一个韩国师和 10 月增加一个旅的可能性。为了消除朴正熙的担忧,布朗首先表示,美国将不会因此削弱韩国自身的安全,不会增加韩国的经济负担。朴正熙面有难色,表示这是一个他必须认真考虑的问题。像以往一样,他愿意提供战斗部队,但是在达成任何协议之前,他必须考虑国会、韩国舆论和很多其他问题。[②]

布朗大使显然感到争取朴正熙再次派兵的难处,但为了尽快帮助朴正熙实现再次派兵,布朗在 12 月 28 日向华盛顿政府建议,美国应该拿出诚意,尽早给韩国送来武装三个预备师的军事装备。这些装备是在韩国同意向南越派遣猛虎师的情况下,美国许诺提供给韩国的。韩国政府对它的推迟交接一直耿耿于怀。[③] 布朗的建议很快得到国务院的回应。国务院次日通知布朗,表示不仅满足韩国要求,而且约翰逊总统也批准了 290 万美元的对韩发展贷款。国务院特别向布朗指出,总统也认为实现韩国派兵越南"最重要","以合理的代价,施加最大的压力获得这些军队"。[④]

为了争取韩国尽早派兵,1966 年 1 月 1 日,美国派遣副总统赫伯特·汉弗莱(Hurbert H. Humphrey)访韩。朴正熙开始趁机向汉弗莱抱怨:"在过去的几年里,军事援助已经被一再推迟,很多武器的零部件严重短缺。很多装备,如雷达、野战炮、防空炮和来复枪是二战时的陈年旧货,且破损严重。"韩国政府非常关注美国缩减对韩援助,尤其是当韩国在越南战争中发挥重要作用之时。韩国政府强烈要求从韩国采购物资供应驻越韩军需要,并希望其他驻越军队的物资供应也能够从韩国采购,对于美国可能从日本

① "Memorandum of Conversation", December 7, 1965, in *FRUS*, 1964—1968, Vol. XXIX, part 1, Korea, pp. 129 - 130.

② "Telegram from the Embassy in Korea to the Department of State", December 16, 1965, in *FRUS*, 1964—1968, Vol. XXIX, part 1, Korea, p. 131.

③ "Telegram from the Embassy in Korea to the Department of State", December 28, 1965, in *FRUS*, 1964—1968, Vol. XXIX, part 1, Korea, pp. 138 - 140.

④ "Telegram from the Embassy in Korea to the Department of State", December 30, 1965, footnote 2, in *FRUS*, 1964—1968, Vol. XXIX, part 1, Korea, p. 140.

采购大部分军需物资表示关注。[①]

朴正熙表示急于在越南提供更大的帮助，但是他在国内面临严重的政治、经济问题。不过，如果美国能够特意考虑韩国的经济需要，购买韩国产品，并提供进一步的援助推进韩国军事现代化，即使在 1967 年的大选年，他也能够克服各种障碍，实现向越南派兵。汉弗莱显然对朴正熙的漫天要价有些不耐烦，表示"美国没有空白支票或者随意支取的账户"，不可能猜出韩国需要什么，除非韩国自己提出来。韩国政府可以和美国驻韩使馆提出更具体的要求，以便美方可以就韩国想要什么，需要什么进行研究。驻韩大使布朗对于韩国人的借机要价更有切身体会，认为朴正熙的要求一直还是比较谦和的，韩国总理和军方的要价则是"尽可能多"。在韩国向越南派兵问题上，美国与韩国"正处于一个讨价还价的时期"。尽管对韩国的要价感到不快，但汉弗莱很快向约翰逊总统提议，如果军事援助情况确实如朴正熙所言，美国就应该尽快将必要的设备和部件装船发货，并酌情考虑韩国的其他要求。[②]

1 月 4 日，美韩双方开始启动韩国向越南再次派兵的谈判。双方同意成立美韩联合工作组，讨论所面临的现实军事问题，并就韩国关心的经济政治问题展开讨论。[③] 四天后，韩国向美国提出了再次出兵的十项条件：

1. 追加预算花费，这些预算包括死亡和伤残赔偿以及替换猛虎师的新师的给养（韩国政府估计需 30 亿韩元）；

2. 美国承担韩国军事预算总额的四分之三，直到 1971 年，即第二个五年计划结束；

3. 补偿联合国司令部占地和建筑征地花费（自 1963 年起估计 46 亿韩元）；

4. 从"美国总统应急基金"中，拨出 1 千万美元，作为特别援助用于韩国文化、教育、福利项目投资；

5. 在使用军事援助项目和国际发展援助基金（AID）进行的各种

① "Memorandum from Vice President Humphrey to President Johnson", January 5, 1966, in *FRUS*, 1964—1968, Vol. XXIX, part 1, Korea, pp. 142 - 143.

② Ibid.

③ "Telegram From the Embassy in Korea to the Department of State", January 5, 1966, in *FRUS*, 1964—1968, Vol. XXIX, part 1, Korea, pp. 143 - 145.

海外采购计划中，美国应在日本和其他亚洲国家之前优先考虑韩国。扩展并充分使用韩国的设备生产军需品和维修有关设施。……在韩国加工供给南越的小麦和棉花，在越南使用韩国的技术人员，并在韩国训练越南的技术人员；

6. 各种发展贷款要求：自 1966 至 1971 年，每年给韩国 1 亿美元的发展贷款；加快批准曾经许诺的 1.5 亿美元资金援助下的各种项目；向钢铁厂、机械厂提供经费；在 1966 年底批准云山和阳东地区的热电建设贷款；支持仁川、马山、釜山等港口扩建，以便这些港口在 1966 年底运营；在 1966 年底提供经费，资助六台挖掘机、200 台推土机和 500 辆自卸卡车用于农地开发和国家建筑工程；500 节货车车厢；

7. 1966 年提供 5 千万美元计划贷款并从 1967 年开始每年提供 2 千万美元的援助，这些资金用来购买稳定经济的日用品、刺激出口以及调动国内资本；

8. 通过赠予援助和易货贷款的方式帮助韩国购买一些 15 万吨的货船；

9. 鼓励韩国向美国出口，取消对韩国纺织品的配额限制；

10. 1 月 7 日，关于军事要求的文件包括：反渗透援助、上面提到的条款 2、在 1971 年前，不实行让韩国分担军事费用，由美国支付用于建设兵营和福利设施的军事援助计划资金。[①]

与第一支韩国猛虎师向越南派遣时提出的十项要求清单相比，这次韩国的要求大大提高，远远超出了向越南增派韩国军队自身所需要的相关费用。韩国借向越南派兵换取美国援助，为韩国的经济发展赢取资金的意图非常明显，除了第一条和韩国军队自身的花费直接相关外，其他几项都是要求美国额外增加对韩援助的条件。

这十项条件综合了韩国外交部、国防部、内阁和青瓦台等主要部门的各种可能要求。布朗认为这十项要求极端不合理，很多条款违背基本的援助标准，即韩国本身的需要、吸收能力及有关法令和政策的限制等；就韩国采取的自助发展政策而言，清单提出的有些要求也违背了韩国近期渐进的自

① “Telegram from the Embassy in Korea to the Department of State”, January 10, 1966, in *FRUS*, 1964—1968, Vol. XXIX, part 1, Korea, pp. 146 - 149.

助发展政策;从美国的援助能力来看,由于有限的军事援助资金需要满足全球性需求,韩国的要求显然超越了美国的财政能力。在布朗看来,韩国各部门长官似乎都在竞相向美国提要求,以便显示自己可以为韩国人争得最大的利益,韩国显然想抓住越南战争提供的机会,促使美国帮助韩国加速经济发展,他们念念不忘朝鲜战争对日本经济发展的刺激作用。因此,布朗和国家队重申他们的观点,不到万不得已不寻求韩国派兵。①

韩国的要求在华盛顿同样也引起了广泛的争论,国务院和国防部都不愿答应韩国人的要求。看到韩国人提出的条件,国防部长麦克纳马拉指出,韩国人借助增派军队,想要“价值大约 6—7 亿美元的赏钱”,美国只愿意向韩国人提供“价值相当于 7000 万美元的追加设备和资金”。负责远东事务的助理国务卿帮办塞缪尔·伯杰曾任驻韩大使,尽管对韩国人的要求清单感到失望,但对韩国人展现出的谈判姿态和能力感到惊讶:“韩国人乞丐般的历史时期已经渐近结束,朴正熙政府显得日渐自信和老练。我们能够预想,韩国将展示出强硬的但本质上合理的基本谈判立场。”伯杰前瞻性地推断:“最终,作为向越南增派师和旅的回报,韩国将接受其认为合理的一揽子经济军事援助。”②

美国政府内部对韩国疯狂要价不满,然而,在韩国方面看来,美国要求韩国再次出兵,确实也给朴正熙出了个难题。朴正熙总统秘书李厚洛在和布朗会谈时指出,美国这么快就要求韩国再次向越南增派一个师和一个旅,让朴正熙总统感到震惊。李厚洛进一步指出,尽管朴正熙本人愿意派兵,但对韩国国会和公众不好解释。因此,必须解决韩国向越南派兵的政治可行性问题,而要解决这个问题,就必须向公众申明再次向越南派兵符合韩国自身的利益。从安全角度说明韩国参与越南的“反共”行动符合韩国的安全需要是一条重要的理由,但李厚洛担心,仅此一条理由难以说服国会和普通民众,相反韩国人还认为,向越南派兵削弱了韩国的防卫能力,可能激起朝鲜挑起冲突。说服韩国国会和普通民众接受第二次向越南派兵需要两个条件:第一,给出的理由清楚易懂;第二,让韩国人确信美国人会对韩国的付出予以回报。李厚洛继续指出,1966 年是选举年,派兵问题如果处理得好,朴

① “Telegram from the Embassy in Korea to the Department of State”, January 10, 1966, footnote 3, footnote 5, in *FRUS*, 1964—1968, Vol. XXIX, part 1, Korea, pp. 146, 148.

② Ibid.

正熙当选没问题，如果处理不好，他担心反对派会对朴正熙再次当选构成极大挑战。[①]

韩国内阁和军方在抱怨美国对韩国要求拖延不决的同时，对美态度日显强硬。1月21日，韩国外交部询问驻韩大使，大量美军已经抵达南越，如果对韩国派兵需求不是那么急迫，建议暂停谈判，因为美国的模糊立场已使韩国政府没有足够的底气面对韩国国会；希望美国能在下周尽快给予实质性的答复，表明美国的立场，以便给韩国的谈判者挽回点“面子”，也利于韩国政府做出决定。李厚洛也进一步表示，朴正熙总统担心美国“追加的一些援助”也不足以给国会留下什么印象。韩国的强硬姿态着实使急需韩国军队的美国慌了神，布朗大使反复向韩国强调继续进行谈判的必要。[②]

面对韩国的压力，美国政府加快准备答复韩国的要求，积极考虑韩国方面陆续提出的增加驻越韩国军队的海外津贴、双倍赔偿韩国伤残士兵等进一步要求。[③] 经过六天研究，国务院指示驻韩大使布朗，如果韩国决定在1966年4月派遣一个师，在7月派遣一个旅，并且包括相应的后勤辅助人员，则授权布朗大使通知韩国：韩国向越南派兵后，美国将保证不削弱韩国的防卫能力，不增加韩国的经济负担，同时，也将让韩国在这次派兵中获得净利润。围绕这三个方面的承诺，国务院详细列举了将向韩国驻越军队提供的优厚条件：为满足韩国安全需要，增强韩国军事现代化，美国准备提供的军事援助；为减轻韩国财政负担，美国准备提供的财政支持；为推动韩国经济发展，美国准备向韩国提供额外经济援助和各种推动韩国产品出口的有力措施。[④]

在随后的几周内，美国政府内部对国务院的指示文本作了轻微的改动，并遵照韩国的要求，确定了美国对韩援助的最终版本。[⑤] 3月4日，布朗以

---

① “Telegram from the Embassy in Korea to the Department of State”, January 15, 1966, in *FRUS*, 1964—1968, Vol. XXIX, part 1, Korea, pp. 150 - 151.

② “Telegram from the Embassy in Korea to the Department of State”, January 22, 1966, in *FRUS*, 1964—1968, Vol. XXIX, part 1, Korea, p. 154.

③ “Memorandum from the Assistant Secretary of Defense for International Security Affairs (McNaughton) to Secretary of Defense McNamara”, January 27, 1966, in *FRUS*, 1964—1968, Vol. XXIX, part 1, Korea, pp. 155 - 156.

④ “Telegram from the Department of State to the Embassy in Korea”, January 27, 1966, in *FRUS*, 1964—1968, Vol. XXIX, part 1, Korea, pp. 156 - 160.

⑤ “Telegram from the Embassy in Korea to the Department of State”, February 1, 1966, in *FRUS*, 1964—1968, Vol. XXIX, part 1, Korea, pp. 161 - 164.

书面形式向韩国外务部长官李东元(Lee Tong Won)展示了美国向韩国做出的各项军事和经济承诺。[①] 经过稍微修改，3 月 7 日，双方正式换文，这就是有名的"布朗备忘录"。该备忘录规定，美国将向韩国提供军事和经济援助，其中军事援助包括：

1. 接下来几年内，向韩国提供大量的装备，推动军队的现代化。

2. 向韩国派往越南的军队提供必要的装备并全面增加补贴。

3. 向韩国提供装备，并提供训练和维持资金，以便补充韩国派往越南军队的增补军队。

4. 为了配合两国政府的派兵决定，美韩双方应该进行联合研究，改善韩国的反渗透能力。

5. 向韩国提供设备，扩充韩国的军工厂，增加韩国的军火产量。

6. 向韩国提供专用的通信设施，其性能应该由美韩双方驻汉城和西贡的官员协商，这些设施将满足韩国驻越南的军队需要。

7. 向韩国空军提供 4 架 C－54 飞机，以供应韩国驻越南军队的需要。

8. 从军事援助计划过剩的销售收益中调拨资金，改善军营、年轻军官的生活和相关的军队福利，比如伙食津贴、卫生设施和娱乐设施等。

9. 提供给这些军队的海外津贴花费，将以 1966 年 3 月 4 日布彻将军和金松恩国防部长达成的协议为标准。

10. 最近，美韩联合军事委员会达成一致，向因参加越战而伤残的韩国士兵提供双倍的伤残抚恤金。

经济援助包括：

1. 另外释放美国控制的韩元，以补充韩国的预算，以便韩国用这些资金调派军队，并补充训练韩国兵员，激活韩国的预备师和旅，使他们承担派往越南的韩国军队的防卫职责。

① "Telegram from the Department of State to the Embassy in Korea", January 27, 1966, footnote 9, in *FRUS*, 1964—1968, Vol. XXIX, part 1, Korea, p. 160.

2. 只要韩国在越南共和国驻有大量军队，即至少两个师，美国就终止军事援助计划转移项目，并在1967年增加美国在韩国进行采购的清单。

3. a. 在供应、售后服务和设备维护条件允许的范围内，提供给驻越南韩国军队、适当的美国军队和越南共和军队的有关物资，在下列情况下可直接从韩国采购：

i. 韩国有生产的能力；

ii. 韩国能够满足相关规格要求和并按时交货；

iii. 韩国所提供产品的价格将需要同远东其他可能的生产国进行充分合理的竞争；

iv. 其他方面的采购，需要根据美国国防部的有关规定和程序。

产品的供应、售后服务和服务设备将按照有关"天然资源"清单的有关规定进行，这些产品没有让非韩国生产者参与竞标，直接由韩国人专门生产。

b. 同韩国竞争的只有美国的生产商，只要韩国能够及时并以合理价格向国际开发署提供可供购买的物资，用于越南共和国的乡村建设、居民安置、救济、后勤，等等。

c. 在越南共和国允许的情况下，给韩国承包商提供更多机会，参与美国政府和美国承包商在越南承建的项目，提供其他服务，包括在越南共和国雇佣韩国熟练工人。

4. 增加对韩技术援助，促进韩国更广领域的出口。

5. 1965年5月，美国承诺向韩国提供1.5亿美元贷款，将尽快发放贷款，支持韩国的经济发展，把这些资金用于适当的项目上，发挥其推动韩国经济发展的效应。

6. 如果1966年稳定计划实施顺利，将在1968年提供1500万美元贷款，用于支持韩国向越南的出口和其他发展需要。[①]

基本上按照韩国的要求，布朗备忘录做出了对韩国相当有利的经济和军事援助承诺。美国提供的优惠条件，终于推动韩国政府做出向越南增派

① Kwak Tae Yang, *The Anvil of War: The Legacies of Korean Participation in the Vietnam War*, pp. 284 - 286.

军队的决定。2月28日，韩国政府公开表示，决定派遣一个团和一个师到越南，并于四天后向韩国国会提交了批准向南越增派军队的请求。韩国人民党领导人认为，提供更多的军队将会削弱韩国的防卫，执政党的一些成员也对此表示关注，因此，他们提议，韩国政府应把修改《美韩共同防卫条约》作为韩国向越南增派军队的前提。通过强调美国对韩国做出的安全承诺，韩国政府和美国驻韩使馆竭力阻止了此类议案的通过。[①]

3月20日深夜，韩国国会开会，会议一直持续到次日凌晨3点，经过激烈的争论，国会以95票对27票，3票弃权通过该决议，决定派第九步兵师（"白马师"）及其支援部队开赴越南。6月1日，韩国国防部长宣称，8月份白马师将被派往越南，另派5000人用以支持在越南的所有韩国军队。他指出到1966年10月，韩国投入越南战场的总兵力将达到4.5万人。[②] 至此，就在越南的军队与国内总人口相比而论，韩国军队的比例已经超过了美国军队的比例。

第三节　彼此的限度：久拖不决的第三次派兵（1966年6月—1967年年底）

虽然韩国再次向越南增派军队，但对于日益恶化的越南战争形势而言，这些军队还不能满足美国的军事需要。因此，争取韩国再次增派军队很快提上日程。其实，在1966年年初争取韩国第二次大规模派兵期间，美国就开始酝酿争取韩国再次向越南增派1万人的兵力。但是，这种意图在没有通知韩国之前，首先在美国内部遭到了非议。获悉政府准备要求韩国再次增派1万人时，驻韩大使布朗感到震惊。作为同韩国进行派兵谈判的亲历者，布朗评论道："我们向韩国要求一支小型医疗队，我们得到了；要求更大规模的非战斗队，我们得到了。接着我们要求一支战斗师，我们得到了。在短暂的间隔之后，我们又进一步要求一个战斗旅和师，我们似乎要得到了。现在，我们还没等韩国人派出上一次要求的旅和师，我们就打算问他们再要1万多人。这种情况何时才能到头？"布朗指出，站在韩国人角度看来，这样的要求太想当然了，给韩国施加了太大的压力。这将意味着大约会有6万

① "Editorial Note", in *FRUS*, 1964—1968, Vol. XXIX, part 1, Korea, p. 171.

② "Editorial Note", in *FRUS*, 1964—1968, Vol. XXIX, part 1, Korea, pp. 171 - 172.

韩国军队在南越，如果按所占本国人口比例来算，这相当于美国的两到三倍。因而，布朗强烈反对这样的建议。①

站在美国自身的角度，布朗进一步指出："新的要求将会使韩国人认为美国对韩国向越南增派军队有着无尽的需求。韩国政府将因此认为向美国任意要价也是正当的。"这会迫使美国不得不付出更多的代价，同时这项新的要求将危及韩国迅速向越南增派一个师和一个旅的承诺。因而，布朗建议采用"迂回"办法，等韩国人后来提出是否需要他们再派兵时，美国再趁机提出，这样比美国主动向韩国索要好些。②

考虑到一时难以消除华盛顿再次促使韩国增兵的冲动，3 月 18 日，围绕美国是否推动韩国增派大约 1 万人的后勤和补给部队问题，布朗进一步分析指出，韩国政府在国内面临的反对力量已经随着第二次派兵明显增强，再次向韩国施压，将可能导致韩国人对美国的普遍批评。因而，在增派军队问题上，美国"应该让韩国人自己决定时间和步骤"。③

布朗的强烈建议，暂时压制了美国政府内部急于再次向韩国提出要求增兵的冲动。在等待观望中，关于向南越增派人员的立场，韩国方面开始有所松动。不过，韩国打算增派非战斗人员，而不是军队。6 月 22 日，韩国国防部长金松恩访美，就美韩军事关系进行交流。访问期间，韩国驻美大使金玄哲(Kim Hyun Chu)表示，大约 25％的韩国战斗部队被安排在南越后方，韩国打算以韩国的非现役军人代替他们，来负责后方的服务和安全工作，以便让原来负责这些地区的战斗队投入一线作战。④

美国显然对韩国这样的提议不感兴趣，因为美国需要的是韩国继续向越南派出正规部队。10 月份，麦克纳马拉到越南访问，再次考虑促使韩国向越南增派军队问题。对此，驻韩大使布朗一如既往地反对向韩国提出增

---

① "Telegram from the Consulate in Hong Kong to the Department of State", February 13, 1966, in *FRUS*, 1964—1968, Vol. XXIX, part 1, Korea, pp. 167 - 168.

② "Telegram from the Consulate in Hong Kong to the Department of State", February 13, 1966, footnote 3, in *FRUS*, 1964—1968, Vol. XXIX, part 1, Korea, p. 168.

③ "Telegram from the Embassy in Korea to the Department of State", Seoul, March 18, 1966, in *FRUS*, 1964—1968, Vol. XXIX, part 1, Korea, pp. 173 - 174.

④ "Memorandum of Conversation", June 22, 1966, in *FRUS*, 1964—1968, Vol. XXIX, part 1, Korea, pp. 181 - 184.

派军队,尤其反对约翰逊总统在马尼拉峰会[①]或者会后访韩期间向朴正熙提出增兵问题。布朗认为,此时向韩国提出派遣军队问题,将会影响访韩的气氛,使韩国公众把此次访问视为美国高层的进一步施压。很多韩国人担心美国在要求他们这样做,他们强调这样的一个事实,韩国派往南越的军队数量占其总人口的比例比美国还高。此外,建议韩国再派军队迟早会影响韩国的选举,这将令朴正熙在国内陷入政治困境,影响他继续执政。[②]

布朗的建议发挥作用,再次延迟了约翰逊向韩国提出增兵的要求。11 月初访韩期间,约翰逊没有公开提及要求韩国向越南派兵问题,而是表示他来亚洲不是为了要求军队,而是为了讨论朴正熙关心的问题。但是,约翰逊同时暗示,为了尽快胜利结束越南战争,美国需要向越南派出更多的军队。陪同访问的国务卿腊斯克也只是和韩国总理谈论使用韩国退役军人的可能性。[③]

然而,越南战争的形势迫使华盛顿持续增兵。威斯特摩兰准备在越南南北军事分界线南部建立军事屏障,急需部队守卫,因此催促华盛顿政府继续增兵。11 月 19 日,美国政府终于按捺不住,国务院和国防部联合发出指示,要求布朗秘密向朴正熙总统暗示,美国在越南需要一个由九个步兵营组成的师加上后勤人员,估计至少需要 1.65 万人,这支部队可以直接由韩国退役军人组成。这显然和韩国提议的民间后勤服务队不是同一个概念。在该主意最终敲定之前,必须对个中的优缺点进行充分评定。理想状态下,新的韩国师应该在 1967 年 4 月 1 日之前到达南越。考虑到即将到来的韩国选举可能使韩国正常的军队派遣难以实现,应该尽快招募退役军人志愿者组建新的作战师。无论如何,为了美国军事计划的实施,华盛顿强烈希望在 1967 年 1 月 1 日前得到朴正熙的明确承诺,部队能够在 1967 年 7 月 1 日前部署到位。[④]

---

① 1966 年 10 月 24—25 日,澳大利亚、韩国、菲律宾、美国、新西兰、南越、泰国首脑齐聚马尼拉,讨论越南战争问题和亚太有关问题。会后,为了推动美韩在越南的军事合作,约翰逊总统访问韩国。

② "Telegram from the Embassy in Korea to the Department of State", October 19, 1966, in *FRUS*, 1964—1968, Vol. XXIX, part 1, Korea, pp. 199 - 200.

③ "Memorandum of Conversation Between President Johnson and President Pak", November 1, 1966; Editorial Note, in *FRUS*, 1964—1968, Vol. XXIX, part 1, Korea, pp. 205 - 208.

④ "Telegram from the Department of State to the Embassy in Korea", November 19, 1966, in *FRUS*, 1964—1968, Vol. XXIX, part 1, Korea, pp. 215 - 216.

三天后，布朗做出答复。尽管对南越非军事战斗区人员需求的重要性和相关时间的紧迫性表示理解，但出于韩国内部形势的考虑，他并不赞成敦促韩国继续向南越增兵。布朗的理由如下：(1) 约翰逊总统访韩之后，朴正熙总统曾亲自向韩国人保证，美国不会再进一步要求韩国向南越派遣军队。韩国各党派和韩国各团体对这个保证深感满意，他们一致反对再进一步向南越派遣军队。(2) 韩国人不会接受派遣志愿兵的提议，担心他们到越南将承担战斗任务。招募、训练和部署一个志愿师的准备行动必然为公众知晓。(3) 约翰逊总统在访韩期间也表示，他的亚洲之行不是要求盟国增加他们在越南的军队。即使打算让韩国增兵，也只是在美国和韩国总统选举之后。(4) 朴正熙也表示，选举之前他需要应付反对派。韩国是在亚洲承担大量军事义务的唯一国家，很多韩国人认为韩国贡献的军事力量与其人口不成比例。朴正熙无疑真诚地希望考虑征召韩国的预备役军人，也可以缓解韩国的失业问题。然而，这也是选举之后讨论的事情。如果现在让朴正熙派兵，尤其是在他做了不再派兵的公开保证后，对其大选肯定有影响，甚至可能让他在大选中失利。如果他此时做出承诺，而随后落选，这样的承诺将会变得毫无意义。因此，布朗确信，在此时要求朴正熙增派军队是不明智的，将使他陷入困境。[①]

另外，韩国是一个资源有限的小国，要求其向越南提供像美国一样人口比例的军队，韩国人会认为这是相当不合理的，尤其是韩国与朝鲜在非军事区内还处于军事对峙状态。即使韩国政府希望避免这样的对美态度，但是韩国国会、媒体和舆论却毫不回避。可以想象，朴正熙总统将不得不要求"增加经援"，以便争取国会批准派遣第二个师。[②]

布朗认为："我们的所作所为可能会让韩国人认为，我们正在廉价使用韩国人为我们做事。"布朗接着重述了他原来反对推动韩国增兵的看法，指出如果希望韩国继续支持越南战争，"我们应该避免让他们感到我们过分地要求他们，而不顾他们自身现在面临的安全问题"。因此，"确保有机会实现

---

① "Telegram from the Embassy in Korea to the Department of State", November 22, 1966, in *FRUS*, 1964—1968, Vol. XXIX, part 1, Korea, pp. 216 - 220.

② Ibid.

韩国继续向越南派兵的最佳办法是,直到朴正熙大选之后再提这个问题"。[①] 在布朗看来,加强韩国在越南的参与,"唯一可行的路子看来是通过非军事方式,因为目前韩国的国内氛围不利于增兵"。[②]

与此同时,韩国政府也关注着如何参与越南战争,并避免国内反对派的攻击。12月1日,韩国向布朗大使提出了韩国向越南进一步提供援助的建议,题为"支持南越安定计划的有关建议"。该建议由三部分构成:(1)"扶持越南人民创建稳定的生活",安置难民;医疗援助和社会福利计划;农业、渔业、轻工业的发展;文化交流和扫盲运动;乡村建设。(2)"国家建设:军事组织的修复与建设",即组建一支由韩国工人组成的民兵部队。(3)"努力提供军事援助",由韩国组建准军事单位,履行韩国在南越的援助义务,并且帮助在韩国训练南越军事人员。[③]

驻韩使馆认为,韩国建议的第一部分很符合南越的"政变发展计划",指明了南越的几项重要需求。与美国白人或其他国家的人相比,韩国人更适合在越南执行此项计划,因为他们更容易得到越南人的支持。大使馆认为建议的第二部分是当前计划的延续,拟向南越输送2—5万名韩国工人这一提议也体现出勃勃雄心,但不太现实。大使馆承认,在韩国境内训练越南民兵有其潜在价值,但这样有组织的准军事单位将会提升韩国在越南的军事作用,继而给朴正熙总统带来不必要的政治对立。[④]

国务院则对韩国的提议没有多大兴趣,很快电告布朗,让他在选举之前从朴正熙那里得到初步的承诺,争取在下一年再派另外一支部队。虽然承认布朗反对促使韩国增兵的各种考虑有其合理性,国务院还是认为美国让韩国增加对越南贡献的主要目标是,确保派遣更多的战斗部队。国务院担心,过早谈判或者接受韩国官员关于非军事人员或者准军事人员进入南越,可能导致韩国政府认为,通过类似的计划能够满足美国的需求。尽管韩国的建议有可取之处,但是,华盛顿最终的对韩财政支持,很大程度上取决于

---

① "Telegram from the Embassy in Korea to the Department of State", November 22, 1966, footnote 3, in *FRUS*, 1964—1968, Vol. XXIX, part 1, Korea, p. 216. 11月10日,朴正熙曾在一个非正式记者招待会上宣布,韩国不会再向南越提供额外的军队。

② "Memorandum from the Executive Secretary of the National Security Council (Smith) to the President's Special Assistant (Rostow)", January 19, 1967, footnote 5, in *FRUS*, 1964—1968, Vol. XXIX, part 1, Korea, p. 231.

③ "Editorial Note", in *FRUS*, 1964—1968, Vol. XXIX, part 1, Korea, pp. 224 - 225.

④ Ibid.

朴正熙总统在1967年向越南增派一个师问题上的态度，因为“这个师才是我们真正想要的”。[①]

国务院指示布朗应该私下向朴正熙本人表明，美国准备早日体面地结束越战，因而需要更多盟国的军队支持美国在越南的战争。美国准备在1967财年增加驻越军队数量，使军队规模比马尼拉会议时的水平高出35%。到1967年年底，参加越战的美国军队将达到美国所有地面部队的25%，大约27%的美国人口将卷入越南战争。韩国需要提供同等比例的贡献，在越南的军队应该达到7万人。正在计划建设位于南越非战斗区的安全屏障需要人力，韩国的反渗透训练和经验对于这种类型的任务将尤其有用。韩国政府提议派遣非军事人员或者准军事组织参与南越的和平计划(pacification program)。但美国政府认为此举不能代替派遣更多的战斗部队，只希望把这作为附带的对越支援行动，希望韩国政府在选举之后能够尽可能增派一个师，或许这个师可以由退役军人组成。国务院要求布朗争取朴正熙在选举前做出初步承诺，以便美国制订相关部署计划。[②]

布朗未能遵从华盛顿的指示。1967年5月3日，韩国举行总统选举，朴正熙成功连任。6月8日的国会选举中，执政的民主共和党也赢得了绝对多数席位。[③] 这些为美国再次争取韩国派兵提供了有利条件。为此，即将离任的布朗就推动韩国向越南增派军队问题，再次向华盛顿提出了自己的建议。布朗认为，如果向韩国提出增兵的要求，方式至关重要。布朗建议不要一开始就让朴正熙面对一项正式的要求，迫使他说是或者不是，可以先摆明美国在越南面临的实际情况，试探性地问他，韩国是否愿意及在何种程度上提供帮助，以便给他一定的回旋余地。其次，为了换取韩国的进一步增兵，布朗认为美国将必须切实付出代价，谈判中要表现慷慨，不要采取讨价还价的方法。这将有利于朴正熙政府争取韩国国会和公众的支持，让其觉得能为韩国争得民族利益，进而让韩国舆论感到放心。但是，尽管如此，增兵问题依然面临困难，并无绝对成功的把握。为了尽力争取，布朗认为美国

---

① “Memorandum from the Executive Secretary of the National Security Council (Smith) to the President's Special Assistant (Rostow)”, January 19, 1967, in *FRUS*, 1964—1968, Vol. XXIX, part 1, Korea, pp. 230 - 232.

② Ibid.

③ “Summary of monthly Cabinet meeting”, July 7, 1967 *DDRS*, Document Number: CK3100092650.

“现在就应该准备向韩国提供一些好处，展示我们对双方友谊和同盟的慷慨和理解”。因此，他建议应该把争取韩国增派军队问题与美国在许多项目上的态度和立场联系起来，比如韩国平民参与越南绥靖计划、军事力量的水平，韩国战斗部队的后勤补给等，调整美国的立场，促使韩国人产生同美国合作的友好态度。这样可以提升朴正熙总统的地位，便于他回应反对派的挑战。“我们必须给朴正熙实现派兵的坚实基础，使他相信再次派兵不会损害他的政治地位。”①

布朗的建议得到了华盛顿高层的支持，罗斯托对布朗的建议给予高度评价，指出布朗的建议是“一种富于智慧的观察”，并建议约翰逊予以重视。② 为了切实推动韩国派兵，6 月 30 日至 7 月 3 日，副总统汉弗莱参加朴正熙 7 月 1 日的总统就职仪式。其间，汉弗莱按照布朗的建议多次向朴正熙提出向越南增派军队问题。③ 回国后，汉弗莱建议，应优先满足韩国的援助请求，特别是用于抵御朝鲜渗透的安全和通信设备。万一韩国决定装备进一步派往越南的韩国军队，应该向韩国提供更多经济技术援助。④

越南战争的需要促使美国加快推动韩国派兵。8 月 3 日，约翰逊派遣的柯利福德-泰勒使团在访问南越之后到韩国，催促再次当选总统的朴正熙尽快向越南增派军队。柯利福德向朴正熙解释越南的战争局势需要继续增兵。美国正努力把军队增加到 48 万人，希望韩国把越南战争视为自己的事情，进一步贡献力量。尽管朴正熙表示有义务尽可能提供帮助，但转而指出，韩国人担忧自身的安全，况且韩国刚派出大量的军队，同时朝鲜也加强了渗透活动，因而派出军队相当困难，国会中的反对派将会联合起来抵制再次派兵。⑤

美国的努力推动了朴正熙做出继续派兵的决定。9 月 4 日，朴正熙通

① “Telegram from the Embassy in Korea to the Department of State”, June 7, in *FRUS*, 1964—1968, Vol. XXIX, part 1, Korea, pp. 252 - 254. 1967. 6 月 10 日，布朗离开汉城，波特(William J. Porter)接替他的职务。

② “Telegram from the Embassy in Korea to the Department of State”, June 7, 1967, footnote 1; 3. in *FRUS*, 1964—1968, Vol. XXIX, part 1, Korea, p. 252,253.

③ “Telegram from the Embassy in Korea to the Department of State”, June 7, 1967, footnote 3, in *FRUS*, 1964—1968, Vol. XXIX, part 1, Korea, p. 253.

④ “Editorial Note”, in *FRUS*, 1964—1968, Vol. XXIX, part 1, Korea, pp. 259 - 261.

⑤ “Telegram from the Embassy in Korea to the Department of State”, August 3, 1967, in *FRUS*, 1964—1968, Vol. XXIX, part 1, Korea, pp. 267 - 270.

知美国新任驻韩大使威廉·波特(William J. Porter),韩国打算应约翰逊总统的请求向越南增派军队。分遣队的数量将和国防部长磋商后定夺。在和波特的谈话及随后给约翰逊总统的信中,朴正熙概述了影响他向海外增派军队能力的内部问题。这些问题包括公众对韩国自身安全和防卫能力的关注,尤其是最近非军事区内朝鲜渗透活动的增多。朴正熙也暗示,派兵与否将取决于美国 1966 年对韩国做出的各项承诺的执行程度。为此,驻韩使馆准备定期向韩国政府报告 1966 年承诺的执行情况。[①]

在美国急需韩国军队又面临预算压力的同时,韩国内部反对向越南派兵的力量也不断增强,加之朝鲜在非军事区的破坏活动增强了韩国自身的不安全感,使美国推动韩国增兵越南的计划变得愈加不容易。为此,波特主张以最少的代价促使韩国增派军队,减少韩国增兵越南对美国预算的影响,并在不久的将来减轻预算负担。波特建议美国帮助朴正熙改善韩国的内部状况,克服与此相关的内部政治障碍,争取国会和公众支持向越南增派军队。因而,波特建议,向韩国提供这些军队的装备以及部署这些军队的额外经费;提供经费和装备,训练预备部队,以替补这些将派往越南的部队;迅速提供装备改善韩国的海陆边界安全,改善韩国内部民事安全机构的侦查能力,清除朝鲜渗透者;韩国在越南作战部队使用的美国武器,将在越南战争结束后,归韩国军队所有,美国不再收回。前两条建议旨在确保韩国的防卫能力不会削弱,不会因为增派军队而增加韩国的经济负担。第三条为了应付朝鲜日益增强的渗透威胁,并向韩国人民提供切实可见的证据,表明韩国政府有能力对付朝鲜的威胁。最后一条是为了增强韩国政府的长期防卫能力。[②] 对于波特的建议,华盛顿又觉得这样会使美国显得太过主动,急于向韩国让步。国务院和国防部认为,应该让韩国人首先摆明他们的要求,"而非先公开我们的出价",波特可以综合考虑采用前三条建议,但第四条建议可能引起韩国的消极反应,因为这些武器价值数目尚未确定。[③]

随着内部政治形势逐渐缓和,韩国具备了继续向越南派兵的内部条件。11 月 25 日,波特虽然认为再次推动派兵的时机已到来,但转而指出,在向

---

① "Editorial Note", in *FRUS*, 1964—1968, Vol. XXIX, part 1, Korea, p. 273.

② "Telegram from the Embassy in Korea to the Department of State", September 19, 1967, in *FRUS*, 1964—1968, Vol. XXIX, part 1, Korea, pp. 276 - 278.

③ "Telegram from the Embassy in Korea to the Department of State", September 19, 1967, footnote 3, 4, in *FRUS*, 1964—1968, Vol. XXIX, part 1, Korea, p. 276,277.

朴正熙提出之前，美国应该重新评估韩国增派军队的前景和结果，因为有关让韩国进一步提供军队的情况，已经和初期的派遣甚至和去年春夏季的情况不同，争取韩国派兵的形势相当不利。一方面，韩国政府正争取通过派兵获得美国更多的援助，会毫无顾忌地表达他们的要求或者失望。简而言之，他们把5万名在越南的韩国军队作为他们的"阿拉丁神灯"，企图实现他们所有的梦想。另一方面，韩国人反对政府继续派兵的力量进一步增强，对韩国政府造成压力。因而，尽管朴正熙可能考虑再次派兵，但他的要求将是昂贵且复杂多样的。① 波特的评论道出了有关美国要求韩国持续增兵的困境：一方面，随着越南战争陷入僵局，美国自身将难以承受越南战争的负担；另一方面，韩国向越南派兵要价的不断提升也使美国从韩国派兵中所得收益急剧缩减，还不得不牺牲美国对韩政策目标，帮助韩国政府对付韩国国内反对势力，把自己与朴正熙政府紧紧绑在一起。

尽管争取韩国派兵的意义远不如前两次派兵，但越南战争的军事需要，促使华盛顿还是选择了继续推动韩国增兵。邦迪表示，华盛顿政府仍旧想"尽可能促使韩国增派军队"，同时避免波特所说的"收益递减(diminishing returns)"和"'阿拉丁神灯'缺陷"。② 30日，国务院指示驻越大使尤金·洛克(Eugene M. Locke)务必于12月7日返回美国磋商向越南增兵的相关事宜，建议沿途向韩国通报越南战争的形势，传达华盛顿高层要求派兵的紧迫感，并把克利福德—泰勒使团的使命向前推进一步。同时，根据韩国所增派军队的类型和规模，国务院希望韩国能就派兵问题提出相应的美国回报问题，让洛克尽快带回来韩国提出的"一揽子"要求，以便美国能够迅速考虑如何回报。③

12月6日，洛克按照指示途经韩国，与朴正熙等政府要员进行两个半小时的磋商。在不危及韩国自身安全的前提下，韩国政府同意派遣一个"轻装师(light division)"，派兵的具体时间尚未确定。不过，朴正熙打算变相增兵，用平民代替在越南负责后勤的部队，然后以这些后勤部队为基础，组

① "Telegram from the Embassy in Korea to the Department of State", November 25, 1967, in *FRUS*, 1964—1968, Vol. XXIX, part 1, Korea, pp. 291-293.

② "Telegram from the Embassy in Korea to the Department of State", November 25, 1967, footnote 4, in *FRUS*, 1964—1968, Vol. XXIX, part 1, Korea, p. 294

③ "Telegram from the Department of State to the Embassy in Korea", November 30, 1967, in *FRUS*, 1964—1968, Vol. XXIX, part 1, Korea, pp. 295-296.

建一支“团建制的战斗部队”，达到一支“轻装师”的水平。显然，韩国政府面临的派兵阻力也确实很大，韩国总理丁一权指出，美国曾保证过上次的派兵要求将是最后一次，韩国政府也因此已向韩国国会这样保证过。①

为了最终敲定派兵问题，12 月 21 日，在澳大利亚前总理哈罗德·霍尔特(Harold Holt)的葬礼上，约翰逊与朴正熙再次会面，并主动向朴正熙承诺，将最迟在 1968 年 1 月 1 日交付韩国所要求的对付朝鲜的安全设备。朴正熙也积极回应，表示韩国将改变原来 4 月派兵的计划，尽可能在 3 月 1 日前向越南派遣军队。②然而，当美韩双方终于敲定向越南派兵的日期，正在积极准备有关派兵的事宜时③，朝鲜偷袭青瓦台和俘获美国船只“普韦布罗”号，再次使派兵问题复杂化。朝鲜半岛危机骤然打乱了韩国增兵越南的既定安排。在半岛危机和越南战争的双重压力下，美韩同盟关系面临严峻考验。

第四节 “蜜月”的结束：朝鲜的挑战与美韩分歧突显

朝鲜半岛南北双方的军事冲突，是分裂以来一直存在的问题。自朝鲜战争结束之后，南北双方都力图统一，因而在非军事区不时地发生小规模的军事冲突。1950 年代末至 60 年代初，随着和平统一心理攻势的失败，朝鲜开始加强对韩国的军事渗透活动，力图以内部颠覆的形式实现朝鲜半岛的统一。④ 在 1965 年以前，南北双方沿非军事区的武装冲突次数不多，但自 1965 年开始，朝鲜就派遣志愿者援助北越，同时加强反美宣传，增加在非军

① “Telegram from the Embassy in Korea to the Department of State”, December 6, 1967. in *FRUS*, 1964—1968, Vol. XXIX, part 1, Korea, pp. 297 - 299.

② “Telegram from the Embassy in Australia to the Department of State”, December 21, 1967, in *FRUS*, 1964—1968, Vol. XXIX, part 1, Korea, p. 301.

③ “Memorandum from the President's Special Assistant (Rostow) to President Johnson”, in *FRUS*, 1964—1968, Vol. XXIX, part 1, Korea, pp. 305 - 306; “Cable from Secretary of State Dean Rusk for Ambassador Ellsworth Bunker regarding details for the sale of U. S. destroyers to South Korea and provisions for U. S.-backed assistance for South Korean civilian and military personnel in Vietnam”, *DDRS*, Document Number: CK3100154875; “Joint message providing additional information concerning acceptability of U. S. government response to ROK government conditions tied to undertaking additional troop dispatch to Vietnam”, *DDRS*, Document Number: CK3100058414.

④ B. C. Koh, “The Pueblo Incident in Perspective”, *Asian Survey*, Vol. 9, No. 4 (Apr., 1969), pp. 269 - 271.

事区的军事活动，力图促使美国同朝鲜建立直接的外交联系。① 另外，南北双方军事冲突之所以明显增加，从动机来看，朝鲜很可能就是为了阻止美韩在越南的军事合作。② 尤其是从 1967 年开始，冲突次数与前几年相比增长 10 倍。

南北双方非军事区冲突情况表(1961—1971)③

	1961	1962	1963	1964	1965	1966	1967	1968	1969
冲突次数					88	80	784	985	188
伤亡人数	6	12	15	2	114	135	785	841	156
韩国	5	4	1	0	59	66	433	436	85
朝鲜	0	5	4	2	55	62	285	334	61
美国	1	3	10	0	0	7	67	71	10

然而，朝鲜半岛南北双方军事冲突的升级并没有阻止美韩在越南的军事合作。1967 年年底美韩双方再次决定向越南增派军队时，南北双方在非军事区的冲突也达到顶峰，最终在 1968 年年初，朝鲜突然偷袭青瓦台，并在朝鲜附近海域捕获美国"普韦布罗"号调查船。

1968 年 1 月 21 日后半夜，30 名全副武装的朝鲜特工袭击韩国总统府邸青瓦台，旨在刺杀朴正熙及其政府要员，这次袭击以失败而告终，但几名平民和韩国警察在事件中死亡。距这次袭击不到 48 小时，朝鲜又俘获了美国的情报收集船"普韦布罗"号及其船员。④

对于朝鲜先后引起的两起事件，美韩双方很快做出了不同的反应。美国政府做出了三个反应：一方面很快与朝鲜秘密接触，谈判解救"普韦布罗"号及其船员，并竭力争取苏联的支持，设法通过"联合国军"司令部和军事停

---

① Yur-Bok Lee and Wayne Patterson, eds, *Korean-American Relation, 1866—1997*, State University of New York Press, 1999, pp. 104 - 106.

② Kwak Tae Yang, *The Anvil of War: The Legacies of Korean Participation in the Vietnam War*, pp. 139 - 140.

③ Yur-Bok Lee and Wayne Patterson, eds, *Korean-American Relation, 1866—1997*, State University of New York Press, 1999, p. 140.

④ "Editorial Note", in *FRUS*, 1964—1968, Vol. XXIX, part 1, Korea, pp. 309 - 310. "普韦布罗"号原为美国陆军的货船，1966 年 4 月，被改造成电子侦察船在海军服役。1968 年 1 月 11 日，受命监视苏联海军在对马海峡的活动并沿朝鲜东海岸收集电子情报。23 日，一艘朝鲜猎潜舰艇将其俘获。事后朝鲜宣称，该船侵入朝鲜领海。而美国始终予以否认。

战委员会敦促朝鲜释放“普韦布罗”号和船员；另一方面，要求韩国克制，保持半岛和平，“强烈反对任何针对朝鲜袭击汉城的报复行动”；与此同时，美国迅速向朝鲜海域增派军事力量，实行军事威慑。① 韩国则主张对朝鲜立即实施报复，对美国限制韩国报复朝鲜的行动表示强烈不满，要求美国通报和朝鲜就“普韦布罗”号事件接触的情况。不过，面对美国驻韩当局的压力，韩国方面也做出妥协，朴正熙表示尊重“联合国军”司令部的权威，不会单方面报复朝鲜，但是，如果朝鲜再发动袭击，报复不可避免；美国若不能取得“普韦布罗”号的满意解决结果，韩国乐意同美国一道对朝鲜实施打击。②

在积极同朝鲜秘密谈判要回“普韦布罗”号和船员的同时，为了抚慰韩国方面的情绪，争取韩国在美国处理办法上的紧密配合，美国也采取了积极的措施。一方面，约翰逊总统很快给朴正熙写信，对其遇袭事件表示关切，申明美国的处理策略，希望美韩双方保持团结；另一方面考虑加强对韩军事援助，增强韩国自身的反渗透能力。③

但是，随着“普韦布罗”号事件解决的拖延，韩国力图突破美国处理危机的框架。在回复约翰逊总统的信中，朴正熙主张，美韩双方应该把解决“普韦布罗”号问题和阻止朝鲜对韩国的侵扰行动统一起来，两者缺一都不能完整地实现彼此的共同目标。朴正熙认为，不能无限制地采取和平的方式谋求问题的解决，应该采取强硬立场，对朝鲜的行为进行惩罚性报复。④ 韩国总理丁一权显然更善于外交，以韩国公众不理解为由，质疑正在板门店举行的秘密会议的合理性，因为美国和朝鲜进行秘密谈判的板门店是韩国的领土。丁一权还怀疑“联合国军”是否会继续保护韩国的主权和安全，质疑美

---

① “Telegram from the Embassy in Korea to the Department of State”, January 24, 1968, footnote 2, in *FRUS*, 1964—1968, Vol. XXIX, part 1, Korea, p. 311; “Telegram from the Department of State to the Embassy in Korea”, January 25, 1968, in *FRUS*, 1964—1968, Vol. XXIX, part 1, Korea, pp. 315 - 316.

② “Telegram from the Embassy in Korea to the Department of State”, January 24, 1968, in *FRUS*, 1964—1968, Vol. XXIX, part 1, Korea, pp. 311 - 313.

③ “Telegram from the Department of State to the Embassy in Korea”, February 4, 1968, pp. 322 - 323; “Memorandum from the Assistant Secretary of Defense for Systems Analysis (Enthoven) to Secretary of Defense McNamara”, pp. 326 - 327; “Memorandum from the Under Secretary of State (Katzenbach) to President Johnson”, February 5, 1968, in *FRUS*, 1964—1968, Vol. XXIX, part 1, Korea, pp. 327 - 328.

④ “Letter from President Pak to President Johnson”, February 5, 1968, in *FRUS*, 1964—1968, Vol. XXIX, part 1, Korea, pp. 329 - 330.

朝双方谈判的国际法基础《朝鲜停战协定》。他用词激烈,质问波特大使:“如果古巴袭击华盛顿并且攻击白宫,韩国接着和古巴谈判,在这种情况下,美国会持何种态度呢?”丁一权希望公开这个会议,但是如果有必要秘密进行,则应该将韩国政府代表包括在内。会议讨论的主题不应该局限在“普韦布罗”号事件,而应该包括发生在此前的袭击青瓦台事件,并且应该予以优先讨论。如果朝鲜再次发动袭击,韩国准备考虑在保持基本的美韩关系不变的前提下,采取有限的报复措施。①

韩国展示的强硬立场惹恼了美国,国务卿腊斯克对于韩国怀疑美国的基本动机和目的感到难以容忍,气愤地称韩国人简直是“远东的爱尔兰人”,“为了独立的韩国安全,我们已经有 3.3 万人死于战场,2 万人非战斗死亡,超过 10 万人负伤。我们在这个国家驻扎大量的军队已有 17 年。在经济和军事援助方面,我们已经向这个国家投资超过 60 亿美元,这几乎占整个马歇尔计划的一半。最近,我们已经大大加强了在韩国的空军力量以及韩国周边地区的力量,并在联合国多次宣布支持韩国”。腊斯克指示波特向韩国人表明,韩国人对美国的怀疑倾向将会给美韩两国关系带来潜在的危险。美国不会把韩国看作附庸国,美韩双方有基本的共同利益,美国已经完全承担了支持这些共同利益的责任,而很少期望从韩国人那里得到什么。②

韩国则担心一旦“普韦布罗”号及其船员问题得到解决,美国将会撤退增加的军事力量。为此国务院认为,必须使韩国政府官员相信,朝鲜俘获“普韦布罗”号和袭击青瓦台只是问题的一部分,必须采取不同的措施来处理,释放“普韦布罗”号及船员的可能性必须尽可能通过私下谈判实现。同时,美国不能期望通过私下谈判或者在停战委员会上的公开谴责阻止朝鲜对韩国的侵扰,适当的措施是加强韩国的军事力量和能力,以便击退并惩罚朝鲜的渗透者。③

为了让韩国清楚美国的这种政策差别,2 月 7 日,约翰逊总统再次给朴正熙写信,针对朴正熙希望把“普韦布罗”号事件和控诉朝鲜袭击行为两个

① “Telegram from the Embassy in Korea to the Department of State”, February 6, 1968, in *FRUS*, 1964—1968, Vol. XXIX, part 1, Korea, pp. 331 - 334.

② “Telegram from the Department of State to the Embassy in Korea”, February 6, 1968, in *FRUS*, 1964—1968, Vol. XXIX, part 1, Korea, pp. 335 - 336.

③ “Telegram from the Department of State to the Embassy in Korea”, February 7, 1968, in *FRUS*, 1964—1968, Vol. XXIX, part 1, Korea, pp. 337 - 338.

问题联系起来的想法，约翰逊认为，美国和朝鲜的谈判只是策略问题，保卫韩国免受朝鲜的侵略则是美国的长期政策，美国不会因为临时的事件改变美国长期的对韩政策，而这种类型的谈判公开进行将很难取得成功，将会变成以往军事停战委员会那种相互宣传式的交涉，只有秘密谈判，才能切中问题的实质。对于韩国想参加板门店会议的要求，约翰逊认为即便美国同意，朝鲜方面也不会同意，而美国不愿意冒谈判破裂的风险。对于美国和朝鲜在板门店进行的秘密谈判给韩国政府带来的政治和公共关系的麻烦，约翰逊解释道，美国之所以想私下处理这个问题，是因为这个问题不容易向韩国公众解释清楚，而且丝毫无助于减少韩国公众对事情的怀疑，进而损害美韩之间正常的友谊与合作。美韩双方应该从不同的视角来看待“普韦布罗”号问题和韩国安全这个长期问题，这一点很重要。对美国来说，当前朝鲜捕获“普韦布罗”号是一个直接的挑战，必须迅速果断地处理。这个问题的处理没有必要和朝鲜对韩国的攻击联系在一起，而韩国的安全问题是一个长期存在的问题。在停战委员会中公开谴责朝鲜是不能解决问题的，问题的解决得依赖于切实加强韩国的军事力量，因而，加强韩国的防卫力量要比直接的谈判策略和宣传好。为此，约翰逊答应向韩国提供：价值 3200 万美元的一揽子反对朝鲜渗透的武器；两艘驱逐舰；八门自动推进式榴弹炮；一个连队的 12 架 UH－1－D 直升机。为了彻底让韩国安心，约翰逊还决定在 1968 财年再追加 1 亿美元的援助资金。①

然而，美国的这种以援助封口的办法并不奏效，朴正熙坚持自己的看法，他相信对于应付金日成这样的人，单纯增加军备没有用。在韩国看来，美国的政策由两部分构成，一方面努力拯救“普韦布罗”号及其船员，另一方面增强韩国力量，这意味着面对朝鲜持续不断的挑衅，韩国必须保持克制。朴正熙表示，如果再发生类似事件，韩国人很可能不会再保持被动，朝鲜半岛将再次开战；“美国最近的谈判策略只会助长金日成，导致韩国人民的苦难。金日成是一个‘盗贼’，他驾船以非法的方式奇袭汉城，而今美国却希望通过和他谈判解决问题。美国何以认为这样的策略会奏效？”②

对于韩国方面的怨气，波特再次强调，美国不会放弃通过和平方式来解

① “Telegram from the Department of State to the Embassy in Korea”, February 7, 1968, in *FRUS*, 1964—1968, Vol. XXIX, part 1, Korea, pp. 339－341.

② “Telegram from the Embassy in Korea to the Department of State”, February 8, 1968, in *FRUS*, 1964—1968, Vol. XXIX, part 1, Korea, pp. 343－345.

决“普韦布罗”号及其船员问题，希望韩国保持冷静；非军事区的侵扰和“普韦布罗”号问题应该分别处理。针对韩国内阁官员呼吁以某种方式让韩国代表出席板门店秘密会议以保持韩国脸面，波特明确表示，这样将会切断这个渠道，而美国不想为了保持韩国的脸面而断了和朝鲜谈判解决“普韦布罗”号问题的可能。①

鉴于在韩国参加板门店会谈问题上美国毫不让步，为了挽回点面子，2 月 8 日，韩国总理丁一权重提 1 月 31 日韩国的建议，要求召开美韩之间部长会议。同时，为了切实分散对美朝板门店谈判的过分关注，韩国希望美国可以派遣一位有声望的总统特使访韩。波特很快同意韩国的两项提议，并向华盛顿指出，宣布高层访问将会吸引国会和媒体，转移未来几天板门店会谈的注意力。② 国务院对此也非常积极，当天便做出答复，要求波特秘密通知朴正熙，美国正积极考虑派遣一位特使与他沟通。第二天，约翰逊写信通知朴正熙，正式任命塞勒斯·万斯(Cyrus R. Vance)为特使。③

韩国一方面催促特使尽快到来，一方面继续坚持自己原有立场，向美国施压，要求公开板门店谈判或者让韩国代表参与秘密会议，坚持对朝鲜进行报复，确定美韩联合报复的具体规定。④ 韩国方面持续不断的压力，促使美国加快研究派遣万斯使团访韩的有关事宜。⑤ 为了显示对韩国的重视，国务院要求万斯直接从汉城返回华盛顿，以使这次任务的目的不被在其他地方的停留所冲淡。出于“对汉城的深厚感情”，也为了消除任何冒犯朴总统和其他韩国领导人的风险，万斯返回美国后将立即向约翰逊总统汇报这次任务的结果。⑥

---

① “Telegram from the Embassy in Korea to the Department of State”, February 8, 1968, in *FRUS*, 1964—1968, Vol. XXIX, part 1, Korea, pp. 343 - 345.

② “Telegram from the Embassy in Korea to the Department of State”, February 8, 1968, in *FRUS*, 1964—1968, Vol. XXIX, part 1, Korea, pp. 346 - 347.

③ “Editorial Note”, in *FRUS*, 1964—1968, Vol. XXIX, part 1, Korea, pp. 347 - 349.

④ “Telegram from the Embassy in Korea to the Department of State”, February 9, 1968, in *FRUS*, 1964—1968, Vol. XXIX, part 1, Korea, pp. 353 - 354.

⑤ “Paper Prepared in the Department of State”, undated, pp. 355 - 356; “Memorandum Prepared by the Department of State”, February 9, 1968, pp. 358 - 360; “Telegram from the Embassy in Korea to the Department of State”, February 10, 1968, pp. 366 - 367; “Telegram from the Department of State to the Embassy in Korea”, February 11, 1968, pp. 368 - 369, in *FRUS*, 1964—1968, Vol. XXIX, part 1, Korea.

⑥ “Editorial Note”, in *FRUS*, 1964—1968, Vol. XXIX, part 1, Korea, pp. 347 - 349.

2 月 11 日，万斯使团抵达汉城。从第二天开始，经过和朴正熙、丁一权等韩国政府高官进行轮番会谈，万斯重申美韩共同利益，反对韩国进行轻率的单边报复行动[①]；万一朝鲜再次侵扰韩国，美韩应该磋商后再根据情况联合做出采取什么行动的决定。万斯以《美韩共同防卫条约》的修订必须得到美国国会的批准为由，再次拒绝了韩国提出的修约要求。当丁一权表示，国会的压力可能迫使韩国政府从越南撤出他们的军队时，万斯反唇相讥，美国同样会从韩国撤出美国的军队。[②]

万斯使团完成了基本的目标，缓和了美韩紧张关系，说服朴正熙保持克制，不对朝鲜进行报复。万斯同意向韩国提供 1 亿美元，援助韩国军事现代化，并帮助改善韩国预备役部队的装备水平。通过韩国政府高层官员的广泛讨论，韩国方面承诺：在没有同美国磋商之前，韩国政府将不采取针对朝鲜的独立军事行动；并将采取行动平息韩国民众的情绪，压制公众采取报复行动的冲动；同意只要美国同朝鲜的秘密会议持续时间不长，将不准备参与，以便美国争取迅速释放船只和船员。[③]

万斯访韩之后，韩国的报复冲动得到克制，美韩同盟矛盾暂时平息。为了扭转在美韩同盟中的被动地位，韩国重提向越南派遣军队问题，力图借美韩在越南的合作促使美国继续越南战争政策。

3 月初，韩国总理丁一权多次向驻韩大使波特表示，接下来的一年是越南战争的关键年，需要用更多的军队向敌人施加最大的压力，而韩国可能会向越南增派两个师或者更多兵力。他已经建议韩国政府向越南派遣两个陆军师，加上以前雇佣 5000 名退役军人承担在越南的后勤工作的建议，最终，韩国能够在越南增加两个师和由两个团组成的轻装师，使韩国在越南兵力达到五个师，总计 9.7 万人。接着，丁一权建议通过约翰逊和朴正熙两位总

---

① “Telegram from the Embassy in Korea to the Department of State”, February 12, 1968, in *FRUS*, 1964—1968, Vol. XXIX, part 1, Korea, pp. 369 - 371.

② “Telegram from the Embassy in Korea to the Department of State”, February 13, 1968; “Telegram from the Embassy in Korea to the Department of State”, February 14, 1968, in *FRUS*, 1964—1968, Vol. XXIX, part 1, Korea, pp. 373 - 376.

③ “Notes of the President’s Meeting With Cyrus R. Vance”, February 15, 1968; “Memorandum from Cyrus R. Vance to President Johnson”, February 20, 1968, in *FRUS*, 1964—1968, Vol. XXIX, part 1, Korea, pp. 376 - 391; Chae-Jin Lee and Hideous Sato, *U. S. Policy toward Japan and Korea: A Changing Influence Relationship*, New York: Praeger Publishers, 1982, p. 44.

统的私下会晤来实现这次大规模派兵,并提出了韩国的初步要求:

> 提供必要的财政援助,让韩国部署三个预备师,这些军队目前全部武装,处于待命状态。
>
> 向位于后方的7个预备师提供装备,使他们的装备达到正常的预备师水平。
>
> 由于考虑归还冲绳,美国应该在济州岛建立更大的空军基地,部署先进的F-4战机。①

韩国向越南派兵的提议很快引起了美国的重视。原驻韩大使布朗已经担任负责远东太平洋事务的助理国务卿帮办并兼任韩国特遣队主任,他全面分析了韩国此项提议所需花费和个中利弊。布朗指出,丁的第一项要求可能使美国花去估计2300万美元,第二项要求则可能使美国花费6300万美元。除了5000民兵的工资问题外,韩美关于派遣该轻装师和平民的谈判实际上已经完成,冲绳储备有用于装备这个轻装师的武器,然而,韩国政府尚未寻求韩国国会批准这次派兵。再增派两个师也需要韩国国会的批准,而让国会批准这两个师绝不是容易的事情。与派遣轻装师相关,美国已经同意向韩国政府提供:两艘驱逐舰、12架直升机、一个营的8英寸榴弹炮、为新增加的8个营的反渗透部队提供日常的运作和维持费用、一项价值3200万美元的反渗透计划、为该轻装师和5000民兵提供财政支持。这些承诺的交付正在计划日程中。一次性交付这一揽子花费估计要5.47亿美元,明年可能达到7700万美元。②

尽管实行丁的建议花费巨大,但将有下列好处:韩国在越南的兵力将会大增,进而强有力地向朝鲜证明,其阻止韩国政府进一步参加越战的任何努力,都会遭到彻底失败,而且韩美在越南的军事合作关系更加紧密。可能存在的坏处则包括:可用的重要装备清单,比如M-16来复枪和直升机非常短缺,美国将不得不在武装美国预备队、南越军队或者两个韩国师之间做出

---

① "Telegram from the Embassy in Korea to the Department of State", March 8, 1968, in *FRUS*, 1964—1968, Vol. XXIX, part 1, Korea, pp. 402-404.

② "Information Memorandum from the Chairman of the Korean Task Force (Brown) to Secretary of State Rusk", March 12, 1968, in *FRUS*, 1964—1968, Vol. XXIX, part 1, Korea, pp. 404-407.

选择;将需要大幅增加美国在越南的后勤人员;韩国军队在越南的运作模式——往往接管越南地方政府——可能随着军队的大幅增加,使越南人对韩国军队的敌视态度增强;韩国大规模增兵越南,将会大大加强韩国政府对参与越南战略计划、和平谈判等的要求和期望。而韩国人力求美国能够在越南赢得战争,如果美国退缩,美韩关系可能因此变得复杂,摩擦增多,也可能抑制韩国在越南战争后参加美国在其他地区的活动。实现韩国这样大规模的派兵将使美国花费巨大。①

综合上述利弊,布朗认为,除非冲绳的装备紧缺到必须限于装备美国或者韩国军队,否则美国应该尽快促使韩国派遣轻装师和 5000 民兵,同时不损害部署两个师的建议。对于后者,将需等待美国进一步的部署决定。如果此举可行,韩国国会要批准两次,第二次批准增派两个师难度很大。最好不要把两次批准搅在一起。先考虑如何让韩国国会批准派遣轻装师和 5000 民兵,而后再考虑增派两个师。②

波特认同布朗对于丁一权建议的利弊分析,但更注意韩国方面再次提议大规模增兵的意图。波特认为,丁一权一直力图向美国传递一项信息,即由于北越的春节攻势和朝鲜偷袭青瓦台并俘获"普韦布罗"号,越南和韩国各自的国内局势发生了极大变化。在这些事件之后,向越南增派韩国军队会产生一个新问题,就是韩国人想让美国竭尽全力彻底解决越南问题,并且在一定条件下愿意参与这样的努力。韩国担心,如果战争一直进行到美国选举,北越将可能迫使美国在联合国以妥协解决越南问题,这将会鼓励亚洲共产主义把下一个目标集中在韩国。但波特感到,丁的建议可能事先并没有得到朴正熙的赞成;美国需要探究丁的提议能够在多大程度上得到朴正熙的支持。③

对于韩国的增兵建议,华盛顿高层显然很感兴趣。3 月 29 日,国务院授权驻韩大使波特通知朴正熙,约翰逊总统准备邀请他到檀香山进行私人会晤,主要涉及朝鲜问题和当前越南局势。第二天,朴正熙接受美方的邀

---

① "Information Memorandum from the Chairman of the Korean Task Force (Brown) to Secretary of State Rusk", March 12, 1968, in *FRUS*, 1964—1968, Vol. XXIX, part 1, Korea, pp. 404 - 407.

② Ibid.

③ "Telegram from the Embassy in Korea to the Department of State", March 15, 1968, in *FRUS*, 1964—1968, Vol. XXIX, part 1, Korea, pp. 407 - 409.

请，但希望会后联合公报中不要涉及向越南增派军队问题，担心可能引起麻烦。①

然而，此时的美国已经陷入内外交困的局面，北越的春节攻势助长了美国国内的反战呼声，打击了美国政府继续越南战争的意志，使其对越南战局愈加悲观。内外交困的局面也压垮了约翰逊总统的个人意志。3 月 31 日，约翰逊被迫单方面宣布停止对北纬 20 度以北地区的轰炸，并在同一天宣布不再参加下一届总统竞选。②

约翰逊宣布放弃角逐下届总统竞选和美国政府对越政策的变化显然对韩国产生了不小的影响。由于没有事先接到约翰逊总统宣布放弃竞选的信息，朴正熙感到不安，担心美国领导层的变化可能使韩国在白宫失去强有力的支持者，美国对韩国和亚洲的政策将会发生变化。③ 鉴于美国越南战争政策变化及未来美国政府领导人变更，韩国在向越南派兵问题上的热情急剧降低。朴正熙的态度发生了明显变化，认为约翰逊总统放弃竞选，影响力正在减弱，对韩国许诺的援助可能难以兑现，总统秘书室长李厚洛甚至说，韩国不能再依靠美国的长期军事援助。④ 4 月 17 日，约翰逊和朴正熙在檀香山单独会晤时，朴正熙向越南增兵的态度明显转变。尽管约翰逊希望韩国继续增兵，朴正熙则表示，朝鲜加强了对韩国的袭击，韩国需要加强自身防卫力量，因而韩国派遣更多现役的韩国士兵到越南是不可能的。朴正熙只同意向越南派遣 5000 民兵，替换位于南越后方的韩国正规部队，以便这些部队到前方承担作战任务，而派遣这 5000 民兵的准备工作，也需要大约 3 个月时间。⑤

与此同时，美国政府内部对于促使韩国继续向越南派兵的立场也在发

---

① "Secretary Rusk informs U. S. embassy to invite President Park to attend the Honolulu meeting", March 29, 1968, *DDRS*, Document Number: CK3100284392; "ROK President Park accepts in principle the invitation to meet with Pres. Johnson in Honolulu", March 30, 1968, *DDRS*, Document Number: CK3100038620. 4 月初，马丁·路德·金被暗杀后，华盛顿等重要城市又发生了严重的骚乱，约翰逊总统不得不推迟和朴正熙的会晤。

② 时殷弘：《美国在越南的干涉和战争，1954—1968》，第 268 - 278 页。

③ "Editorial Note", in *FRUS*, 1964—1968, Vol. XXIX, part 1, Korea, pp. 409 - 410.

④ "Intelligence Information Cable from the Central Intelligence Agency", April 23, 1968, in *FRUS*, 1964—1968, Vol. XXIX, part 1, Korea, pp. 421 - 422.

⑤ "Editorial Note", pp. 409 - 410; "Summary of Conversations Between President Johnson and President Pak", April 17, 1968, pp. 419 - 421, in *FRUS*, 1964—1968, Vol. XXIX, part 1, Korea.

生变化，美国军方开始反对推动韩国继续向越南派兵。6月中旬，新任国防部长克拉克·柯利福德(Clark Clifford)向约翰逊建议，美国不要再讨论派遣5000名韩国民兵到越南的问题，因为这项花费太高，越南军队正急需冲绳的这些装备。① 国防部认为，自去年秋天同意增派该轻装师以来，韩国迟迟未能兑现许诺。在檀香山会谈期间，朴正熙重申了提供战斗部队的承诺，但是，力劝美国同意他先派遣5000民兵替换后勤部队，把这些后勤部队转换成战斗部队。情报表明，韩国政治形势排除了韩国近期向越南增派战斗部队的任何可能。所以，韩国政府官员继续催促美国同意派5000名韩国平民到越南，显然是把这种安排看作一种金钱交易，获取高工作报酬、挣得更多外汇的一种方法。按照他们的要求，这5000名民兵每年将花去美国大约2200万美元。由于利用韩国部队，国会和民众不断批评美国政府雇了一帮"唯利是图的人"。如果同意韩国的要价，美国政府将遭到国内更多的批评。国防部因此建议总统不要同意韩国派遣这些平民，至少在韩国政府准备派遣更多的战斗队前，应推迟这项派遣计划。②

当美国政府内部为是否让韩国继续增兵争论不休时，美国的一些重要人士开始深入思考美韩关系的新发展。早在1965年年初，当美国政府高层寻求韩国大规模增兵时，布朗大使就对韩国分担集体安全责任的能力表示怀疑，指出韩国向越南派兵可能会改变韩国在美韩关系中的心理状态，增强他们在美韩关系中的自信、平等感。另一方面，很多韩国人可能怀疑，在美韩关系中，韩国是否变成了美国政治和战略目的的工具，而不是美国援助和支持的独立自主的实体。这些可能的结果涉及更大的问题，即美国需要怎样正视美韩同盟关系，以及韩国在亚洲角色的变化和转变的速度。③

随着韩国在越战期间民族自信感的不断提升和经济快速发展，1966年8月，布朗进一步指出，在韩国进步的过程中，美国必须谨慎地把握美韩关

① "Information Memorandum from the President's Special Assistant (Rostow) to President Johnson", June 19, 1968, in *FRUS*, 1964—1968, Vol. XXIX, part 1, Korea, pp. 437-439.

② "Information Memorandum from the President's Special Assistant (Rostow) to President Johnson", June 19, 1968, in *FRUS*, 1964—1968, Vol. XXIX, part 1, Korea, pp. 437-439. 随着美国在越南战争的持续降级和尼克松政府推行从越南退出的政策，韩国派兵的热情也迅速减退，最终派遣了一支总数不足3000人的韩国海军陆战队及其支援部队，算是履行原来派遣一个非满员师的承诺，敷衍了事。

③ "Telegram from the Embassy in Korea to the Department of State", March 30, 1965, in *FRUS*, 1964—1968, Vol. XXIX, part 1, pp. 68-72.

系,避免留下美国正在减少对韩国的兴趣或者缩减任何必要援助的印象。对美国来说,既不要把韩国进步的过程看作有损美国的利益,也不要看作减弱美国的影响力,这样才是明智的。尽管美韩关系平等的时刻尚未到来,但是迟早会到来,美国必须在精神上和心理上做好准备,以便能把握好双方关系调整的尺度。①

布朗对美韩关系前景的认识逐渐在美国政府内部得到广泛认同。1968 年 2 月,万斯访韩之后,对韩国在谈判中展现出的新面貌印象深刻,建议建立一个小型的对策研究小组,由国务院、国防部、中情局、白宫联合派员组成,研究美国的对韩政策,明确美国在韩国的政治、经济和军事目标。② 约翰逊很快授权副国务卿尼古拉斯·卡岑巴赫(Nicholas Katzenbach)组织人力,总结以往美国对韩政策的成效,研究新的美国对韩政策。③

该报告以美国安全战略为基点,确定了美国对韩政策的主要目标,即防止敌对势力控制韩国,降低南北双方大规模敌对行动的可能性。在这个前提下,实施美国对韩政策的其他目标。该报告可以说是对 1960 年代美国对韩政策的总结,从本质上再次确认了美国对韩政策的根本目标,同时初步谋划了未来几年内美国对韩援助政策转变的步骤。由于韩国经济的快速发展,对韩经济政策的目标初步实现,而与此同时,随着朝鲜军事威胁的增强,美国的对韩政策目标出现了向强调军事安全目标回归的趋势。但随着约翰逊政府的结束,对韩政策具体如何实施,则成为尼克松政府所要面对的问题。

小结　越战与朴正熙时期的美韩同盟

越南战争是美国冷战战略及对越政策逐渐演进的结果,美国公开向越南大规模派兵,则是美国东亚冷战政策的进一步延伸,并使美国的冷战战略扩张达到了一个顶峰。就美韩同盟而言,越南战争产生了重要的影响。对

① "Letter from the Ambassador to Korea (Brown) to the Assistant Secretary of State for Far Eastern Affairs (Bundy)", August 26, 1966, in *FRUS*, 1964—1968, Vol. XXIX, part 1, pp. 187 - 192.

② "Memorandum from Cyrus R. Vance to President Johnson", February 20, 1968, in *FRUS*, 1964—1968, Vol. XXIX, part 1, pp. 384 - 391.

③ Ibid.

美国来说，越南战争是一场灾难，美国为此付出了沉重代价，对于韩国朴正熙政府来说，则是一个机遇，使其“富国强兵”战略得到了很好的实现。战争不仅提升了韩国在美韩同盟中的地位，而且为朴正熙政府实现经济腾飞和韩国国际政治地位的上升提供了有利的外在条件。

1966 年 1 月，布朗就指出了朴正熙愿意援助美国越南战争政策的三点动机：希望在东亚承担领导角色；反对共产主义在亚洲的“侵略”；加强美韩关系。[①] 就前两点而言，借助参与越南战争，韩国成功实现了最初的目标，开始走出雾幕，在东亚国际政治中扮演相对重要的角色。1966 年，朴正熙提议并成功召开由“反共国家”参加的马尼拉峰会，重申实现越南战争胜利的集体安全承诺。马尼拉峰会一直持续到 1972 年。朴正熙也努力发起亚太委员会(Asian and Pacific Council)，并于 1966 年在汉城承办首次会议，讨论非共产主义亚洲国家的共同政治和安全利益。该组织包括日本、泰国、菲律宾、“南越”、澳大利亚、新西兰、马来西亚、老挝等十国。虽然美国没有直接参与，但韩国努力组织反共的行动，赢得了美国的积极支持。从 1948 年建国至参与越战之前，韩国很少参与国际组织，除了美国之外，很少与他国密切交往，而参与越战之后，韩国在国际社会中的影响力明显增强，得到更多西方国家的认同。[②]

从朴正熙政权的自身角度而言，朴正熙借助美国对韩国持续向越南派兵的依赖，成功地加强了约翰逊政府和朴正熙政府的关系，为自身政权的巩固提供了强大助力。1964 年 6 月，当韩日关系正常化谈判在韩国国内引起极大政治混乱，危及朴正熙政府存续之时，美国表示反对朴正熙启动戒严法进行镇压，甚至犹豫是否继续支持朴正熙政府。[③] 然而，1965 年韩国向越南派兵之后，随着对韩国军队参与越战需求的增强，美国开始支持朴正熙政府，并帮助朴正熙稳定政局，加强权力，压制反对派。1965 年底，随着韩国向越南派兵逐步公开化，丁一权总理开始不断向美国施压，要求美国帮助韩

① “Memorandum from Vice President Humphrey to President Johnson”, January 5, 1966, footnote 3, in *FRUS*, 1964—1968, Vol. XXIX, part 1, Korea, pp. 142 - 143.

② Byung-Kook Kim & Ezra F. Vogel eds., *the Park Chung Hee era—the Transformation of South Korea*, p. 425.

③ “Telegram from the Embassy in Korea to the Department of State”, June 4, 1964, in *FRUS*, 1964—1968, Vol. XXIX, part 1, Korea, pp. 29 - 30.

国政府对付反对派和媒体,给反对派和媒体洗脑。[①] 随后,为了争取韩国派兵,美国不得不暂时放下推动韩国政治民主并限制朴正熙政府集权化倾向的政策目标,协助朴正熙政府对付韩国内部的反战势力,并为朴正熙 1967 年再次当选暗中助力。[②] 越南战争把美国约翰逊政府和朴正熙政府紧紧地绑在了一起,朴正熙和约翰逊在战争期间建立的深厚私人友谊可以说是这一时期美韩"蜜月"关系的一种反映。

布朗的观点预见性地指出了韩国的参战动机,但从韩国参与越战的客观结果来看,韩国的收获远非以上三个方面,其中最重要的收获是韩国在战争期间获得的大量经济、军事援助。韩国借参与越南战争之机,促使美国在对外援助缩减的趋势下,向韩国提供了大量的经济和军事援助。

韩国向越南派兵状况[③]　　单位:人

年份	总人数	陆军	海军陆战队	海军	空军	其他
1964	140	140	—	—	—	—
1965	20541	15973	4286	261	21	—
1966	45605	40534	4295	722	54	—
1967	48489	41877	6144	735	83	—
1968	49869	42745	6215	785	93	31
1969	49755	42772	6096	767	85	35
1970	48512	41503	6096	772	107	34
1971	45694	42345	2558	662	98	31

① "Telegram from the Embassy in Korea to the Department of State", December 22, 1965, pp. 132 - 134; "Telegram from the Embassy in Korea to the Department of State", December 28, 1965, pp. 138 - 140; "Telegram from the Embassy in Korea to the Department of State", December 30, 1965, pp. 140 - 141, in *FRUS*, 1964—1968, Vol. XXIX, part 1, Korea.

② "Telegram from the Embassy in Korea to the Department of State", February 1, 1966, pp. 161 - 167; "Telegram from the Embassy in Korea to the Department of State", November 22, 1966, pp. 216 - 220; " Memorandum of Conversation", December 19, pp. 228 - 229; "Memorandum of Conversation", March 14 1967, pp. 235 - 238; "Telegram from the Embassy in Korea to the Department of State", June 7, 1967, in *FRUS*, 1964—1968, Vol. XXIX, part 1, Korea.

③ Kwak Tae Yang, *The Anvil of War: The Legacies of Korean Participation in the Vietnam War*, p. 84.

自1965年韩国开始向越南大规模派兵以来，较以往的对韩援助及同期对其他地区的对外援助而言，美国对韩经济和军事援助明显增加，这为朴正熙政府完成第一个五年经济发展计划提供了急需的资金。1966—1969年是韩国参加越战高峰，同期美国对韩经济军事援助总额达到26.5亿美元，远远高于1961—1964年14.87亿美元的援助总额。另外，作为韩国向越南派兵的回报，在1965—1972间，美国对韩国派兵的财政支出达9.27亿美元。另外，在美国的支持推动下，1965年韩日关系的正常化也为朴正熙政府带来了8亿美元的赠款和相应的赔偿资金。这些资金为朴正熙政府推行出口导向型经济提供了基础。1964—1973年，在韩国军队派驻南越期间，韩国向南越的产品出口增长10倍。[①] 除了直接援助外，美国还设法促进韩国的对外贸易增长，采取优惠措施从韩国采购军需物资，推动韩国参与战争贸易和南越的战后重建工作，推动日本、联邦德国等盟国发展同韩国的经贸关系。

除了获得大量的经济及军事援助外，韩国还借参与越南战争之机，促使约翰逊政府搁置削减驻韩美军以及韩国军队问题。在肯尼迪政府时期，围绕缩减驻韩美军和韩国军队的争论一直持续不断。1963年年底，朴正熙当选总统后，缩减驻韩美军和韩国军队问题再次由美国提出，并成为美国政府内部争论的一个主要问题。[②] 1965年3月，美国驻韩当局确定将在6月份或者年底同韩国磋商缩减韩国军队和驻韩美军问题。[③] 然而，随着越南战事的需要，争取韩国向越南派兵问题成为美国政府内部争论的主题。朴正熙5月访美时，约翰逊明确表示，美国不会缩减驻韩美军。[④] 此后，虽然美国政府内部时不时有缩减驻韩美军和韩国军队的呼声，但逐步淹没在如何

---

① Byung-Kook Kim & Ezra F. Vogel eds., *The Park Chung Hee Era—The Transformation of South Korea*, p. 426.

② “Telegram from the Embassy in Korea to the Department of State”, January 21, 1964, pp. 1－2; “Memorandum from Robert W. Komer of the National Security Council Staff to President Johnson”, January 22, 1964, pp. 3－4; “National Security Action Memorandum”, No. 298, May 5, 1964, pp. 21－22; “Draft Memorandum from Security of State Rusk to President Johnson”, June 8, 1964, pp. 35－38; “Memorandum from the Joint Chiefs of Staff to Secretary of Defense McNamara”, August 11, 1964, pp. 41－43, in *FRUS*, 1964—1968, Vol. XXIX, part 1, Korea.

③ “Telegram from the Embassy in Korea to the Department of State”, March 15, 1965, in *FRUS*, 1964—1968, Vol. XXIX, part 1, pp. 61－63.

④ “Memorandum of Conversation”, May 17, 1965, in *FRUS*, 1964—1968, Vol. XXIX, part 1, pp. 97－99.

争取韩国向越南派兵的争论中。[①] 如此一来,由于美国对韩军事援助的增加,加上韩国需要派兵到越南,韩国军队的总人数实际上不仅没有缩减,而且在1968年半岛危机期间进一步增多。除空军外,韩国的军事力量与朝鲜相比都明显处于优势。[②]

韩国还借助向越南派兵问题,成功迫使美国修改驻韩美军地位协定[③],收回了韩国对驻韩美军的部分管辖权。1950年7月12日,美国军队介入朝鲜战争不久,美国要求李承晚互换照会,授予美国对其军事人员的犯罪行为专属管辖权,即"大田协定"[④],确定了驻韩美军在韩国的特殊地位。此后,为了争取有关驻韩美军问题的谈判,李承晚政府、许政过渡政府和张勉政府,都不断加大对美国的压力。[⑤] 1962年3月12日,朴正熙政府再次照会美国,提出恢复谈判问题。美国政府虽然在两个月后同意恢复谈判,但是要求韩国事先做出书面承诺,保证在新的宪制政府产生和正常的法律程序充分恢复以前,将不会提出刑事管辖问题。朴正熙拒绝美国的提议,认为这样的承诺暗含着对军政府合法性的否认,同时担心美国将会以刑事管辖权

---

① "Telegram from the Embassy in Korea to the Department of State", June 4, 1965, pp. 115-118; "Telegram from the Commander in Chief, Pacific (Sharp) to the Chairman of the Joint Chiefs of Staff (Wheeler)", October 10, 1966, pp. 196-198, in *FRUS*, 1964—1968, Vol. XXIX, part 1; "Memorandum of the meeting for the review of Hoopes' reappraisal of MAPFY 67-71 for Taiwan, Korea, Thailand and the Philippines", July 30, 1965, *DDRS*, Document Number: CK3100116227.

② Hyun-Dong Kim, *Korea and the United States: The Evolving Transpacific Alliance in the 1960s*, pp. 91-98.

③ 军队地位协定是美国海外驻军的产物,旨在界定东道国家对驻扎在其领土上的美国军事人员所承担的法律责任。军队地位协定通常处理必要的日常事宜,比如军队的进出,个人相关的人事来往,与驻军有关的劳务、要求权(claims)和承包人、收入和营业税等。在美国军队长期驻军的情况下,军队地位协定也处理一些辅助活动,比如邮政、娱乐和银行业务。更重要的是,军队地位协定处理有关驻外美国人员的民事和刑事管辖权(criminal jurisdiction)。借助军队地位协定有关管辖权的规定,美国可以尽最大可能保护那些可能遭受外国法庭的刑事审判并被外国监狱关押的美国人员的权利。因为刑事管辖权涉及东道国的司法主权,容易激起东道国民众的民族主义情绪,因而往往成为美国与东道国签订军队地位协定时的重要分歧点。"Backgrounder: Status of Forces Agreement; A summary of U. S. Foreign Policy Issues", United States Embassy, April 1996, http://194.90.114.5/publish/press/security/archive/april/ds2_4-15.htm. 2009-6-10.

④ Kim Se-Jin, eds. *Documents on Korean-American Relations, 1943—1976*, Seoul: Research Center for Peace and Unification, 1976. pp. 120-121.

⑤ Donald Stone Macdonald, *U. S.-Korean Relations from Liberation to Self-Reliance—The Twenty-Year Record*. Boulder: Westview Press, 1992. pp. 85-88.

问题为借口无限期推迟达成军队地位协定。[①]

随后,韩国不断向美国施加压力,迫使美国开始调整在军队地位协定问题上的立场。9月6日,双方发表联合声明,重开军队地位协定谈判。关于驻韩美军军队地位协定的谈判终于迈开了步子。联合声明之后,美韩双方开始了持续大约三年的谈判。其间,双方共举行了82次全体会议和难以计数的工作会议。直到1965年韩国向越南派兵之际,美韩双方才最终达成了一份全面的地位协定。三年谈判面临的主要问题是刑事管辖权和联合国军财产使用的补偿。[②] 驻韩美军地位协定能够在1965年达成,无疑得益于韩国向越南派兵这个有利的时机。

围绕驻韩美军的刑事管辖权问题,美国政府内部展开了激烈争论。国务卿腊斯克向国防部长罗伯特·麦克纳马拉详细分析了美国处理刑事管辖权问题的方法将会对美韩之间未来政治关系产生的重要影响。腊斯克主张,采用美国在联邦德国运用的自动弃权模式(waiver formula)。该模式允许东道主政府可以列出对其有重要利益的需要行使管辖权的特殊情况。为了让军方放心,腊斯克进一步表示,东道主政府行使它的管辖权限时仍旧受到严格标准的限制。如果在这些严格的标准下,东道主国的行为不能令美国满意,美国政府将会通过外交途径进行必要的调解。在审判期间,美国的观察员在场是必要的,而且美国将坚持看管被告,直到被告得到公平的审判。在这种基础上,"德国模式"将为美国人员提供足够的保护。[③]

虽然腊斯克成功说服了美国军方接受国务院立场,然而,借助美国有求于韩国向越南派遣军队的时机,韩国在驻韩美军地位协定谈判中的立场强硬,对美国的提议表示不满,决定推迟签订军队地位协定。1966年年初,韩国以担心寻求国会批准军队地位协定将会危及国会批准向越南派遣军队的提议为由,推迟签订军队地位协定。3月底,韩国又对美国提议的军队地位协定方案提出质疑,打算重新就刑事管辖权条款和劳务条款进行谈判,并提

① "Memorandum From the Executive Secretary of the Department of State (Brubeck) to the President's Special Assistant for National Security Affairs (Bundy)", June 11, 1962, in *FRUS*, 1961—1963, Vol. XXII, Northeast Asia, pp. 571 - 573.

② Donald Stone Macdonald, *U. S. -Korean Relations from Liberation to Self-Reliance—The Twenty-Year Record*, p. 89.

③ "Letter From Secretary of State Rusk to Secretary of Defense McNamara", March 22, 1965, pp. 66 - 68; "Memorandum of Conversation", May 17, 1965, pp. 97 - 99, in *FRUS*, 1964—1968, Vol. XXIX, Korea.

出了替代德国模式的北大西洋公约组织—荷兰模式。韩国的提议遭到了包括国务卿腊斯克在内的不少官员反对。但对于韩国的要求，布朗大使力主与韩国达成妥协。[①] 布朗的意见最终占了上风，美国很大程度上满足了韩国的要求。刑事管辖权条款变化最大，最终的版本采用美国和巴基斯坦签订的军事地位协定的措辞并吸收了韩国渴望的北大西洋公约组织—荷兰模式。尽管优先管辖权归韩国并且要求美国放弃任何个人案件的审理，但在美国希望行使权限的重要案件中，韩国需要向美国通报。1966 年 7 月 9 日，国务卿腊斯克、布朗大使和韩国政府官员签订该协定，1967 年 2 月 9 日，该协定生效。[②] 新的军队地位协定的生效，结束了 1950 年以来一直实行的规范驻韩美军法律地位的“大田协定”。

自 1953 年 8 月杜勒斯国务卿同意和韩国签订驻韩美军地位协定以来，美韩双方围绕军队地位协定问题的交涉与谈判持续了 13 年之久。驻韩美军地位协定的签订与修订过程，反映了不同时段美韩同盟关系的地位变化，以及韩国在美韩同盟关系中地位不断提升的总体趋势。韩国借助越南战争，迫使美国对驻韩美军的有关协定做出有利于韩国的修改。

当然，越南战争给韩国带来的不仅仅是极大的收益，除了直接的人员伤亡之外，韩国向越南派兵也为美韩同盟关系及朴正熙政府带来了一些直接或潜在的不利影响。这些问题在越南战争后期美国越南战争政策的转变过程中逐渐突显出来。早在美韩越南军事合作表面热络的同时，约翰逊政府内部就一直不乏反对过分追求韩国派兵的人士。时任美国驻韩大使伯杰一直关注韩国的经济发展，因而更重视推动对韩国经济发展有利的韩日关系正常化，而无意让韩国向越南派兵。[③] 对于韩国军队在南越的实际军事价值，1965 年 4 月布朗大使指出，美国在朝鲜半岛的重大利益是维持半岛的稳定，韩国军队的主要职责是维护韩国自身的安全与稳定，如果韩国因向越

① “Telegram From the Embassy in Korea to the Department of State”, January 6, 1966, in *FRUS*, 1964—1968, Vol. XXIX, Korea, pp. 145 - 146.

② “Editorial Note”, in *FRUS*, 1964—1968, Vol. XXIX, Korea, pp. 185 - 186.

③ “Cable regarding a comment by former South Korean Prime Minister Kim Hyon-Chol broaching the idea that South Korea might offer three to four thousand of its armed forces to assist the U. S. and South Vietnam in carrying out the war against North Vietnam”, March 7, 1964, *DDRS*, Document Number: CK3100512104.

南派兵危及韩国自身的安全，而导致半岛再度爆发战争，美国将得不偿失。① 1968年年初的朝鲜半岛危机可以说应验了布朗的预言，并最终推动美国思考如何在远东冷战中定位美韩同盟关系，调整美国对韩政策。

由于朴正熙紧追美国的越南战争政策，尼克松政府上台后美国东亚政策的急剧调整及越南战争政策的变化，使韩国开始陷入军事和外交上的被动地位，韩国积极参与越南战争所带来的负面影响很快突显出来。中美关系的缓和，使韩国积极反共的政策陷入尴尬境地。韩国在国际社会中面临被共产主义国家孤立的危险，加剧了朴正熙对美国尼克松政府的不信任。在国内政治体制上，越战期间美国对朴正熙政府的积极支持，使朴正熙政府的合法性增强，而尼克松政府政策的转变，则使朴正熙政府在失去美国支持的同时，政权的合法性亦开始减弱，安全危机感增强。为了自身政权安全，朴正熙逐渐走向强化个人独裁的道路，导致美韩同盟关系从蜜月陷入低潮。

① “Telegram from the Embassy in Korea to the Department of State”, April 15, 1965, in *FRUS*, 1964—1968, Vol. XXIX, part 1, Korea, pp. 75 - 77.

第五章 “尼克松主义”与美韩关系

约翰逊政府后期，美国的越南战争政策逐步陷入困境。1968 年年初朝鲜半岛危机和北越的春季攻势，进一步助推约翰逊政府在任期最后一年重新考虑美国的越南战争政策。美国越南战争政策的调整，势必带来美国对韩政策的调整。但由于在最后任期内，约翰逊政府面临各种困局，对韩国政策的切实调整最终交给了尼克松政府。1969 年 2 月，尼克松根据美国所面临的内外形势，开始积极调整美国对外战略，同时在前任政府的基础上，批准“国家安全研究第 27 号备忘录”(NSSM 27)，继续深入研究美国对韩政策。尼克松政府上台后美国对东亚及对韩政策的调整，使美国和韩国朴正熙政府的关系展现出新的阶段性特征。

朴正熙政府对美国对韩政策的调整被动地做出一系列反应。在美韩同盟关系层面，尼克松政府时期，美国和朴正熙政府的关系开始逐渐恶化，直至卡特政府时期，达到顶峰。为了把美国对韩政策调整给韩国带来的不利降到最低，朴正熙政府竭力阻止美国缩减驻韩美军。为了自身政权的安全，朴正熙开始修改宪法，努力实现连续执政，并建立独裁的维新体制。在外交上，朴正熙政府也顺应中美关系缓和的背景，采取了缓和朝韩关系的外交行动。

第一节 美国对韩政策调整

一、约翰逊政府酝酿调整对韩政策

美国对韩政策的调整，始于约翰逊政府末期。当约翰逊政府由于越南战争的负累开始调整冷战政策，美国的对韩政策也面临着如何调整的问题。早在 1967 年 2 月访韩之后，万斯就建议约翰逊总统重新评估美国对韩政策问题。1968 年 1 月“普韦布罗”号事件和朝鲜袭击青瓦台引发的朝鲜半岛危机进一步推动约翰逊政府思考新的朝鲜半岛政策。约翰逊总统很快指示副国务卿尼古拉斯・卡岑巴赫(Nicholas de B. Katzenbach)组织评估和研究新的对韩政策。该小组由国务院和国防部的相关代表联合组成。经过四个月研究,该小组在 1968 年 6 月份提交了长达 70 页的“美国对韩政策”报告。

报告开篇肯定既往美国对韩政策的成功,转而指出美国调整对韩政策的必要性。韩国经济的迅速发展及政治上取得的重大进步,使韩国对美国的经济依赖减弱,美国对韩目标中经济发展的目标得到了相当程度的实现,韩国的政治发展,独立性也在增强,美国已经不适宜介入韩国的经济和政治决策。①

然而,朝鲜的好战行为继续威胁着韩国,青瓦台事件表明,朝鲜半岛安全局势依然紧张。美国必须留在韩国,长期保持对韩国的支持,捍卫“美国曾经用鲜血和金钱帮助建立的一切”。任何唐突的军事撤退,都可能导致韩国政治和经济的混乱或者恶化。尤其是在越南共产主义者军事攻势正盛之时,否则将带来灾难性的后果。因此,报告建议通过向韩国输入大量的武器,在美国的后勤支持下,帮助韩国增强应对朝鲜进攻的快速反应能力。采取这样的策略,美国能够迅速调整其军力部署,从政治和经济方面推动韩国逐渐自立,更重要的是,在未来几年,这个策略将能够弱化美国在新的朝鲜进攻中不得不帮助韩国的承诺。韩国军队从越南撤回后,将会加强并优化韩国的军事力量,美国军队则可以相应地撤出。除了空军,韩国的军事实力已经远超朝鲜,美国只需适当增强韩国空军力量即可。美国将主要保留司令部成员、军事顾问和部分后勤人员。报告认为,尽管这个战略并非完美无缺,却提供了最好的希望,使美国能够在新的南北冲突中避免直接遭受攻击。美国将保持在韩国的重要利益,同时逐步同韩国发展新的同盟关系。韩国将不再依赖美国,而是成长为发育完全的、自立的盟国。因而,美国必须长期保持对韩国的影响,不要指望通过朝韩双方的和解缓解半岛的紧张,也不要指望日本接替美国在韩国扮演的角色。②

基于上述分析,报告指出美国未来的对韩政策应以安全为中心,继续渐进式地援助韩国提高自身的防务能力,或者向韩国提供大规模援助,使韩国尽快具备只依靠美国的后勤支持就能应付朝鲜全面进攻的能力。报告建议

---

① “Paper Prepared by the Policy Planning Council of the Department of State”, June 15, 1968, in *FRUS*, 1964—1968, Vol. XXIX, part 1, pp. 433 - 436.

② Ibid.

采用第二种方式,向韩国提供大规模援助,尽快使韩国在军事、政治、经济方面自立,以便在韩国面临新的朝鲜军事进攻时,可使美国避免再次卷入其中。驻越韩国军队从越南撤回,将增强韩国的军事力量,推动韩国军队的重构,开启美国军队从韩国分阶段撤军的进程。

通过评估分析,报告乐观地指出,让韩国陆、海军力量保持相对于朝鲜的优势地位并不困难,但必须改善韩国军队的后勤能力和军事装备。韩国的空军力量要想和朝鲜持平,则是一种完全不同的情况。自朝韩停战以来,朝鲜空军力量大大增强,而韩国的空防能力则严重依赖美国空军支持。尽管美国可以帮助韩国实现空军力量的平衡,但此举看来没有必要且不受欢迎。因为朝鲜的空军装备过时,支持发动一次全面进攻的能力值得怀疑,而美国空军完全有能力打击朝鲜空军的任何冒险行动;而帮助韩国实现相对于朝鲜的数量平衡,将需要向韩国提供大量援助,这只会加剧半岛的军备竞赛。因此,报告建议适度扩张韩国空军的规模,把现有的11个战术空军编队扩展到13个,集中力量推动现存空军部队的现代化和基地设施的改善。①

报告指出了美国调整美韩军事关系的最终目标,即美国在韩国的军事力量将限于司令部的人员、军事顾问和相关的后勤人员。美国对韩经济战略也将取决于美国对韩安全战略的调整。因为美国对韩军事援助的变化将会影响韩国的经济发展战略,美国对韩军事援助的增强,将减轻韩国军事开支,使韩国投入更多精力发展经济,而美国则可以因此减少对韩经济援助。报告承认美韩同盟关系变化的客观现实,建议转变美韩关系中美国的传统角色,从以往的指导员变成辅助者。②

为了实现前述战略构想,报告设计了几项重要步骤:在1970财年,撤退一个驻越韩国师,并逐步取消对该师的支持;1971财年,从越南撤退剩余的韩国军队,并设法重启军事援助项目转移计划;1972财年,逐步取消对韩发展贷款和军事预算支持;对韩军事援助计划开始转向短期信贷军事方式,准备从韩国撤出美军第二师。除紧急情况外,联合国司令部此时可能交出韩国军队的指挥权。1973财年,从韩国撤出美国第七师;1975财年,大体实现

① "Paper Prepared by the Policy Planning Council of the Department of State", June 15, 1968, in *FRUS*, 1964—1968, Vol. XXIX, part 1, p. 433.

② "Paper Prepared by the Policy Planning Council of the Department of State", June 15, 1968, in *FRUS*, 1964—1968, Vol. XXIX, part 1, p. 434.

韩国军队的现代化。[1]

最后，报告指出，尽管研究小组的战略设计存在问题，但半岛发生新战争的可能性很低，此时是调整美国对韩政策的最好时机。对于建立新型的美韩关系，使韩国不再依赖美国，成为自立的盟国，研究小组将保持极大兴趣。[2] 该报告表明，约翰逊政府在考虑摆脱越战困境同时，已经开始考虑对美国的朝鲜半岛政策和美韩关系做出根本性的调整。

9 月 19 日，高级部际小组开始对报告进行会审，经过对美韩关系中相关的政治、经济、军事等问题的高技术分析，部际小组就报告的内容达成了一些共识。12 月 23 日，卡岑巴赫向约翰逊总统提交备忘录，报告新的中期研究进展情况，从七个方面详细地阐述美国对韩政策的状况。

备忘录首先陈述朝鲜半岛的现状，指出韩国问题的重要性，并列举了美国对韩政策的目标：防止韩国落入敌手，降低南北双方大规模冲突的可能性，保持大国在朝鲜半岛的利益妥协，增强韩国自身的防卫能力，推动韩国的经济、政治发展，鼓励日本对韩国的安全与繁荣做出更大贡献。[3] 这些目标表明美国朝鲜半岛政策的传统特征，即保持大国在朝鲜半岛的利益平衡，维持朝鲜半岛的稳定；同时也显示美国进一步推动日本在韩国发展中发挥作用的意向，这是美国推动韩日关系正常化的政策延续。

接着，卡岑巴赫报告研究得出一些初步结论及存在的不确定因素，认为继续保持美国对韩国的安全承诺仍然具有相当的重要性，但时代已经变化，需要重新考虑美国履行这些承诺的现有立场。韩国已经取得了全方位进步，已经逐渐拥有自立能力，也应该鼓励其自立。朝鲜的军事能力并不可信。问题在于如何帮助韩国提高军事能力，实现半岛的军事平衡。把两个美国师驻扎在韩国既限制了该师调往他处，也让美韩为此支付大量开支；美国的现有政策，使其在可能的半岛大规模军事冲突中缺乏灵活性。未来几年，美国的对韩政策将面临抉择，韩国军队从越南回国促使美韩不得不调整双方的军事结构，对韩军事援助计划如何调整，这是新政府不得不面临的问题。但限于情报等因素，美国对韩国面临的威胁程度难以预估；美国在朝鲜

---

① “Paper Prepared by the Policy Planning Council of the Department of State”, June 15, 1968, in *FRUS*, 1964—1968, Vol. XXIX, part 1, pp. 434 - 435.

② Ibid.

③ “Memorandum From the Under Secretary of State (Katzenbach) to President Johnson”, December 23, 1968, in *FRUS*, 1964—1968, Vol. XXIX, part 1, pp. 455 - 456.

半岛军事态势的调整对朝鲜、苏联、中国的态度、意图和政策将会带来哪些影响更是难以断定；越南的战局可能影响包括朝鲜在内的整个东亚政治气候；1971 年韩国总统选举可能影响韩国的持续问题；美国冲绳基地的地位正在削弱，可能对韩国的防卫带来影响。①

备忘录进一步指出存在的一些问题。其中关键的问题是，增强韩国的军事力量是否能够维持美韩联合力量的威慑能力，应付可能的军事威胁。驻韩美军的调整对朝鲜半岛乃至东亚局势造成的影响难以估量，对韩国的政治稳定、经济发展也会带来一系列附带影响。这些潜在的具体问题都需要进一步研究。②

该备忘录可以说是约翰逊政府对韩政策一份继往开来的总结，表明自朝鲜战争停战以来，美韩关系已经到了必须调整的节点，但如何调整是下一届政府的责任。不过，备忘录为下一届政府对韩政策的调整指明了大的方向，即以对韩安全政策为核心，在确保朝鲜半岛局势稳定和韩国安全的前提下，审慎调整美韩同盟关系。

二、尼克松政府调整对韩政策的最终决定

与约翰逊的临危受命、仓促接任总统不同，尼克松在继任总统前就对国际形势有自己独到的判断。早在 1967 年 10 月，尼克松就在《外交》上发表了“越南之后的亚洲”一文，指出美国应结束越南战争，重新考虑对亚洲盟国的援助政策，鼓励盟国自主，帮助盟国建立一个“自保安全的亚洲本土体系”。③ 1969 年 1 月 20 日上任伊始，尼克松立即组织研究新的对韩政策问题，通过第 4 号国家安全决策备忘录（National Security Decision Memorandum 4）发出指示，着手对一些指定国家进行一系列计划分析。④ 2 月 22 日，尼克松授意国家安全事务助理基辛格，向国务院、国防部、中情局、预算局、国际开发署等机构签发第 27 号国家安全研究备忘录（National Security Study Memorandum 27），指示各部门组建联合小组，进一步深化

① “Paper Prepared by the Policy Planning Council of the Department of State”, June 15, 1968, in *FRUS*, 1964—1968, Vol. XXIX, part 1, pp. 433 - 436.

② Ibid.

③ “Article by Richard M. Nixon”, in *FRUS*, 1969—1976, Vol. Ⅰ, Foundations of Foreign Policy, 1969—1972, Washington: United States Government Printing Office, 2003, pp. 10 - 21.

④ “National Security Decision Memorandum 4”, January 20, 1969, in *FRUS*, 1969—1976, Vol. Ⅱ, pp. 35 - 36.

约翰逊政府的对韩政策研究。[①]

经过近五个月的努力,NSSM 27 联合研究小组终于在 7 月份完成了长达 380 页的“韩国项目备忘录”草案。该草案对美韩关系的重要问题做了系统研究。[②]

相较约翰逊政府的“美国对韩政策报告”,研究草案进一步明确指出,美韩关系正处在一个转折点,美国即将做出的许多重大政策决定可能从根本上改变美韩关系。以美军部署调整为中心,未来美国政府的一些重大政策决定,将推动美韩关系的特征发生本质性变化。在对韩政策目标的设定方面,草案完全采纳了约翰逊政府对韩政策报告的结论。[③]

对于韩国自身的经济、政治和军事发展状况,草案持乐观的态度。草案指出,自 1963 年朴正熙当选总统以来,韩国的经济状况、军事实力、政治效力和国际形象有了稳步提高;韩国军队在越南的突出表现,表明韩国军力的提升,至少能够应付朝鲜的进攻;韩国在越南战争中的表现以及韩国综合国力的提升,为美韩关系从依赖转向平等提供了条件。对于韩国的内部选举问题,草案鉴于 1967 年朴正熙险胜的选举结果,认为 1971 年的总统选举可能是对韩国政治制度的又一次重大考验。而对于朝鲜对韩国的渗透活动,草案也持乐观态度,认为韩国政府有能力应付朝鲜的侵扰活动。[④]

草案对韩国实力地位及朝鲜半岛形势的乐观态度,反映了此时美国政府内部一种总体的决策倾向,进一步奠定了尼克松政府调整对韩政策的基调。8 月 14 日,国家安全委员会在对草案进行进一步讨论时再次指出,美国正面临着在 1970 年代调整对韩义务的基本抉择。但会议认为,这种调整需要一个缓慢的过程,需要考虑韩国所面临的安全威胁程度、韩国自力更生的能力、美国政策调整需要向韩国提供的军事和经济援助规模等。[⑤] 因此,对于草案中设定的调整对韩军事政策,从韩国撤退美国军队的方案,尼克松在会后指示,应重新进行研究,提供更为具体的操作方案。

---

① “National Security Study Memorandum 27”, Feb. 22, 1969, in *FRUS*, 1969—1976, Vol. XIX, Part 1, Washington: United States Government Printing Office, 2010, pp. 3 - 4.

② “Draft Study Prepared by the Interagency Korean Task Force”, in *FRUS*, 1969—1976, Vol. XIX, Part 1, pp. 65 - 68.

③ Ibid.

④ Ibid.

⑤ “NSC Meeting Talking Points on Korea”, August 14, 1969, *DDRS*, Document Number: CK3100542554.

部际韩国联合研究小组随后继续对NSSM 27草案进行了更为详细的分析和研究,并于10月中旬提交新的研究报告。报告提供了削减驻韩美军和韩国五年计划的具体综合政策方案,提出五种备选方案:适度推进韩国现役18个师及3个预备师的现代化,并保持两个美国步兵师继续驻留韩国;帮助韩国现役18个师实现现代化,全部撤走两个美国师,只保留1.25万名驻韩美军;帮助韩国现役18个师实现现代化,撤走一个驻韩美军师;把韩国军队调整为14个现役师和7个预备师,帮助韩国实现14个现役师的现代化,撤走一个美国步兵师;保留韩国18个现役师和3个预备师,帮助韩国实现18个现役师的现代化,并提高韩国海空军的能力,撤走两个美国旅,保留一个师和一个旅,驻扎在非军事区。围绕上述撤军方案,报告还提出了扩大对韩军事、经济援助的配套建议。① 基辛格对报告提供的研究方案予以好评,认为报告的研究为未来五年的美国对韩政策计划奠定了基础,为美国政府的最终决策提供了重要的参考。②

美国政府内部接着就报告提供的方案再次进行审议。1970年2月6日,基辛格组织了由国务院、国防部、中情局、参谋长联席会议等7部门代表组成的国家安全委员会审议小组,对新的研究报告进行广泛讨论。与会代表就报告提供的方案,从不同的角度提出意见。分歧主要在国务院和军方之间。国务院从政治角度考虑,认为应尽快就撤军的时间、规模和援韩资金数额做出决定,以便能够和朴正熙谈判交涉。而以参谋长联席会议为代表的军方则从安全角度考虑,直接对撤军方案提出质疑,认为从韩国撤出两个美军师并同时缩减韩国军队规模,将带来极大的风险,由此带来的对韩援助预算增长也需要充分考虑,韩国人不会同意美国的方案。审议小组未能就撤军的时间、规模及撤出的美军如何安排等方面达成一致。鉴于军方的反对意见,基辛格建议等待参谋长联席会议的分析结果,重新择机召开审查小组会议。③

然而,参谋长联席会议的结论却给撤退驻韩美军问题浇了冷水。参谋

① "An Analysis of U. S. Economic and Military Assistance to South Korea", undated, *DDRS*, Document Number: CK3100561426.

② "Memorandum for the President from Henry A. Kissinger", Mar. 3, 1970, *DDRS*, Document Number: CK3100532671.

③ "Minutes of a National Security Council Review Group Meeting", February 6, in *FRUS*, 1969—1972, Vol. XIX, Part 1, Korea, pp. 124-131.

长联席会议不认同韩国研究小组的观点，认为要向韩国提供足够的防卫，需要 21 个师。参谋长联席会议还对 NSSM27 缩减韩国军队规模的前提提出质疑，认为推动韩国军事现代化涉及面广，需要大量的资金，另外韩国军事现代化的人员和技术能力提升也需时日。因此，参谋长联席会议建议，鉴于朝鲜半岛目前的形势，韩国军队的规模必须保持在 18 个师以上。对于缩减驻韩美军问题，参谋长联席会议建议，应该保持 1 又 1/3 美国师，并向韩国提供海空支持，并且美军的缩减应该在韩国军队从越南返回之后。另外，驻韩美军的缩减还必须考虑政治、经济、心理等其他重要因素，不能操之过急。①

国家安全委员会成员劳伦斯·莱恩(Laurence E. Lynn)很快对参谋长联席会议的观点提出不同看法。通过历史分析、作战模拟、军队战斗力三个方面的比较研究，莱恩认为韩国现有装备条件的 12—14 个韩国师便足以抵御朝鲜的军事进攻，而按照参谋长联席会议的建议，韩国的军事力量将能够抵御第一波中朝的联合进攻，加上美国的援助，甚至可能统一朝鲜半岛。② 驻韩大使波特也对参谋长联席会议的看法持不同意见。波特指出，1954—1955 年，美国从韩国撤出了 6 个师，两个集团军司令部及其他非师级部队，当时一个师的人数为 4 万人。而此时驻韩美军一个师的人数大约 1.2 万人，因此，相比而言，此次从韩国撤退两个美军师显得微不足道，应该就缩减韩国军事力量问题尽快做出决断。③

为了协调各部立场，3 月 4 日，国家安全委员会召开会议，进一步对韩国问题展开讨论。尼克松总统听了各方的不同看法后，指出了几个关键因素：美国必须从韩国撤出部分军队，不可能把 6.4 万名美军永远留在韩国；美国必须认真制订该项计划，它将与美国 4 月份从越南撤军问题密切联系；政府应该设法控制国会有关该问题的讨论；在撤军的同时，通过强调援助韩国的现代化，避免造成美国放弃承担责任的印象。总之，对韩政策应依据 4

① “Memorandum From the Joint Chiefs of Staff Representative to the National Security Council Review Group (Unger) to the Chairman of the Review Group (Kissinger)”, February 17, 1970, in *FRUS*, 1969—1972, Vol. XIX, Part 1, Korea, pp. 132 - 133.

② “Memorandum From Laurence E. Lynn, Jr., of the National Security Council Staff to the President's Assistant for National Security Affairs (Kissinger)”, February 26, 1970. in *FRUS*, 1969—1972, Vol. XIX, Part 1, Korea, pp. 134 - 138.

③ “Memorandum of Conversation”, March 3, 1970, in *FRUS*, 1969—1972, Vol. XIX, Part 1, Korea, pp. 138 - 142.

月份处理越南问题的政策需要,并同朴正熙和韩国国会进行磋商。[①]

根据美国国家安全委员会的最终评估,1970 年 3 月 20 日,尼克松签发第 48 号国家安全决策备忘录(NSDM 48),决定到 1971 年年底,从韩国撤出 2 万驻韩美军。同时,为了更好执行此项决定,备忘录还列举了具体注意事项:就撤军时间和条件问题同朴正熙积极协商,争取韩国的认同,以便造成韩国主动要求美国撤军的印象;打算在 1971—1975 年间以赠予形式向韩国提供 2 亿美元或相当于 2 亿美元价值的军事援助,并根据 480 公法,增加对韩国的经济援助,每年给韩国 5000 万美元的援助。备忘录指示国务院、国防部积极做工作,争取国会批准以上决定。国防部还应进一步考虑制订撤退驻韩美军后,保障非军事区的安全计划。[②] 该备忘录的出台,标志着尼克松政府以军事关系为核心调整美韩同盟关系的决策开始付诸实施。

第二节　美国缩减驻韩美军及韩国的反应

一、美国缩减驻韩美军政策的实施及韩国的抵制

早在约翰逊政府末期,关于美国可能调整对韩政策问题,朴正熙就有所预感。1968 年 2 月,就如何处理"普韦布罗"号事件和朝鲜袭击青瓦台事件,美韩双方已经出现了明显的政策分歧。万斯使团访韩期间,朴正熙向万斯抱怨,美国不顾韩国的感受,单方面对朝谈判,担心美国因各种压力,调整对韩政策。3 月 31 日,约翰逊宣布在越南采取战争降级政策并放弃参加下一届总统选举之后,朴正熙很快做出反应,在 4 月 10 日发表国防政策演说,公开宣布发展韩国独立的防卫能力。[③] 三天后,在檀香山和约翰逊的会晤中,对于约翰逊事先不和他协商便做出越南战争降级及不参加总统竞选的决定,朴正熙表示不满,担心失去和约翰逊在越战期间建立的个人友谊,也

① "Draft Minutes of a National Security Council Meeting", March 4, 1970, in *FRUS*, 1969—1972, Vol. XIX, Part 1, Korea, pp. 142 - 147.

② "National Security Decision Memorandum 48", March 20, 1970, in *FRUS*, 1969—1972, Vol. XIX, Part 1, Korea, pp. 148 - 150.

③ "Intelligence Information Cable from the Central Intelligence Agency", April 23, 1968, in *FRUS*, 1964—1968, Vol. XXIX, part 1, Korea, pp. 421 - 422.

担心新的政府领导人将转变美国亚洲政策，并调整对韩政策。[①] 然而，朴正熙并不知道，约翰逊政府本身即已开始考虑调整对韩政策。

尼克松上台之后，韩国政府开始积极探听美国政府的对韩政策。1969年3月19日，朴正熙通过韩国驻美大使向美国表示，希望美国在世界范围内缩减对外军事援助计划时，不要缩减韩国部分的比重，韩国希望能够像约翰逊政府时期一样，和新的美国总统尼克松保持密切关系。[②] 4月初，韩国总理丁一权率团访美。在和尼克松总统及助理国务卿布朗的会谈中，丁一权反复强调朝鲜对韩国的安全威胁，希望美国对韩国的军事援助至少维持在当前的每年1.6亿美元的水平，并希望美国帮助韩国实现南北双方军事力量的平衡。对于驻韩美军，丁一权建议美国在越南战争结束之后，继续维持两个师的驻韩美军，因为美军的存在对于韩国的军事和心理都具有重要意义，而美军从韩国撤退，对于韩国政府来说，将会是一场政治灾难，要求美国政府在撤军问题上和韩国密切磋商。尼克松只在口头表示将会在涉及美韩共同利益的问题上同韩国密切磋商。[③]

4月15日，朝鲜击落美国EC-121侦察机，美国迅速采取措施，加强朝鲜海域的军事力量，向日本海派出两艘航空母舰，使朝鲜半岛的局势再度紧张。韩国则抓住时机，力图借机加强美韩关系。朴正熙很快致信尼克松，呼吁增强美韩军事力量，并提出了增强美韩军事力量的方案。尼克松回信感谢韩国对美国的支持立场，同意加强美韩同盟关系，对于加强美韩军事力量问题将集中考虑，并邀请朴正熙于8月份访问美国。[④]

8月21日，朴正熙访美期间，尼克松和朴正熙在旧金山进行了相对愉快的交流，尼克松向朴正熙解释了尼克松主义的政策含义，表示美国对苏、对华政策不变，美国将从越南逐步撤军。朴正熙也对美国推动盟国自立的政策表示理解，原则上同意尼克松主义的主张，认为韩国应该在自身防卫中

① “Telegram From the President's Special Assistant (Rostow) to President Johnson in Texas”, April 13, 1968, in *FRUS*, 1964—1968, Vol. XXIX, part 1, Korea, p. 411.

② “Memorandum of Conversation”, March 19, 1969, in *FRUS*, 1969—1972, Vol. XIX, Part 1, Korea, pp. 4-7.

③ “Memorandum of Conversation”, April 1, 1969, in *FRUS*, Vol. XIX, Part 1, Korea, 1969—1972, pp. 4-7.

④ “Memorandum of Conversation”, May 1, 1969, footnote 2, in *FRUS*, Vol. XIX, Part 1, Korea, 1969—1972, p. 47.

分担责任。①

然而,随着 EC - 121 事件的处理接近尾声,美国政府关于缩减驻韩美军问题的决策很快又提上日程。基辛格向尼克松提议,在保持对朝鲜空中和海上打击威慑力量的同时,缩减驻韩美军的时机已经到来,并建议力争在年底出台具体方案。②

1970 年 3 月 22 日,美国驻韩官员开始就缩减驻韩美军事宜同韩国交流。韩国显然感到意外。4 月韩国驻美大使金东祚(Kim Dong Jo)进一步从美国参议员那里证实了美国确实正在讨论缩减驻韩美军。为此,朴正熙致信尼克松,表达了韩国对美国政策调整的忧虑和苦恼。尽管韩国接受尼克松主义的原则和逻辑,知道缩减驻韩美军只是时间问题,但在没有完成韩国军队现代化、具备抗击朝鲜入侵的能力之前,便先行宣布缩减驻韩美军,这是韩国民众无法理解的,将在韩国国内造成极大的政治影响。③

为了争取朴正熙的理解和支持,5 月 26 日,尼克松对朴正熙 4 月份的来信做出答复。尼克松重申美国将继续履行《美韩共同防卫条约》规定的义务,美国从韩国撤出的 2 万美军还不足现有驻韩美军的三分之一,剩余的驻韩美军能够提供实质性的军事能力,威慑中、朝对韩国的进攻。尼克松表示,他将争取国会拨款,支持韩国现代化。尼克松进一步指出,美国对韩政策是经过广泛考虑和审慎研究的结果,不会对韩国带来严重影响。④

看过尼克松的回信,朴正熙强调,很关注美国增强韩国军事力量的计划,不管该计划何时开始,他必须事先知道计划的规模。除非他知道韩国军事现代化的本质和程度,否则将不能同意撤退任何美军。如果美国能够按照他 1969 年 4 月份在给尼克松总统信中提到的方案援助韩国,他可以考虑接受美国在 1975 年以前实施撤军计划。美国应该在撤军计划提交美国国

---

① "Memorandum of Conversation", August 21, 1969, in *FRUS*, 1969—1976, Vol. XIX, Part 1, Korea, 1969—1972, pp. 96 - 102.

② "Memorandum for Dr. Kissinger from Laurence E. Lynn Jr.", Feb. 3, 1969, *DDRS*, Document Number: CK3100539249; "Memorandum From President Nixon to the President's Assistant for National Security Affairs (Kissinger)", November 24, 1969, in *FRUS*, 1969—1976, Vol. XIX, Part 1, Korea, 1969—1972, p. 117.

③ "Telegram From the Department of State to the Embassy in Korea", April 23, 1970, in *FRUS*, 1969—1976, Vol. XIX, Part 1, Korea, 1969—1972, pp. 150 - 152.

④ "Letter From President Nixon to Korean President Park", May 26, 1970, in *FRUS*, 1969—1976, Vol. XIX, Part 1, Korea, 1969—1972, pp. 152 - 154.

会之前，和韩国人坐下来好好讨论该制订怎样的计划。然而，驻韩大使波特则表示，为了争取国会认同推动韩国现代化的原则，美国政府首先需要韩国配合美国的撤军计划，以便应付美国国会的质询。在美国国会批准韩国现代化方案之后，美国政府自然会制定详细的对韩援助方案。波特毫不客气地强调，尽管美韩关系友好，美国可以就美国撤军问题同韩国磋商，但请韩国不要误解，韩国无权控制美国军队的调动。尽管美国正在考虑撤出部分美军，但韩国现代化计划是美国政府对韩国政府和人民安全继续关注的体现。韩国现代化计划和撤退美军是相互关联而非孤立的。美国希望制订韩国现代化计划和撤军同时进行。朴正熙则抱怨美国对韩国缺乏耐心。①

鉴于朴正熙对美国撤军计划的强烈抵制，波特显然感到不耐烦，进而向国务院建议暂时冷落朴正熙，继续美国的撤军计划。在波特看来，朴正熙真正担忧的是美国的撤军计划对其政权统治的影响，这一政权对韩国民众缺乏公开性，他本人力图影响美国的撤军计划，以便为其来年的总统选举做准备。因此，美国只要保持沉默，朴正熙自然会派人和美国磋商。②

6 月 15 日，朴正熙再次给尼克松写信，申明韩国的立场，请尼克松考虑韩国政府面临的处境，不要急于缩减驻韩美军，推迟撤军日程。③ 7 月 7 日，在答复朴正熙的信中，尼克松对朴正熙的处境和担忧表示同情和理解，但坚称从韩国撤军是美国政府的既定计划，希望朴正熙政府能够配合美国的撤军计划，以便美国政府能够顺利争取国会批准有关韩国现代化的援助计划。④

尼克松给朴正熙的信正式向韩国明确了美国的撤军决策，美韩双方随后开始就美国撤军和韩国军队现代化问题转入实际谈判。美国的决定很快遭到韩国政府的强烈不满和抵制。在会见美国驻韩大使波特时，朴正熙再次宣泄自己的不满情绪，反复表示对美国单方面决定从韩国撤军的震惊和

---

① “Telegram From the Embassy in Korea to the Department of State”, May 29, 1970, in *FRUS*, 1969—1976, Vol. XIX, Part 1, Korea, 1969—1972, pp. 154 - 157.

② “Telegram From the Embassy in Korea to the Department of State”, June 1, 1970, in *FRUS*, 1969—1976, Vol. XIX, Part 1, Korea, 1969—1972, p. 158.

③ “Telegram From the Embassy in Korea to the Department of State”, June 15, 1970, in *FRUS*, 1969—1976, Vol. XIX, Part 1, Korea, 1969—1972, pp. 159 - 161.

④ “Letter From President Nixon to Korean President Park”, July 7, 1970, in *FRUS*, 1969—1976, Vol. XIX, Part 1, Korea, 1969—1972, pp. 164 - 165.

不快。[①] 7月21—22日,在美韩安全磋商会议(Security Consultation Conference,SCC)上,韩国军方提议推迟缩减驻韩美军,在双方就韩国的军事现代化达成一致之前,不要缩减驻韩美军,并以撤退驻越南的韩国军队相要挟。[②] 韩国总理丁一权也公开对媒体表示:"美军走,我也不干了!"[③]

韩国对美国撤军政策的强烈抵制,促使美国加快制定援助韩国现代化的具体政策,并派遣美国高层官员访韩。为了向韩国政府做进一步的解释工作,同时帮助朴正熙摆脱因美国撤军造成的政治困境,8月24日,尼克松派遣副总统斯皮诺·阿格纽(Spiro Agnews)访韩。阿格纽向朴正熙具体介绍了美国的撤军计划:在1971年6月前,从韩国撤出2万美军;在韩国5年内实现军事现代化之后,美军将全部撤出。[④] 得知美国的具体撤军人数和时间表之后,韩国进一步表达不满,同时美韩双方开始就撤军和如何推动韩国现代化问题转入具体实施的讨论阶段。

10月26日,韩国政府向美国提交了一份"谅解备忘录"草案。该备忘录包括八点内容,要求美国再次公开全面重申自朝鲜战争停战以来确定维护半岛稳定和韩国安全的停战机制,并向韩国提供核安全保护;在和韩国达成一致前,美国不要缩减驻韩美军,并建议双方能就缩减美军的人数上限达成一致,希望美国不要违背韩国人的意愿撤退驻韩美军。对于备忘录企图限制美国撤军行动的内容,国务卿罗杰斯断然拒绝并指出,对韩援助必须赢得美国国会的支持,同时关于美国军队的调动问题是美国自己的事,韩国无否决权。[⑤] 该备忘录反映了韩国朴正熙政府对自身安全的强烈担忧,希望

---

① "Telegram From the Embassy in Korea to the Department of State", August 4, 1970, in *FRUS*, 1969—1976, Vol. XIX, Part 1, Korea, 1969—1972, pp. 174 - 179.

② "Telegram From the Commander in Chief, Pacific (McCain) to the Department of State", July 23, 1970, in *FRUS*, 1969—1976, Vol. XIX, Part 1, Korea, 1969—1972, pp. 170 - 173. 1968年2月万斯访韩之后,美韩双方确定,就共同关注的安全问题建立磋商机构,此后该机构成为美韩双方安全磋商的一项机制。参见 Victor D. Cha, *Alignment Despite Antagonism—The United States-Korea-Japan Security Triangle*, Stanford University Press, Stanford, California 1999. p. 66.

③ [韩]《东亚日报》1982年1月30日,转引自曹中屏、张琏瑰:《当代韩国史,1945—2000》,第296页。

④ "Investigation of Korea-American Relations, report of the House Subcommittee on International Organization", Committee on International Relations, 95th Congress, 2nd sess. GPO, 1978, p. 67.

⑤ "Telegram From the Department of State to the Embassy in Korea", October 26, 1970, in *FRUS*, 1969—1976, Vol. XIX, Part 1, Korea, 1969—1972, pp. 185 - 189.

通过磋商的方式竭力影响美国缩减驻韩美军的决策。

然而，随着韩国总统选举的临近，以金大中(Kim Tae Chung)为代表的反对党候选人给朴正熙继续执政造成了极大挑战。朴正熙为谋求连任，开始将关注重点转向国内，积极为来年的总统选举做准备。为了避免在撤军问题上和美国关系搞得过僵，朴正熙放弃要求美国在撤军的同时公开向韩国提供安全的外交保证。①

韩国谈判立场的转变，加快了美韩双方就美军缩减和美国援助韩国现代化问题达成协议的步伐。1971 年 1 月 21 日，美国政府开始从非军事区撤出美国第二师，其驻防区域由韩国第一师进驻。2 月 6 日，双方政府就美军撤退问题达成一致，并发表联合声明。② 至此，美韩双方就驻韩美军缩减和韩国军队现代化问题的争论告一段落。

二、驻韩美军的持续缩减问题

尽管美国缩减驻韩美军的政策遭到韩国的强烈抵制，但韩国未能阻止美国从韩国撤离两万美军的决定。不过，韩国并没有任由美国撤军政策继续实施乃至实现完全撤军。为了阻止美国进一步撤军，韩国开始采取更为有力的抵制措施。

尽管在 1970 年 3 月份获悉美国从韩国撤军的意图时，朴正熙就曾经考虑把美国从韩国撤军与韩国从越南撤军联系在一起，但在确定美国从韩国撤军之前，朴正熙并不想使用这张牌，重要的是，驻越韩军的存在为韩国争取了不少美国援助。但随着美韩双方就缩减驻韩美军问题谈判的深入，韩国军方逐渐把韩国驻越军队的撤离和驻韩美军的缩减联系在一起，企图阻止驻韩美军的撤离或者从美国争取更多的援助韩国现代化的资金。③ 然而，美国强硬的谈判立场使韩国感到失望。1971 年 4 月，韩国决心就驻越韩军问题同美国交涉，通知美国政府，准备在 10 月份开始从越南撤出一个

---

① “Memorandum From Secretary of State Rogers to President Nixon”, November 10, 1970, in *FRUS*, 1969—1976, Vol. XIX, Part 1, Korea, 1969—1972, pp. 197 - 198.

② “Telegram From the Embassy in Korea to the Department of State”, February 2, 1971, in *FRUS*, 1969—1976, Vol. XIX, Part 1, Korea, 1969—1972, pp. 224 - 226.

③ Byung-Kook Kim & Ezra F. Vogel eds., *The Park Chung Hee Era—The Transformation of South Korea*, pp. 422 - 423.

韩国师,1972 年上半年撤退完毕,希望美韩双方就此开始磋商。[①] 美韩双方刚就驻韩美军撤退达成协议,韩国便将撤退韩国驻越军队的决定通知美国,显然有抗议美国不顾韩国反对撤退驻韩美军的意味。韩国提出撤退驻越韩军问题,一方面直接推动美国考虑韩国军队从越南撤军问题,另一方面迫使美国考虑是否继续从韩国撤退驻韩美军问题,而且最重要的是,如何协调这两个问题之间的关系。

韩国的立场促使美国就驻越韩军问题展开决策。关于缩减韩国驻越军队问题,国务院准备了四个备选方案供尼克松总统决策:(1) 与驻韩美军撤离韩国大致同步,让韩国从越南撤出韩国军队;(2) 整个 1972 年,韩国军队继续留在越南,1973 年开始逐渐撤退;(3) 南越政府 1971 年 10 月选举之后,允许韩国撤退相当于一个师的军队(海军陆战队加上附属部队),在整个 1972 年保持两个韩国师在越南,在 1973 财年逐步撤出;(4) 南越政府 1971 年 10 月选举后,建立一支韩国机动特遣队(0.8—1.2 万人),重新部署平衡韩国驻越军队的撤离。在国务院看来,从美国亚洲战略和军事政策角度而言,韩国驻越军队的部署,对于未来驻韩美军的规模及美国对韩国的军事援助有着重要影响。如果美国强力压制韩国人把军队留在越南,韩国将会坚持让美国保持驻韩美军现有规模。因此,美国关于驻越韩军问题的决定,一定避免和驻韩美军关联。无论四个选项选择哪个,本着节省财政开支,缩减军事力量的原则,美国政府同韩国政府和越南政府谈判时,都应基于美国对韩国驻越军队的支持费用不超过预计的 1972 年水平。美国原定支持韩国驻越军队的资金只持续到 1973 年 1 月,随后的美国支持安排则需要进一步考虑。与此同时,在谈判韩国驻越军队问题时,应该通知韩国政府,美国计划继续在 1973 年缩减我们在韩国的军队。[②] 国务院的建议表明,美国不允许韩国利用驻越军队问题取得有利谈判地位,影响驻韩美军的有关部署。

6 月 23 日,根据国务院的建议,尼克松总统签署 113 号国家安全决策备忘录(NSDM 113),决定在 1972 年继续支持两个韩国师留在南越。考察南越的形势之后,美国将在 1972 财年之后,考虑韩国军队撤退的问题。尼

---

① "Memorandum From John H. Holdridge of the National Security Council Staff to the President's Assistant for National Security Affairs (Kissinger)", April 13, 1971, in *FRUS*, 1969—1976, Vol. XIX, Part 1, Korea, 1969—1972, pp. 229 - 230.

② "Paper Prepared in the Department of State", undated, in *FRUS*, 1969—1976, Vol. XIX, Part 1, Korea, 1969—1972, pp. 242 - 247.

克松接受了国务院建议的谈判原则，并进一步指出，谈判进程中应该强调，美国是在支持南越政府关于韩国军队继续留在南越的请求。[①]

根据 113 号国家安全决策备忘录的指示，在美韩就韩国驻越军队撤离问题的谈判中，美国拒绝把驻韩美军的撤离问题与韩国驻越军队撤离相联系，强调驻越军队问题是韩国和南越政府之间的问题。而美国政府在驻越韩军撤离问题上的政策，促使韩国进一步采取强硬立场试探美国。10 月底和 11 月初，韩国军方和外交部先后告知新任美国大使菲利普·C. 哈比卜(Philip C. Habib)，表示韩国打算在 11 月 6 日提前从越南撤离韩国海军陆战队及附属部队共计 1 万人，随后将有 7000 人在 12 月 1 日和 1972 年 4 月 30 日之间撤退，剩余 3000 人在 1972 年 6 月底之前撤退。但当哈比卜询问这是否是韩国政府的确定计划时，韩国外交部表示，只是韩国的政策方向。在哈比卜劝说并反复重申美国的立场之后，韩国外交部随即表示，无意公开韩国的提前撤军计划。[②] 韩国所谓的提前撤军，显然只是一种带有试探性质的谈判策略。

随着美国从越南军事撤离进程的加快，韩国驻越军队存在的意义也随之降低。而随后美韩双方关于韩国驻越军队问题的谈判，则主要限于维持韩国驻越军队的相应规模，及美国是否提供必要的军事支持和安全保障方面。[③] 朴正熙经过衡量，也不想韩国军队仓促从越南撤离而失去美国对这些军队的各项支持，因此，争取美国对剩余的韩国军队提供必要军事支持之后，朴正熙接受了美国关于韩国驻越军队撤退的进程安排。[④] 1973 年 1 月，关于越南问题的《巴黎和平协定》签订，韩国鉴于越南形势和朝鲜半岛安全状况，很快在两个月内全部撤离了韩国驻越军队。而随着韩国军队在 1973 年完全从越南撤离，韩国影响美国对韩政策的能力进一步削弱了。

然而，驻韩美军并没有沿着尼克松主义的逻辑进一步从韩国撤离，这很

---

① “National Security Decision Memorandum 113”, June 23, 1971, in *FRUS*, 1969—1976, Vol. XIX, Part 1, Korea, 1969—1972, pp. 247 - 248.

② “Telegram From the Embassy in Korea to the Department of State”, November 3, 1971, in *FRUS*, 1969—1976, Vol. XIX, Part 1, Korea, 1969—1972, pp. 290 - 293.

③ “Memorandum From the Chairman of the National Security Council Under Secretaries Committee (Irwin) to President Nixon”, March 21, 1972, in *FRUS*, 1969—1976, Vol. XIX, Part 1, Korea, 1969—1972, pp. 321 - 322.

④ Byung-Kook Kim & Ezra F. Vogel eds., *The Park Chung Hee Era—The Transformation of South Korea*, p. 424.

大程度上归结于美国从韩国撤离 2 万人之后，对韩国政策不断评估调整的结果。关于撤退 2 万驻韩美军之后，何时继续缩减驻韩美军问题，美国政府内部观点并不一致。尽管国务院和国防部总体上认同美国驻韩军队能够在 1973 年年底继续缩减，但前驻韩大使波特和联合国军司令约翰·米凯利斯(John H. Michaelis)将军都强烈反对在未来两年继续缩减驻韩美军。认为美国军队的缩减给韩国带来了不小的负面政治影响。下一步撤军行动应该等到美国援助韩国军事现代化项目见效后，否则韩国人很难接受美国继续撤军。从一定程度上讲，美国负有一定的道义责任，在相应时期内不去执行进一步缩减美军，以便帮助韩国解决内部政治问题，并给韩国军队自身防卫观念调整一些时间。①

但在美国政府内部，主张继续从韩国撤军的观点占据上风，基辛格认为，"当前美韩综合军事能力具有足够的威慑力"。"1973 年开始，我们应该继续计划缩减驻韩军事力量至少 1.4 万人。"不过，基辛格向尼克松提议，美国应该长期保持战术空军留在韩国。②

1971 年 9 月 2 日，尼克松签署第 129 号国家安全决策备忘录，批准韩国军事现代化五年援助计划。援助计划总额为 15 亿美元，并且将会根据朝鲜半岛安全形势评估和韩国现代化状况，不断做出相应调整。③ 1973 年 7 月 27 日，尼克松政府出台第 227 号国家安全决策备忘录，决定调整韩国军事现代化的援助布局，增强韩国的空中防卫能力，降低韩国陆军现代化的援助比例，考虑适时终止对韩赠予援助。④

随着中美关系的缓和及朝鲜半岛形势的变化，1974 年 3 月 29 日，美国政府又出台第 251 号国家安全决策备忘录，决定终止"联合国军"司令部，并成立美韩联合司令部取代"联合国军"司令部。备忘录指示，在新旧安全安排转换期间，完成有关终止"联合国军"司令部的谈判之前，驻韩美军将不再

---

① "Report by John H. Holdridge of the National Security Council Staff", April 16, 1971, in *FRUS*, 1969—1976, Vol. XIX, Part 1, Korea, 1969—1972, pp. 230 - 231.

② "Memorandum From Secretary of Defense Laird to President Nixon", July 19, 1971, footnote 1, in *FRUS*, 1969—1976, Vol. XIX, Part 1, Korea, 1969—1972, p. 254.

③ "National Security Decision Memorandum 129", September 2, 1971, in *FRUS*, 1969—1976, Vol. XIX, Part 1, Korea, 1969—1972, pp. 277 - 278.

④ "National Security Decision Memorandum 227", July 27, 1973, *DDRS*, Document Number: CK3100668734.

做出任何实质性的调整。[1] 该备忘录的出台表明，出于新的半岛安全安排考虑，尼克松政府缩减驻韩美军的计划暂时停滞。

1974 年 8 月 8 日，尼克松总统因“水门事件”被迫宣布辞职。尼克松的下台，使中美缓和进程陷入停滞。继任的杰拉德·福特(Gerald R. Ford)总统提出“新太平洋主义”[2]，调整尼克松主义在亚洲实行战略收缩的政策原则，转而强调美国在亚洲有着至关重要的利益，认为美国是维持太平洋地区稳定的平衡力量。[3]

1975 年 4 月，越南局势变化，南越政权岌岌可危。越南形势对朝鲜半岛造成了影响。朝韩双方都采取相应的外交行动，金日成迅速访华，力图争取中国支持借机统一朝鲜半岛。韩国也迅速派韩国国会议长丁一权到美国寻求安全支持。[4] 越南形势的变化推动福特政府调整对韩政策的战略定位，改变尼克松政府强硬的对韩政策。为了进一步显示美国维护韩国安全的决心，8 月美国国防部长詹姆斯·施莱辛格(James R. Schlesinger)访韩，明确向朴正熙表示，福特总统对以往缩减驻韩美军的政策感到不满，美国将不再削减驻韩美军数量，越南就是一个教训，《巴黎和平协定》不仅没有带来和平，反而助长了共产主义者的“侵略”行为。[5] 福特政府不再缩减驻韩美军的决定，表明尼克松政府以来缩减驻韩美军问题暂时告一段落。

---

① “National Security Decision Memorandum 251”, March 29, 1974, *DDRS*, Document Number: CK3100668736.

② 新太平洋主义继承并发展了尼克松主义，提出美国的实力是维持太平洋均势的基础，美日伙伴关系是美国太平洋战略的一个支柱；决定继续推进中美缓和，并在《上海公报》的基础上实现中美关系正常化，共同反对任何形式的霸权；维持朝鲜半岛和平状态，并积极参与东南亚事务，努力在亚太地区建立稳定的经济合作新结构。

③ Myung Hyun Cho, *Korea and Major Powers*, Seoul: Research Center For Peace and Unification of Korea, 1989, p. 303.

④ “Memorandum from Henry A. Kissinger to President Ford”, May 8, 1975, *DDRS*, Document Number: CK310026630；刘金质、杨淮生主编：《中国对朝鲜和韩国政策文件汇编，1974—1994》，中国社会科学出版社 1994 年版，第 2112－2131 页。

⑤ “Memorandum of Conversation”, August 26, *Digital National Security Archive* (*DNSA*), Item Number: KO00187.

第三节　中美缓和及朴正熙政府的反应

一、中美缓和与朴正熙政府的外交反应

在实行战略收缩的同时，尼克松政府也考虑如何弥补因美国战略收缩造成的权力真空。面对苏联战略扩张的挑战，尼克松希望建立起美、苏、中大三角关系，利用中苏矛盾接近中国，进而联合中国实现美国对苏战略平衡。1969 年 1 月，尼克松在宣誓就职时提出，"美国需要改变其外交政策的哲学和实践"，从"对抗时代"进入"谈判时代"。2 月 5 日，尼克松签发第 14 号国家安全研究备忘录（NSSM 14），指示相关部门研究新的对华政策。[①] 3 月珍宝岛事件发生后，中苏之间剑拔弩张，尼克松政府决定利用中苏矛盾加剧的时机，加快中美缓和的步伐，放宽美国既往的对华经济遏制，允许对华出口非战略性物资，允许美国公民到中国旅行和购买中国产品等。[②]

与此同时，尼克松和基辛格也通过各种外交途径释放改善对华关系的信号。在 3 月份访问法国期间，尼克松告诉法国总统查尔斯·戴高乐(Charles de Gaulle)，美国准备承认中国的大国地位，调整对华政策。在 7 月 24 日至 8 月 3 日的环球之旅中，尼克松再次和巴基斯坦、罗马尼亚领导人讨论中国问题，表达和中国接触的意愿，并希望罗马尼亚政府能够作为中美接触的中间渠道。[③]

1970 年 1 月 20 日，中美双方恢复了中断两年的中美大使会谈，开始步入直接的中美缓和谈判阶段。10 月下旬，在会见来访的罗马尼亚总统齐奥塞斯库和巴基斯坦总统叶海亚·汗时，尼克松和基辛格明确表达了访华的意愿，并在谈话过程中首次使用"中华人民共和国"的称呼。[④] 这引起了国际社会的广泛关注。与此同时，美国驻联合国代表在联合国大会上表示，

---

① "National Security Study Memorandum 14", February 5, 1969, in *FRUS*, 1969—1976, Vol. XVII, China, 1969—1972, Washington: United States Government Printing Office, 2006, p. 8.

② "National Security Decision Memorandum 17", June 26, 1969, in *FRUS*, 1969—1976, Vol. XVII, China, 1969—1972, pp. 39 - 41.

③ "Editorial Note", in *FRUS*, 1969—1976, Vol. XVII, China, 1969—1972, pp. 51 - 52.

④ "Editorial Note", in *FRUS*, 1969—1976, Vol. XVII, China, 1969—1972, pp. 239 - 240.

"希望看到中华人民共和国在国际大家庭中起建设性作用"。[①] 这也是美国第一次不反对中国加入联合国的公开表态。

1971 年 4 月 10 日,美国乒乓球队访华,为中美双方政府的直接接触做出铺垫,加快了缓和中美关系的步伐。4 月 21 日,周恩来总理传信给尼克松总统,表示愿意公开接待美国总统特使如基辛格或者国务卿,甚至美国总统本人,可以直接到北京会谈,讨论恢复中美关系的重大问题。[②] 5 月 10 日,美国政府做出答复,决定派遣基辛格秘密访华,并就具体的访华时间和方式做出了初步的安排。29 日,中国政府再次传信,表达毛泽东本人对尼克松访华的欢迎,并就具体的访华事宜作了更为细致的安排。[③]

7 月 9 日,按照事先的秘密安排,基辛格经由伊斯兰堡秘密抵达北京。围绕台湾问题、恢复中国联合国席位问题、印度支那战争问题等,基辛格和周恩来总理进行了密切会谈,并决定在 1972 年春安排尼克松访华。7 月 16 日,中美双方共同发表尼克松即将访华的消息。消息一出,引起了国际社会的广泛关注。尼克松即将访华,意味着中美关系的缓和和远东国际政治形势的本质开始发生重大变化。

以中美关系缓和为核心特征的远东国际政治形势变化,对长期对抗的朝鲜半岛形势产生重要影响。作为美国的重要盟国,韩国一直非常关注美国调整对华政策问题。早在 1970 年 12 月初,金钟泌在访美期间就向基辛格表示,担忧未来的远东国际形势变化。预见到中国将会在不久的将来恢复联合国的合法席位,金钟泌感到长期坚定反共的韩国可能因此处于困境,进而陷于孤立,韩国不得不因此探索新的外交方向。对于金钟泌的担忧,基辛格解释道,美国不会为了靠拢中国而牺牲韩国。美国同中国的接触是为了利用中国对抗苏联的一种战术需要。美国将会尽力支持和增强韩国的力量。[④] 基辛格的保证一方面旨在宽慰朴正熙政府对韩国自身的安全担忧,

---

① 李长久、施鲁佳:《中美关系二百年》,新华出版社 1984 年版,第 216 页。

② "Message From the Premier of the People's Republic of China Chou En-Lai to President Nixon", April 21, 1971, in *FRUS*, 1969—1976, Vol. XVII, China, 1969—1972, pp. 300 - 301.

③ "Message From the Government of the United States to the Government of the People's Republic of China", May 10, 1971, pp. 318 - 319; "Message From the Premier of the People's Republic of China Chou En-Lai to President Nixon", May 29, 1971, pp. 332 - 333, in *FRUS*, 1969—1976, Vol. XVII, China, 1969—1972.

④ "Memorandum of Conversation", December 2, 1970, in *FRUS*, 1969—1976, Vol. XIX, Part 1, Korea, 1969—1972, pp. 213 - 216.

另一方面确实道出了中美缓和进程中美国朝鲜半岛政策调整的限度。

然而,美国背着韩国秘密同中国高层接触,并突然发布尼克松即将访华的消息,依然令朴正熙感到震惊。1971年9月16日,朴正熙给尼克松写信,对美国背着盟友同中国打交道的做法感到不满,呼吁在访华之前进行美韩高层会晤。为了安慰朴正熙,尼克松在回信中再次申明,在访华期间,他只和中国就中美双方问题谈判,不会拿朝鲜半岛问题做交易,美国将继续履行对韩国的安全承诺,至于撤退驻韩美军问题,美国会在充分考虑韩国自身的安保能力之后再作决定,请朴正熙不要担心。至于朴正熙进行首脑会晤的要求,国务院指示驻韩大使哈比卜在转交尼克松总统回信时,向朴正熙明确说明,尼克松总统不可能在访华之前和他会面,但为了减轻朴正熙的敏感,帮助他挽回面子,可以向媒体透露他本人接到尼克松回信的信息。①

对于长期追随美国坚定反共的朴正熙政府而言,美国对华政策的调整,使其反共外交理念和政策面临空前困境。为了扭转外交被动地位,朴正熙政府在中美接近的同时,也不得不尽力转变对共产主义国家的政策,积极调整对朝政策。1970年8月15日,朴正熙在纪念韩国摆脱日本统治25周年讲话中提出"8·15和平统一构想":"如果北方政权向全世界证明它将放弃推翻韩国政府的阴谋,并立即停止一切战争挑衅行为,那么我们将准备提出一个逐步消除现在阻隔于南北之间人为障碍的现实方案,如果北方承认联合国为统一朝鲜所做的努力并承认联合国的职能和权限,那么,南方将不再反对北方派代表参加联合国大会对朝鲜问题的辩论。"朴正熙倡议南北进行和平竞赛,看哪种政治制度能在1970年代使朝鲜人民过上幸福生活方面取得胜利。②

1971年10月,中国在第26届联合国大会上,顺利恢复了在联合国和安理会的一切合法席位,与此同时,与中国建交的国家急剧增多。面对这种情况,韩国早有预感,因而也积极调整外交姿态。1971年8月6日,韩国总理金钟泌在国会正式会议上发表施政演说,谈到中美关系和韩国的外交方针时,表明韩国政府要转变过去强烈的反共路线,追求国家利益的现实外交

---

① "Letter From President Nixon to Korean President Park", November 29, 1971, in *FRUS*, 1969—1976, Vol. XIX, Part 1, Korea, 1969—1972, pp. 293-295.

② 法新社汉城1970年8月15日电讯,转引自宋成有:《中韩关系史·现代卷》,社会科学文献出版社2014年,第79页。

优于一切，暗示也准备打开同包括中国在内的共产主义国家对话的渠道。[①] 第二天，韩国中央情报部长官李厚洛通知时任美国驻韩大使波特，韩国红十字会将于8月12日宣布与朝鲜红十字会就南北双方失散家庭问题进行会谈。随后，韩国红十字会总裁崔斗善发表声明，建议朝鲜南北双方开展为离散家庭“寻找家属运动”，并向朝鲜红十字会提议：南北红十字会近期举行会谈，商讨“寻找家属运动”，希望最迟于10月在日内瓦召开南北红十字会预备性会谈。韩国的建议得到朝鲜方面的积极回应。两天后，朝鲜红十字会中央委员会委员长孙圣弼在平壤举行记者招待会，称赞韩国的积极行动，表明朝鲜积极追求统一的愿望。朝鲜南北红十字会谈逐步启动。[②]

在尼克松酝酿访华的同时，朝韩双方也积极采取政治主动。1972年5月2日至5日，韩国中央情报部部长李厚洛秘密访问平壤，同平壤组织部长金英柱举行了会谈，并同金日成见面。5月29日至6月1日，朝鲜第二副首相朴成哲秘密访问汉城，同李厚洛进行了会谈并会见了朴正熙总统。朴正熙也表示完全支持金日成提出的自主、和平、民族大团结的朝鲜统一三原则，并同意金日成提出的成立南北协调委员会作为解决国家统一问题永久性磋商机构的主张。7月4日，朝韩双方发表关于统一问题的《联合声明》，宣布朝韩双方应在没有外力干涉的情况下实现和平、自主统一；推动民族大团结，超越意识形态、思想和制度的分歧。双方也宣布结束军事渗透，在平壤和汉城之间建立热线，并建立南北协调委员会具体执行这些协定和处理这些问题。[③]

7月4日的联合声明为随后朝韩双方的谈判铺平了道路。通过红十字会会谈和南北协调委员会会议，南北双方进行广泛接触。8月30日，南北分别派红十字会代表李范锡和金泰禧在平壤举行第一轮正式会谈，集中讨论离散家属团聚等问题。9月13日，南北红十字会第二轮会谈的初始气氛更加热烈，但分歧逐渐突显。韩方坚持会谈限于人道主义目的；朝方则主张“把国家悲惨的分裂也包括进去，暗示应把目前的红十字会人道主义会谈升

---

① 宋成有：《中韩关系史・现代卷》，北京：社会科学文献出版社2014年，第80页。

② “Telegram From the Embassy in Korea to the Department of State”, August 31, 1971, in *FRUS*, 1969—1976, Vol. XVII, China, 1969—1972, pp. 268 - 269；延边大学朝鲜问题研究所：《朝鲜问题研究丛书》第3辑，延边大学朝鲜问题研究所1985年，第175 - 176页。

③ 宋成有：《中韩关系史・现代卷》，社会科学文献出版社2014年，第86 - 87页。

格为政治会议,由双方的政治组织和民间组织代表参加会议"。[①] 朝鲜的立场遭到韩国反对,双方分歧开始显现。

尽管如此,双方依然根据《联合声明》组建南北协调委员会,并于 10 月 12 日在汉城召开主席会议。11 月 2 日、30 日又举行了第二及第三次主席会议。与此同时,11 月 21—24 日,南北双方红十字会也举行了第四轮会谈,并商定第五及第六轮会谈的日期。[②]

然而,进入 1973 年,朝韩双方会谈逐渐陷入低潮,南北双方在军事分界线问题上开始时有摩擦。朝韩会谈受阻来自两个因素的影响,一方面在于双方立场的分歧,朝鲜主张一揽子解决南北统一等政治问题,而韩国主张国家统一应经过人道的阶段、非政治性阶段、政治性阶段,主张渐进式解决统一问题。1973 年 11 月 28 日,双方红十字会代表在板门店会晤之后,全面中断了红十字会、协调委员会两条对话途径。[③] 另一方面受到国际形势的影响,双方的互信度降低。1973 年 1 月 27 日,越南战争双方签订《巴黎协定》,实现全面停火,美军在停火生效后 60 天内全部撤出。美国从越南撤军对朝鲜南北双方政府产生了不同的影响。朝鲜希望效仿北越政府直接与美国接触,也促其从南部朝鲜撤军。而美国从越南撤军则进一步增加了韩国的不安全感。1974 年 3 月 25 日,朝鲜方面开始寻求直接和美国对话,旨在用和平条约取代停战协定,呼吁撤退所有外国军队。与此同时,朝鲜加强对韩国的宣传攻势,攻击朴正熙政府强化个人独裁,背离社会民主和国家统一。1975 年南越政权的崩溃,推动朝鲜在南北和谈问题上的立场进一步强硬。[④] 朝鲜的强硬立场使半岛的接触缓和中断。朴正熙政府则为了自身政权安全,进一步加强了对内控制。

二、朴正熙政府的内在反应

美国东亚战略收缩、国际形势的总体缓和及朝鲜半岛统一和谈的僵化,不断加剧朴正熙政权的安全危机感。因此,在竭力阻止美国对韩政策变动,

① 合同社汉城 1972 年 9 月 13 日电讯,转引自宋成有:《中韩关系史 · 现代卷》,第 89 页。

② 宋成有:《中韩关系史 · 现代卷》,第 91 - 92 页。

③ Chae-Jin Lee and Hideous Sato, *U. S. Policy toward Japan and Korea: A Changing Influence Relationship*, p. 66.

④ B. K. Gills, *Korea versus Korea: A Case of Contested Legitimacy*, London and New York, 1996, pp. 124 - 126.

顺应国际形势调整韩国外交政策的同时，朴正熙政府也在国内采取了相应措施，增强自身政权安全。

1971 年四五月份，韩国分别举行了第七次总统选举和第八届国会选举。尽管选举之前经过大量努力，朴正熙及其掌权的共和党仍仅以微弱的优势胜出，赢得第三次连任总统，但在野的新民党领袖金大中在总统竞选中的得票率达到 43.6%。而在国会选举中，尽管相对于执政的共和党的 113 席而言，新民党的 89 席仍然处于劣势，但已经超过了总席位的 1/3，能够有效阻止共和党操纵国会和修改宪法。朴正熙原本以为，凭着自 1961 年执政以来取得的经济成就，能够高票当选总统，但竞选却出现这样的结果。因此，朴正熙觉得自己在国内也面临强有力挑战，对自己能否长期执政感到担忧。[①] 1972 年 7 月 4 日，南北联合声明发表以后，韩国内部的统一呼声急剧高涨，新民党领袖金大中更是利用这种声势，宣传其主张，给朴正熙政府造成极大的压力。南北对话的进展，使朴正熙的“先建设、后统一”与“反共胜共”的一贯方针几乎失去了支点。朝鲜的政治军事优势，韩国内部左派的地下活动、民主化运动、工人运动及在野党等因素，都威胁着朴正熙政权的安全。在上述各种因素的推动下，朴正熙最终决定通过加强自身权力的方式，抵消对自身政权安全的各种威胁，维护自身统治，实现长期执政的目的。

对于朴正熙发动自我政变的准备，美国政府事前有所知晓。美国国务院注意到，从 1971 年 10 月中旬开始，朴正熙就严厉镇压学生示威并力图干预新闻界有关政府的负面报道。国务院很快电告美驻韩使馆，对韩国政府广泛宣传朝鲜军事威胁和韩国防务能力不足的做法保持警觉，这可能是在为压制国会、反对党和新闻媒体做准备。[②]

事态确实按照美国预料的方向进展，1971 年 12 月 6 日，朴正熙便以预防朝鲜入侵为由，宣布国家进入紧急状态。对此，驻韩大使菲利普·哈比卜很快做出反应，向朴正熙指出，在国际形势趋向缓和，朝鲜发动侵略的可能性明显降低的情况下，朴正熙没有必要为韩国的安全担忧。另外，尼克松已经保证，中美和解不会以牺牲韩国的利益为代价。朴正熙则坚称韩国政府

① Kim H-A. *Korea's Development under Park Chung Hee: Rapid Industrialization, 1961—1979*, London: Routledge Curzon, 2004, pp. 125 - 126.

② Ibid.

的现行政策是完全有必要的，并不希望美国能够完全理解他的决定。[1] 韩国总理金钟泌的态度僵硬，指出朴正熙总统所采取的政策完全是对时局的反应，并不无抱怨地指出，世界形势正在变化，韩国这样的小国无法弄明白大国的政策变化，虽然韩国有赖于美国的帮助，但韩国也应谋求更多的自立。美国不能阻止"中华民国"丧失在联合国的各项席位，也可能无法阻止地区战争的发生。此外，美国除了向韩国保证在 1972 年不会继续缩减驻韩美军外，并没有向韩国明确做出其他的承诺，而朝鲜的实力已经达到顶峰，韩国必须作好最坏打算。[2]

对于朴正熙强化权力的动向，哈比卜向国务院提出了两个对策性建议：一是积极干预，阻止朴正熙修改法律，而实现这一目标，仅仅劝说是不够的，需要采取一些措施压服朴正熙，如果采取这样政策，美国将不得不面对和朴正熙直接对抗的结果；另外一种方式是关注询问，密切了解动态，但避免直接干预，同时向朴正熙表明其政策对自身统治的潜在危害，允许制约朴正熙的反对党及媒体充分发挥作用。[3] 美国显然不想和朴正熙政府发生直接冲突，进而影响到美韩同盟的基础。因此，对于 12 月 27 日朴正熙政府非法强迫国会通过《国家保卫特别措施法》的行为，美国没有做出明显的反应，而是采取观望态度。

随后，朴正熙开始进一步强化权力。1972 年 10 月 16 日，即朴正熙政府宣布维新的前一天，韩国总理金钟泌将政变的有关步骤和细节通知美国驻韩使馆，表示韩国将首先在全国强制实施戒严法，解散国会，暂停所有政治活动，关闭高校，对所有媒体进行审查。接着将在 10 月 27 日宣布宪法修正案，并在一个月后对该宪法修正案进行全面公投。如果宪法获批，将取消戒严，否则戒严继续。新宪法将废除以往的直接选举制度，确定将在 12 月 17 日由总统选举团选出新的总统。随后将举行国会选举，其中国会成员的 1/3 将由总统提名，以在立法机关中确保"稳定的多数"。新的国会和总统任期将延长为六年。金钟泌还以选举制度的自身弱点为借口，向哈比卜解

① "Intelligence Note Prepared in the Bureau of Intelligence and Research", December 10, 1971; "Telegram From the Embassy in Korea to the Department of State", December 13, 1971, in *FRUS*, 1969—1976, Vol. XIX, Part 1, Korea, 1969—1972, pp. 299 - 305.

② "Telegram From the Embassy in Korea to the Department of State", December 22, 1971, in *FRUS*, 1969—1976, Vol. XIX, Part 1, Korea, 1969—1972, pp. 307 - 310.

③ "Telegram From the Embassy in Korea to the Department of State", December 23, 1971, in *FRUS*, 1969—1976, Vol. XIX, Part 1, Korea, 1969—1972, pp. 311 - 312.

释了韩国政府重新选举和修宪行动的原因，指出选举制度本身有其脆弱性，尤其是在韩国这样的国家，重复的选举会增加韩国社会的脆弱性，造成大量的浪费、无序和混乱。因此，最好的办法是让间接选举取代直接选举。改革的主要目的是重新组织政府以使它能够“灵活多变”地实施“未来计划”。在新国会执政前的那段时间里，内阁将会采取必要的立法行动。通过这次改革，韩国政府希望能处理他们周围瞬息万变的形势和与北方的对话。①

对于韩国的突然行动，美国国务院立即采取行动，竭力减少朴正熙的政变对美韩关系带来的可能不利影响。国务卿威廉·罗杰斯（William P. Rogers）迅速召见韩国驻美大使金东祚，向其明确表示，美国不能接受韩国政府宣布戒严的理由，尤其不能理解在拟议的总统宣言中包含对美国在亚洲政策的攻击。这种宣言将会对两国关系造成严重的影响，如果不修改，美国将在公开场合谴责这种言论。东亚和太平洋事务助理国务卿马歇尔·格林指出，韩国宣布戒严的理由是错误的，而且它对美国政策的攻击将会在美国、亚洲和其他地方引起恐慌。它将被解释为一个忠实的老朋友对美国政策的攻击。韩国的行动也将会影响近期联合国对朝鲜问题的表决，使那些曾经致力于支持美国推迟讨论朝鲜问题的国家陷入尴尬。重要的是，宣言不仅会在韩国内部引发争议，而且可能影响美国国会贯彻已经拟定好的帮助韩国实现现代化和继续向韩国提供军事援助的有关计划。过去十年来，韩国的经济成就，已经向美国公众展现了美国亚洲政策计划的美好图景，有助于打击美国的新孤立主义者，而韩国政府的现行政策将在美国民众中造成不良影响。国会之所以在 1970 年顺利批准对韩军事援助清单，韩国的良好形象起了很大作用，而韩国的当前行动，将会为美国政府随后争取国会批准有关对韩援助带来不良影响。②

负责政治事务的副国务卿亚历克斯·约翰逊的口气更不客气，向韩国驻美大使金东祚指出，韩国的这份宣言以及对它的修改，都不能令人满意，它本质上是在直接批评美国的亚洲政策。韩国政府的决定令他很震惊，美国政府里所有曾和韩国密切相关的人都深感失望。韩国在亚洲曾是民主政府发展的一个典范，因此，韩国政府采取的有关政策将可能带来重要的影

---

① “Telegram From the Embassy in Korea to the Department of State”, October 16, 1972, in *FRUS*, 1969—1976, Vol. XIX, Part 1, Korea, 1969—1972, pp. 411 - 416.

② “Telegram From the Embassy in Korea to the Department of State”, October 17, 1972, in *FRUS*, 1969—1976, Vol. XIX, Part 1, Korea, 1969—1972, pp. 417 - 418.

响。他提醒金东祚，当前韩国政府的行为会使其重蹈李承晚政府倒台的覆辙。约翰逊警告说，美国不可能在回答记者提问时始终保持沉默，但也不希望使韩国政府的问题复杂化，美国不会卷入韩国政府的当前行动，也绝不会给予任何支持。

在美国的压力下，韩国很快对即将发表的朴正熙总统宣言进行解释，并根据美国意见做出修改。金东祚表示，宣言中涉及"大国"的部分并不是针对美国的，是为了警告朝鲜人，他们的历史经验已经成为大国利益的牺牲品。韩国政府所采取的措施是为了进一步的和平统一进程。韩国政府的目的不是为了建立一个独裁的政府，而是要建立一个更高效的政府。韩国政府的基本立场是民主，而且美国应该根据全民公投的最终结果来判断韩国。约翰逊不应该拿现在的韩国政府和 1961 年的韩国情况作类比，戒严法的实施将完全被限制在宪法修正期间。金东祚一再请求约翰逊，希望美国在其公开声明中不要说任何影响美韩关系的话。①

在美国国务院对韩密切接触施压的同时，美国国家安全委员会也抓紧时间决策如何采取行动。总统国家安全事务助理亨利·基辛格很快向尼克松总统报告韩国的有关情况。基辛格认为，在国内政治稳定的情况下，朴正熙的行动是不必要的。然而，美国已经无法扭转局面了。基辛格因此建议，美国应保持中立，同时划清美国与朴正熙行动的界限。② 基辛格的建议，奠定了美国对朴正熙政府维新政变的基本调子。

根据华盛顿的决策需要，驻韩大使哈比卜很快对韩国的行动做出评估，并提出了三项政策选择：一是说服朴正熙停止当前行动并恢复旧宪法，但哈比卜否认该政策的合理性，认为其不切实际，因为这将需要采取严厉的制裁才能取得成功，此举可能导致朴正熙政府彻底垮台；二是劝说朴正熙在新的制度设计中减少镇压政策，同时接受它的基本结构，哈比卜也不主张采取这样的对策，因为距离韩国宣布修宪的日期 10 月 27 日已经很近，另外，美国将不得不承担纵容朴正熙修改宪法的责任；三是疏远新的朴正熙政权，哈比卜倾向于此种政策，主张美国不要再试图决定韩国国内的政治发展。

---

① "Telegram From the Embassy in Korea to the Department of State", October 18, 1972, in *FRUS*, 1969—1976, Vol. XIX, Part 1, Korea, 1969—1972, pp. 420 - 423.

② "Memorandum From the President's Assistant for National Security Affairs (Kissinger) to President Nixon", October 17, 1972, in *FRUS*, 1969—1976, Vol. XIX, Part 1, Korea, 1969—1972, pp. 418 - 420.

国家安全委员会赞成哈比卜的第三种观点，但对其主张的远离程度提出了疑问。美国在朝鲜半岛有重大战略利益，这使美国必须保持对韩国内部事务的兴趣。国家安全委员会认为，朴正熙重组政权是没有必要的，新的政权必然是不稳定的。因此，国家安全委员会建议，美国应把重点放在朴正熙如何管理韩国，增加韩国的内聚力，以抗击朝鲜对韩国的军事威胁。[①]

经过综合考虑，美国政府最终决定接受既成事实，采取了不干涉韩国内政的政策。11 月 21 日，在接待韩国反对党领袖金大中时，格林明确指出，美国希望和韩国政府保持良好的关系，不会运用武力干预韩国内政，希望韩国能够自己恢复正常的政治活动。[②] 在随后的朴正熙维新改革的行动中，美国一方面私下向韩国表明，不欢迎朴正熙的维新改革，指明韩国的行动将会在美国民众和国会中造成负面影响，另一方面建议韩国避免采取压制行动扩大负面影响。[③]

12 月 13 日，在韩国政府的周密安排之下，朴正熙再次顺利当选韩国总统。27 日，韩国政府颁布维新宪法，朴正熙正式就任第八届总统。[④] 对此，美国很快礼节性地向朴正熙发去一封贺信。贺信对于朴正熙当选的各种非法舞弊行为丝毫不提，只是轻描淡写地以一种客气的官方外交辞令表达了对朴正熙再次当选的祝贺，希望新政府能够继续美韩之间的合作。[⑤] 至此，朴正熙再次确保了自身政权的连任。美国则默认了朴正熙以违反民主程序加强权力的持续存在。

---

① “Memorandum From John H. Holdridge of the National Security Council Staff to the President's Assistant for National Security Affairs (Kissinger)”, October 25, 1972, in *FRUS*, 1969—1976, Vol. XIX, Part 1, Korea, 1969—1972, pp. 423 - 424.

② “Telegram From the Embassy in Korea to the Department of State”, November 25, 1972, in *FRUS*, 1969—1976, Vol. XIX, Part 1, Korea, 1969—1972, pp. 433 - 436.

③ “Telegram From the Embassy in Korea to the Department of State”, November 18, 1972, in *FRUS*, 1969—1976, Vol. XIX, Part 1, Korea, 1969—1972, pp. 425 - 427.

④ 曹中屏、张琏瑰：《当代韩国史，1945—2000》，南开大学出版社 2005 年，第 270 页。

⑤ “Memorandum From the Executive Secretary of the Department of State (Eliot) to the President's Assistant for National Security Affairs (Kissinger)”, in *FRUS*, 1969—1976, Vol. XIX, Part 1, Korea, 1969—1972, pp. 447 - 448.

小结　美韩同盟与美国战略收缩的限度

在尼克松主义指导下，美国在东亚地区实行战略收缩，撤退美国驻东亚的军事力量，尤其是在越南，美国实行了全面撤退。撤退驻韩美军则是尼克松主义指导下美国实行战略收缩的逻辑结果。但受美韩同盟关系特性的影响，尼克松—福特政府只是有限缩减了驻韩美军。对于朴正熙政府对美国战略收缩做出的内外反应，美国政府也采取了宽容灵活的政策态度。

在尼克松主义实施初期，美国实行战略收缩的决心和力度是相对强大的。按照最初的政策设想，尼克松政府将逐渐从韩国撤出美军。尽管如此，尼克松政府的撤军政策执行也是非常谨慎的，经过仔细的考量，决定向韩国提供大规模军事援助，大幅提升韩国防卫能力，在确保韩国自身安全的情况下，实现 2 万美军的撤退。尼克松政府初期阶段能够成功实现 2 万美军的撤退，得益于尼克松政府决策的集中和高效，即确立了以尼克松和基辛格为核心的政府决策模式。但随着尼克松深陷水门事件，尼克松政府的对韩政策受到影响，继任的福特总统也失去了尼克松任总统时的影响力。远东局势的变化很快影响了美国政府撤军政策的进程。1975 年南越政权的崩溃，使美国对半岛局势的评估立场发生变化，最终促使福特政府做出了终止从韩国撤军的决策。

对于美国主动缓和对华关系，在东亚战略收缩、缩减驻韩美军问题上，朴正熙政府做出了各种积极的回应。在外交上，调整既往的高调反共立场，主动提出愿意和共产主义国家发展关系，打破和朝鲜外交隔绝对抗的状态，打开半岛南北双方外交接触的大门。尽管受到长期对抗的历史因素制约和国际局势变化的影响，南北对话很快陷入僵局，但 1970 年代上半期的朝鲜南北对话，仍开启了南北和解的进程。

在内政方面，美国不同韩国协商，秘密同中国缓和的越顶外交，增强了朴正熙政府被抛弃的不安全感。为了增强韩国安全和自身政权安全，朴正熙政府在调整外交姿态的同时，一方面积极发展韩国自身的防卫能力，甚至一度酝酿自主研发韩国的核武器[1]，另一方面加强对国内局势的控制，打破民主体制限制，修订韩国宪法，在1972年建立了个人独裁式的维新体制。就美国的对韩政策目标而言，朴正熙政府强化个人权力、实行个人独裁的行为，违背了美国推动韩国政治民主的政策目标。但美国政府采取了现实主义态度，容忍朴正熙政府的独裁行为。尽管这一时期朴正熙政府和美国的关系一度陷入低潮，但美韩同盟关系的安全框架并没有任何本质性的变化，韩国的一系列反应，很大程度上是美国战略调整的结果。

① Sung Gul Hong, "The Search for Deterrence: Park's Nuclear Option", in Byung-Kook Kim & Ezra F. Vogel eds., *The Park Chung Hee Era—The Transformation of South Korea*, pp. 483－510.

第六章 安全、人权与美韩同盟

在美韩同盟关系中，安全问题是贯穿始终的根本问题，也是美韩同盟关系建立的基础，安全目标则是美国对韩政策的基本目标。但在不同的阶段，美国对韩政策的目标层次及各种目标之间的相互关系表现不同。尼克松政府时期，由于美国东亚战略收缩，美军从韩国撤退是影响美韩关系的基本问题，但在卡特时期，影响美韩同盟关系的因素除了卡特政府从韩国撤军政策造成的安全问题之外，卡特推行的人权政策使人权问题也成为影响美国和朴正熙政府关系的重要因素。

与尼克松—福特政府时期相比，围绕卡特政府从韩国撤军问题，朴正熙政府做了进一步的抵制，重要的是，卡特从韩国全面撤军的政策遭到美国政府内部尤其是军方的反对，美国国会也质疑并反对卡特的撤军政策。最终卡特政府只是象征性地从韩国撤出 3000 人，匆匆结束了从韩国全面撤军的计划。与此同时，针对卡特政府对韩国人权状况的指责，朴正熙在保持自身政权稳定的前提下做出了形式上的让步，但一旦韩国的内部形势危及朴正熙政府的稳定，朴正熙将不顾及卡特政府的反应，加强对韩国国内形势管控，设法确保自身政权安全。

第一节 卡特政府的撤军政策与美韩关系

驻韩美军问题一直是美韩同盟关系中的敏感问题之一，除了朝鲜停战初期美国大规模缩减驻韩美军后，至尼克松政府再度缩减驻韩美军，美军的规模基本上维持在 6 万人。[①] 朝鲜停战以来，美国曾多次拟议缩减驻韩美军，都在美国政府内部及美韩双方之间引起了强烈反响。李承晚政府时期，缩减驻韩美军就遭到韩国的强烈抵制。肯尼迪—约翰逊政府时期，缩减驻韩美军问题虽多次提出，但由于美韩越南军事合作的需要，缩减驻韩美军最

① Jong-Sup Lee, Uk Heo, *The U. S. -South Korea Alliance, 1961—1988*, The Edwin Mellen Press, 2002, p. 18.

终不了了之。1971 年尼克松政府从韩国撤退 2 万美军，是美国政府自停战以来幅度最大的缩减驻韩美军行动。为此，美韩双方展开了激烈的外交斗争，关系急剧恶化。最终继任的福特政府调整了从韩国撤军政策，宣布停止撤军。

与福特总统停止从韩国撤军不同，1975 年 5 月，卡特在参与民主党总统候选人竞选时就表示，他当选总统后，将从韩国撤退驻韩美军及核武器。1976 年 1 月 16 日，在接受《华盛顿邮报》采访时，卡特再次公开表达了这种想法。同年 6 月 23 日的芝加哥总统竞选演说中，卡特进一步阐明当选后从韩国撤军的观点。1977 年 3 月，卡特正式宣布从韩国撤军，表示将在未来四到五年内完全实现从韩国撤军。[①]

一、卡特政府撤军政策的背景及出台

与福特政府宣布停止从韩国撤军形成鲜明对比，卡特政府一上台就宣布从韩国全面撤军。但卡特政府的撤军政策并不像尼克松政府的撤军一样，经过美国朝鲜半岛政策相关机构事前审慎的评估并基于美国远东总体战略形势判断及战略调整考虑，而是带有较强的卡特个人理想主义色彩。卡特政府撤军政策出台的内在背景，很大程度上决定了卡特政府撤军政策实施的最终效果。

卡特倡导从韩国撤军并能够在总统竞选中获胜，反映出卡特的政策立场在美国确实有一定的现实背景和民意基础。1973 年从越战中撤出之后，极力避免再次卷入类似的另一场战争，成为美国对外政策的重要考虑。为此，在朝鲜半岛地区，美国竭力保持半岛的和平形势，避免战争的发生。因此，在 1976 年 8 月板门店“伐树事件”中，尽管朝鲜方面的袭击导致包括两名美国士兵在内的多人死亡，但美国保持极大克制，只是采取类似的小规模报复性回击了事。为了推动美国在未来的朝鲜半岛冲突中采取更为灵活的政策，卡特希望能够进一步撤退驻韩美军。

东亚国际形势的变化及卡特政府对中美关系缓和前景的乐观判断，是影响卡特政府撤军政策的重要因素。重要的是，韩国经济实力的进一步增强，自身承担国防安全的能力也得到提升。1975 年南越政权崩溃后，朴正

---

① Byung-Kook Kim & Ezra F. Vogel eds., *The Park Chung Hee Era—The Transformation of South Korea*, p. 458, 466.

熙决定大大提升韩国的军事能力，制订增强军力计划(Force Improvement Plan)，把韩国的国防预算从原来占国民生产总值的4%，提升到7%，并在韩国国内征收国防税。到1976年，韩国开始自主生产巡逻艇、坦克及M-16步枪。[①] 至1977年，韩国军队使用的装备大约50%是韩国本国工业部门提供的。[②] 韩国自身军力的增强，也推动了卡特政府决定让韩国承担更多的自身安全责任。

（一）撤军方案的提出

卡特的撤军计划基于1977年1月26日的第13号总统评论备忘录(Presidential Review Memorandum 13，PRM 13)，该备忘录没有经过国家安全委员会的仔细评估，便确定了卡特政府政策变化的核心理念，即卡特在竞选期间宣布的撤军承诺。在没有与政策评估委员会磋商的情况下，卡特把该委员会的任务限于设计具体的方案，执行其在竞选期间所提出的主张。[③] 这就在一定程度上限制了卡特政府对撤军政策的全面科学评估。2月18日，卡特签发PRM 10，指示国家安全事务助理兹比格纽·布热津斯基(Zbigniew Brzezinski)考察美国国家目标与战略。PRM 10的评估报告把美国在东亚地区的主要目标界定为维持大国关系现状，而非遏制共产主义，并把卡特从韩国撤军作为美国从东亚大陆军事解脱战略的一部分，最终得出了乐观的结论。这鼓励卡特继续追求撤出驻韩美军。[④]

由于卡特的撤军决策没有在政府内部展开积极磋商，因此，其政策一开始就遭到不同程度的质疑乃至抵制。1978—1981年任驻韩大使威廉·格雷斯廷(William H. Gleysteen)对卡特的撤军政策感到惊讶。准备PRM 13的部际小组的核心成员在制订韩国撤军计划之初，大部分对卡特的撤军

① Gerald L. Curtis, Sung-joo Han, eds, *The U. S.-South Korean Alliance: Evolving Patterns in Security Relations*, Lexington, Mass.: Lexington Books, 1983, p. 48.

② William E. Berry, Jr., *The Invitation To Struggle: Executive And Legislative Competition over The U. S. Military Presence on The Korean Peninsula* (Part 2). U. S. Air Force Academy, May 17, 1996.

③ Byung-Kook Kim & Ezra F. Vogel eds., *The Park Chung Hee Era—The Transformation of South Korea*, p. 467.

④ Byung-Kook Kim & Ezra F. Vogel eds., *The Park Chung Hee Era—The Transformation of South Korea*, pp. 467 - 468; "Memorandum for the President from Zbigniew Brzezinski", update, *DDRS*, Document Number: CK3100500102.

政策表示反对。[①] 国务院尤其是国防部也不喜欢卡特的撤军政策，但是卡特在撤军问题上的坚定立场使得撤军计划在制订之初，无法在美国政府各部展开实质性讨论。[②] 1977 年 5 月 19 日，驻韩美军参谋长约翰·辛格罗布(John K. Singlaub)少将公开在媒体上批评卡特的撤军政策，指出卡特的撤军决策依据过时，若按计划撤军，必然导致另一场战争。辛格罗布很快因此遭到申斥，但卡特此举不久便招致更多的反对，众议院军需委员会 6 天后专门就辛格罗布事件举行听证会。[③]

但是，卡特决心已定，不顾政府内部的反对声音，于 5 月 27 日签发第 12 号总统令，决定在 1978 年撤出一个 6000 人旅，并在 1980 年 6 月前撤出另外一个旅，最后阶段的撤军计划将在和国会与东亚盟国磋商之后决定。[④] 最初，国防部、国务院就撤军速度和相关的对韩补偿措施提出了阶段性缓慢撤军的方案，国家安全委员会讨论提供了四种撤军方案，但卡特最终选择了快速的阶段性撤军方案。[⑤]

（二）撤军计划的实施

如果说卡特撤军计划的提出遭到各种质疑，那么撤军计划的实施更是面临重重困难。为了推动撤军计划的实施，卡特政府不得不争取朴正熙政府的配合，重要的是还须争取美国国会配合批准卡特撤军计划实施相应的对韩补偿性援助计划。然而，这两者的配合都不积极，尤其是美国国会的抵制，最终成了卡特撤军计划夭折的关键因素。

为了争取韩国对撤军计划的配合，1977 年 5 月，卡特专门选取曾任驻韩大使的副国务卿菲利普·哈比卜和参谋长联席会议主席乔治·布朗(George S. Brown)组成代表团访韩，并在临行前就具体问题上的立场作了

---

① William Gleysteen, *Massive Entanglement, Marginal Influence: Carter and Korea in Crisis*, Washington, D. C.: Brookings, 1999, p. 23.

② Cyrus Vance, *Hard Choices: Critical Years in American Foreign Policy*, New York: Simon and Schuster, 1983, p. 129.

③ Bernard Weinraub, "General Returns from South Korea to Face Carter", *The New York Times*, May 21, 1977; Byung-Kook Kim & Ezra F. Vogel eds., *The Park Chung Hee Era—The Transformation of South Korea*, p. 469.

④ "Transfer of Defense Articles to the Republic of Korea: Message from the President", Department of State Bulletin, December 12, 1977, p. 853.

⑤ "Memorandum for the President from Zbigniew Brzezinski", May 3, 1977, *DDRS*: Document Number CK3100500081; "Memorandum for the Secretary of State and the Secretary of Defense from Zbigniew Brzezinski", May 31, 1977, *DDRS*: Document Number: CK3100497073.

相应交代。[①] 对于卡特的撤军计划,在卡特当选总统之前,朴正熙就很关注。卡特就任总统后,朴正熙对于卡特的撤军计划有了一定的心理准备。意识到卡特的撤军决心比较坚决,朴正熙把注意力集中在如何影响并修订美国的撤军计划,尽量把它对韩国的破坏性影响降到最低。在会见哈比卜和布朗时,朴正熙强调驻韩美军在威慑苏联和朝鲜方面的关键作用,要求美国重申1953年签订的《美韩共同防卫条约》,并增加对韩军事援助,用以填补美军撤离造成的真空。此外,朴正熙要求美国在撤出第二步兵师的一个旅后,继续在韩国保持该师的师部,以显示美国继续保卫韩国的决心。朴正熙还希望继续在韩国部署战术核武器。[②]

随后,在7月26日举行的美韩第10届年度安全磋商会议上,美韩军方高层就美军撤离计划和对韩军事补偿计划展开了激烈的讨论。在韩国国防部长宋忠初(So Chong-chol)的强烈反对之下,布朗同意推迟撤退第二师的两个旅,从1978年推迟到1981年。另外,由于美军的撤离,将失去在韩国西部边界的拌网作用,作为对韩国的补偿,宋忠初要求美国向韩国出售先进战机,并在美军撤离之前,建立美韩联合军事司令部(Combined Forces Command,CFC)。美国同意建立美韩联合军事司令部的要求,因为这不仅满足了韩国对美国保障韩国安全承诺的渴望,而且使美国能够继续利用该司令部控制韩国60万军队的指挥权。[③] 为了确保韩国的同意,美国同意向韩国提供价值19亿美元的补偿性军事援助,具体包括价值5亿美元的驻韩美军原有装备,3亿美元对韩军事现代化援助,11亿美元的商业性军售。[④]

美韩双方在美国撤军问题上能够达成一致,主要是朴正熙在卡特的撤军计划中也赢得了不小的回报。韩国得到美国大量军援同时,还确定举行年度联合军事演习。联合军事司令部的建立,也使韩国在美韩军事关系中的地位得到提升。

然而,在卡特政府同韩国就撤军计划进行艰难谈判的同时,美国国会开始发难。1977年6月,参议院通过多数党民主党领导人罗伯特·伯德

① "Memorandum of Conversation", May 21, 1977, *DDRS*, Document Number: CK3100500081.

② Byung-Kook Kim & Ezra F. Vogel eds., *The Park Chung Hee Era—The Transformation of South Korea*. p. 470.

③ Ibid.

④ Chae-Jin Lee and Hideous Sato, *U. S. Policy toward Japan and Korea: A Changing Influence Relationship*, p. 114.

(Robert C. Byrd)的修正案，要求卡特就撤退驻韩美军问题同国会磋商。[①]随后，国会逐步加强了对撤退驻韩美军问题的干预。1978 年 1 月 9 日，参议员约翰 · 格伦(John H. Glenn)和赫伯特 · 汉弗莱(Hubert H. Humphrey)向外交关系委员会提交报告，指出此时不是从韩国撤军的良好时机，从韩国撤军将会使韩国丧失军事优势，降低韩国对美国军事承诺的信心。卡特的阶段性撤军计划必须非常谨慎，应该就每个阶段的撤军提供详细的总统报告。[②] 众议院军需委员会在举行辛格罗布事件听证会之后，于 4 月份发表报告，批评卡特的撤军政策缺乏联席参谋长们的评估和建议，撤军将会导致朝鲜半岛局势不稳，影响东亚的总体稳定。[③] 最终，国会两党联合反对卡特的撤军计划，使卡特面临很大压力。

面对日益孤立的局面，1978 年 4 月 21 日，卡特宣布 1978 年的撤军仅限于一个旅，其余部队的撤退问题将推迟到一年后。来自国会的压力增强了反对卡特政府撤军政策的力量，促使卡特政府重新审视撤军政策，对朝鲜的军事实力进行详细评估。[④] 美国政府内部很快掀起了关于朝鲜半岛撤军问题的广泛讨论。美国国防情报局和中情局对朝鲜的军力做了超高的估计。一夜之间，朝鲜的军队数量达到 16—26 万人，坦克 650 辆，战机 250 辆，野战炮 500—1000 辆，防空武器 2500—3500 件。基于这个评估，美国军方强烈要求卡特修订撤军计划。[⑤] 面对军方的立场，国家安全委员会也开始根据第 45 号总统评估备忘录指示，对美国的政策和目标进行综合评估。1979 年 2 月 9 日，卡特宣布在对朝鲜半岛形势综合评估完成前，暂时搁置下一阶段的撤军计划。[⑥]

---

① Chae-Jin Lee and Hideous Sato, *U. S. Policy toward Japan and Korea: A Changing Influence Relationship*, p. 116.

② Senators H. Humphrey and J. Glenn, *U. S. Troop Withdrawal from the Republic of Korea, a Report to the Committee on Foreign Relations, U. S. Senate*, Washington, D. C., January 9, 1978, pp. 19 - 20.

③ Chae-Jin Lee and Hideous Sato, *U. S. Policy toward Japan and Korea: A Changing Influence Relationship*, pp. 118 - 119.

④ Byung-Kook Kim & Ezra F. Vogel eds., *The Park Chung Hee Era—The Transformation of South Korea*, p. 477.

⑤ Martin Hart-Landsberg, *Korea, Division, Reunification, and U. S. Foreign Policy*, Monthly Review Press, 1988, p. 159.

⑥ Kwang-Il Baek, *Korea and the United States*, Research Center for Peace and Unification of Korea, 1998, p. 142.

最终，面对国会、军方等政府内部的各方压力，加之 1979 年年底苏联入侵阿富汗，卡特也不想使自己被看作“向共产主义服软（Soft on communism）”，于是同意修订撤军计划，并很快逆转了原定的撤军计划。1980 年罗纳德·里根（Ronald Reagan）当选总统后，美国政府开始采取强硬的对苏政策，朝鲜半岛则被作为展示美国对苏强硬的一个主要窗口。而朝鲜也针锋相对，对新的全斗焕政府采取敌对政策，在缅甸暗杀全斗焕，致使半岛局势进一步恶化。[①] 至此，从韩国撤军问题不了了之。

第二节　朴正熙政府的人权问题与美韩关系

人权问题是美国推动韩国政治民主目标的内涵之一。但长期以来，韩国人权问题很少进入美国对韩政策的政府层面。在李承晚政府时期，除了在 1952 年韩国宪政危机及 1961—1963 年军政府“归还民政”过程中，做出过一定反应之外，美国政府很少干预韩国国内政治，甚至在 1972 年朴正熙维新体制建立期间，尼克松政府也没有做出积极反应。然而，卡特政府则把韩国人权问题列入美国对韩政策文件中，并就韩国人权问题向朴正熙政府施加了空前压力，致使卡特政府和朴正熙政府的关系陷入严重危机。

一、卡特就任总统前美国对韩人权政策

在美国的对韩政策目标中，推动韩国的人权建设也是一项贯穿始终的政策目标。但长期以来，在推动韩国实现美国的这项对韩政策目标问题上，美国一直处于一种相对停滞的状态。李承晚执政时期，为了加强个人独裁，先后多次采取违反民意和宪法的行动，压制韩国言论自由民主，打击反对势力。但对于李承晚持续执政的现实，美国政府最终采取默认态度。

朴正熙执政时期，美国在韩国的人权建设方面，总体上采取了类似的态度。出于战略需要，约翰逊政府时期，为了实现朴正熙政府持续向越南派兵并推动韩日关系正常化，美国政府某种程度上采取了支持朴正熙战胜反对派，默认朴正熙政府调动军队镇压示威民众的行为。即使在美韩关系比较紧张的尼克松—福特政府时期，对于朴正熙 1972 年宣布戒严法、解散韩国

① “Memorandum for the President from Zbigniew Brzezinski”, update, *DDRS*, Document Number: CK3100519828.

国会、修订韩国宪法，镇压随之而来的学生示威及在日本抓捕金大中的过激行为，美国政府也大致采取不干预的政策。最初，对于朴正熙建立威权政体的行动，尼克松政府采取了些许主动，推动韩国政府与社会之间冲突的升级，但当美国政府看到韩国民主势力对朴正熙政府的挑战即将危及韩国社会的和谐稳定时，美国政府很快回归不干预的立场。[①] 1973 年 1 月，在杜鲁门的葬礼上，尼克松曾明确向韩国总理金钟泌表示，美国不会干涉韩国内部事务。[②] 基于此种立场，美国不曾发表任何支持民主派的声明，即使在 8 月份韩国逮捕并宣判反对派领袖金大中死刑时，尼克松政府也没有过多干预，只是设法保住了金大中的性命。

尼克松因“水门事件”下台后，继任的福特总统在人权问题上的立场与尼克松类似，其立场受到基辛格的影响。然而，朴正熙执政后期威权统治的建立及其在韩国国内的高压统治，逐渐引起美国政府及媒体、民众对韩国人权问题的关注。尽管在具体的政策上，尼克松政府采取不干预方针，但也开始评估韩国的人权状况。在 1974 年的 154 号国家安全决策备忘录(National Security Decision Memorandum 154)中，尼克松授意对韩国的国内形势进行评估。同样，由于韩国人权状况引起了美国国会、媒体和民众的关注，最终，福特政府不得不在韩国人权问题上采取适当的行动，削减对韩军事现代化计划的援助，并以立法形式限制向韩国提供资金。[③] 尽管缩减对韩援助很大程度上是美国政府预算调整的结果，但和韩国人权状况相联系，也反应出美国加强了对韩国人权的关注。

卡特继任总统后，美国对韩国人权问题的关注度明显提升。这与卡特本人和美国国内气氛有着密切关系。共和党人尼克松—福特执政时期，美国基本完成了战略收缩，从越战的泥潭中摆脱出来。但尼克松时期美国政府暴露的权力丑闻及被揭出的有关越战期间美军在越南的大屠杀行为，使美国民众开始反省美国的现实主义外交政策，希望其回到道德理想主义传统中来。卡特作为具有宗教背景的总统候选人，在竞选期间就高举人权旗

① Gregg Brazinsky, *Nation building in South Korea: Koreans, Americans, and the Making of a Democracy*, p. 226.

② Wonmo Dong. *Korean-American Relations at Crossroads*, The Association of Christian Scholars in North America, INC, 1982, p. 51.

③ Kwang-Il Baek. *Korea and the United States*, Research and Center for Peace and Unification of Korea, 1988, p. 176.

帜,把基督教原则和美国人权理念作为其未来外交政策的核心。[①] 此外,卡特的人权外交政策在国会也有不少支持者,许多民主党议员要求加强对韩国人权的关注,表示美国不应该支持一个镇压自己人民的政府。[②]

二、卡特对韩人权政策

1977 年 1 月即将继任总统的卡特,继续高举竞选期间的人权口号,似乎决心将推动韩国政治民主、改善韩国人权事业作为美国对韩政策的中心。为了加强美国的人权外交政策,卡特政府创立了国务院人权局,并于 3 月 5 日任命帕特里西亚·德里安(Partricia M. Derian)为国务院人权及人道主义事务协调员,并将其提升为助理国务卿。与此同时,提示美国驻外大使随时报告所驻国家侵犯人权的情况。[③] 这些迹象表明,韩国的人权状况将会成为卡特政府关注的重点。

在 1976 年总统竞选过程中,关于对韩政策问题,卡特集中提出了两点主张,即缩减驻韩美军并把美国对韩人权政策和驻韩美军缩减问题联系起来执行。就任总统后,在外交协会的一次讲话中,卡特指出:"应该让韩国人明白,韩国政府的国内镇压行动引起了美国民众的反感,这将会妨碍我们实现美国对韩承诺。"[④]该谈话再次表明,卡特欲借安全等方面的对韩政策承诺向韩国施压,以促使其改善人权状况。

尽管在竞选时怀揣理想主义信念,高举人权旗帜,但在对韩政策中,卡特仍无法摆脱美国现实主义政策逻辑的束缚。虽然卡特本人对韩国的人权问题感兴趣,但在讨论总统的议程或指示时,执行对韩政策的美国官员很快发现,卡特所提出的议程执行起来很困难。对卡特的对韩人权政策持异议者主要基于两点考虑:一是强力推行人权政策对韩国可能的影响,二是美国对韩人权政策及对韩安全政策的相互关系问题。

驻韩美国官员对于推行美国的人权政策有着切身体会。1976—1979 年在美国驻韩使馆任职的援韩使团首席帮办(the deputy chief of mission

---

① Claude A. Buss, *The United States and the Republic of Korea Background for Policy*, California: Hoover Institution Press, Stanford University, p. 91.

② Claude A. Buss, *The United States and the Republic of Korea Background for Policy*, pp. 133 - 134.

③ Byung-Kook Kim & Ezra F. Vogel eds., *The Park Chung Hee Era—The Transformation of South Korea*. p. 471.

④ Kwang-Il Baek. *Korea and the United States*, p. 149.

in the US embassy)托马斯·斯特恩(Thomas Stern)回忆指出,尽管他努力向朴正熙施压,提醒美国对韩国人权问题的关注,但朴正熙往往不当回事,事实上,“尽管韩国领导人知道我们所指何事,他们也仅装聋作哑般点点头,然后转向下一个问题”。斯特恩确信,让韩国人重视人权问题必须采取有效的制裁行动,而这又是很多美国人不愿意看到的。1978 年接任驻韩大使的格雷斯廷则认为,美国一些人权专家建议美国政府发表公开声明反对朴正熙在国内镇压行动的观点是幼稚的,他怀疑这种政策不仅会对朴正熙产生影响,而且只会助长韩国反对派提出更为自由的政策。可想而知,这样行动“将会引发新的政变,而政变产生的新领导人不一定会比朴正熙更加明智”,考虑到对朴正熙的个人攻击不会对美国有任何实际好处,而且会导致韩国政局不稳并疏远和朴正熙政权的关系,卡特最终没有对朴正熙政府的国内镇压行动公开发表任何评论。① 对于韩国的国内镇压政策,美国多通过驻韩使馆以私下劝说和私人信件的形式施加压力。

关于通过缩减驻韩美军政策向朴正熙政府的人权政策施加压力方面,伴随着 1978 年美国对朝鲜半岛安全形势评估变化,维护韩国的安全再次占据美国对韩政策的核心,从韩国撤军最终陷入停顿。而利用撤军问题向朴正熙施压,要求其放松对国内反对派镇压的政策也不了了之。

综合而言,卡特对韩人权政策的制定和实施,首先不得不考虑的是服从美国对韩安全政策的基本需要,以不危及美国对韩安全目标为前提。正如《纽约时报》所言,卡特政府在对韩政策方面与尼克松—福特政府时期相比,都保持国防、安全问题与韩国国内的政治人权问题分离的特点,没有运用对韩军事援助和贸易制裁方式压迫朴正熙政府改善韩国人权状况。②

三、美韩双方围绕韩国人权问题的互动

1972 年 10 月,朴正熙修改宪法,扩大总统权力和任期,建立维新政权,激起了韩国政府反对派的强烈抵制,韩国国内不断爆发示威游行和反政府集会。尤其是在韩国中央情报部绑架金大中后,韩国反政府势力发起反维新斗争,学生示威规模不断扩大。为了维持政局的稳定,1974 年 1 月开始,

---

① Gregg Brazinsky, *Nation building in South Korea: Koreans, Americans, and the Making of a Democracy*, pp. 228 - 229.

② *The New York Time*, October 19, 1979, p. 3.

朴正熙政府以第四共和国宪法为依据连续出台九项紧急措施,禁止一切谈论修改宪法以及有关集会和示威,并残酷镇压民主运动和反对势力。其中,1975 年 5 月 13 日发布的"紧急措施第九号",禁止否定、反对、歪曲、诽谤韩国宪法,或主张、请愿、煽动对宪法进行修改、废止的行为,甚至严禁公然诽谤该条款的行为。[①] "紧急措施第九号"把韩国政府的镇压行动推到了顶点。

朴正熙政府在国内的镇压行动引起了美国国会的广泛关注。1974—1975 年间,美国国会就韩国人权问题举行多次国会听证会。为了促使朴正熙对美国的人权关注做出积极回应,很多美国国会议员在辩论中主张缩减驻韩美军,借此向朴正熙施压。为了影响美国国会对韩政策态度,朴正熙政府则暗中贿赂部分美国国会议员,结果被美国媒体曝光,成为轰动美国的"韩国门丑闻"[②]。韩国门丑闻进一步助长了美国国内的反朴正熙政府情绪。

在这种背景下,卡特就任总统之后很快对韩国的人权问题做出反应。1977 年 2 月 14 日,卡特致信朴正熙,对韩国的国内局势表示关注,希望朴正熙政府能够及时响应美国的人权政策,改善国内人权状况,以便继续保持美韩双方良好的同盟关系。卡特有意在信中借美韩安全合作,提醒朴正熙对其建议做出积极的回应。[③] 然而,朴正熙在回信中除感谢美国政府对韩国安全发展等提供的帮助外,不客气地否定了卡特对韩国人权状况的质疑。朴正熙指出,韩国实行的是法制,不存在人权问题,"紧急措施第九号"是保

---

① "建国 60 年大事记<35>韩国民主主义的黑暗期",朝鲜日报中文网:http://old.chnarchive.chosun.com/site/data/html_dir/2008/07/29/20080729000031.html。

② "韩国门丑闻"本质上是韩国力图通过贿赂美国议员,影响美国国会做出有利于美国对韩政策的行动结果。20 世纪 60 年代末期,在美国对韩谷物出售问题上,韩国政府就开始运用韩国商人朴东宣(Park Tongsun)向美国国会部分议员游说行贿,企图影响美国国会做出支持韩国的议案。1970 年 3 月,尼克松政府单方面做出从韩国撤出 2 万美军的决定后,韩国采取了一系列反制措施,其中通过贿赂方式影响美国国会对韩政策就是其中之一。在韩国中情局支持下,朴东宣等人贿赂了不少美国议员。随着贿赂行为的扩展,美国国会和媒体逐渐关注韩国这种行为。1976 年 10 月 26 日,美国《华盛顿邮报》披露有关内幕,被媒体戏称为继"水门事件"的"韩国门事件"。经过《纽约时报》等媒体的竞相披露,美国国会对韩国的这种非法活动展开调查,韩国最初坚决反对美国对韩国公民的司法调查活动,但在卡特政府的压力下,最终做出妥协,允许美国在韩国汉城对朴东宣进行取证调查。具体参见:Chae-Jin Lee and Hideous Sato, *U. S. Policy toward Japan and Korea: A Changing Influence Relationship*, pp. 73 - 89。

③ "Text of Letter to President Park from President Jimmy Carter", February 14, 1977, *DDRS*, Document Number: CK3100125222.

障韩国自身安全的必要措施，对于韩国的稳定与发展至关重要。[①] 朴正熙进一步向美国驻韩大使理查德·斯奈德(Richard L. Sneider)强调，如果他在美国的压力下采取行动释放一些政治犯，只会导致韩国产生更多的异议分子。对于朴正熙的消极反应，国家安全事务助理布热津斯基显然洞悉到朴正熙的心理行为特征，认为："这就是朴正熙的特色，当他感到危险时，他经常先发制人，加紧控制，当他感到安全时，便会做出调和姿态。"布热津斯基因此向卡特提议，如果想在韩国的人权问题上取得进展，应该在私下里提醒朴正熙，美国对韩国的人权问题很关注，避免公开施压，因为这不利于朴正熙采取行动。[②]

卡特显然接受了布热津斯基的提议，在3月9日会见韩国外交部长朴东镇(Park Tong-chin)时，卡特借美国国会及民众对韩国人权状况的关注，再次提议韩国政府主动采取一些改善人权状况的行动，以便缓解美国国内对卡特政府就韩国人权问题造成的压力。卡特特意指出，为了避免造成韩国政府的行动是美国压力的结果，韩国应率先采取行动。然而，朴东镇毫无妥协之意，辩称紧急措施符合韩国宪法，判决是由韩国法院做出的，韩国政府无权过问。而对韩国的安全与发展需求而言，韩国民众做出牺牲，遵守更严格的法律也是必要的；韩国的民主经历还很短暂，只能慢慢接受外来民主观念。

卡特的口头施压并没有奏效，3月22日，韩国大法院判处金大中、尹潽善有期徒刑五年，并剥夺公民权利五年，同时定罪入狱的还有16人。判决遭到抵制，以上层民主人士为核心，很快形成"民主统一国民会议"，反抗高压的维新体制。[③] 4月8日，驻韩大使就释放上述被捕人士与朴正熙进行长谈，朴正熙则表示，可以宽大处理，但金大中等人必须有悔过表现，否则无端释放后，他们将会重新鼓动示威和抗议，进而危及韩国政府和社会稳定，同时毫无理由的释放将被解释为外部压力的结果。韩国的强硬态度使美国政

---

① "The Telegram from Embassy Seoul to Secretary of State", February 26, 1977, *DDRS*, Document Number: CK3100093704.

② "Memorandum for the President from Zbigniew Brzezinski", update, *DDRS*, Document Number: CK3100696934.

③ 曹中屏、张琏瑰:《当代韩国史，1945—2000》，第312-313页。这是韩国"明洞圣堂事件"的延续。1976年3月1日，金大中、尹潽善等18名反专制人士在汉城明洞圣堂宣读《拯救民族与民主宣言》，又称"三一民主救国宣言"，韩国行政当局立即依据"紧急措施第九号"对其逮捕并起诉。

府开始考虑派遣总统特使或者公开施压。①

尽管在交涉过程中，朴正熙政府没有在人权问题上表示退让，但也意识到有必要对卡特政府的要求做出回应，认真对待美国国会在韩国人权问题上对卡特政府施加的压力。朴正熙希望美国能够在韩国人权问题上给韩国政府一些调整的时间，避免公开提出韩国人权问题。② 1977 年 12 月，经过美韩双方的磋商及朴正熙政府的内部调整，朴正熙释放了包括金大中在内的一部分政治犯，并就“韩国门事件”的调查达成妥协。韩国政府的让步令卡特感到满意，1978 年 1 月 17 日，卡特特意写信，肯定朴正熙改善韩国人权的行动，指出此举对加强美韩同盟关系的重要意义。③

相对于 1977 年而言，1978 年美韩双方在韩国人权问题上的分歧比较缓和，原因很大程度上是双方的默契。一方面，卡特政府进一步认识到，压制朴正熙政府可能更不利于争取它的配合，而改善和韩国的关系，则有利于推动韩国政府在人权问题上的让步；另一方面，朴正熙政府也在韩国人权问题上采取了一些缓和行动。④ 12 月 22 日，朴正熙又在五天后举行就职典礼庆祝之际宣布举行大赦，释放包括金大中在内的 5000 名政治犯。这在美国政府内部进一步留下了好印象。布热津斯基立即指示美国驻韩大使威廉·格雷斯廷传递卡特总统的赞扬，并准备在下一年举行美韩首脑会晤。⑤

然而，美韩双方关于韩国人权问题的和谐好景不长，由于获释的韩国反

① “Memorandum for the President from Zbigniew Brzezinski”, April 16, 1977. *DDRS*, Document Number: CK3100522847; “Telegram from US Ambassador to Korea to Leonid Brzezinski”, *DDRS*, Document Number: CK3100097223.

② “Zbigniew Brzezinski Informs Secretary of State Cyrus Vance that President Jimmy Carter is willing to Credit South Korean President Park Chung Hee for the Release of South Korean Political Prisoner Kim Dae Jung”, April 26, 1977, *DDRS*, Document Number: CK3100519824; “Cable to Secretary of State Cyrus R. Vance Regarding a Meeting with President Park Chung Hee to Discuss Human Rights Problems in South Korea”, May 7, 1977, *DDRS*, Document Number: CK3100109026.

③ Byung-Kook Kim & Ezra F. Vogel eds., *The Park Chung Hee Era—The Transformation of South Korea*. p. 476; “Letter from President Jimmy Carter to South Korean President Chung Hee”, January 17, 1978, *DDRS*, CK3100129807.

④ William H. Gleysteen Jr., *Massive Entanglement, Marginal Influence: Cater and Korea, in Crisis*, p. 35.

⑤ “Memorandum for Zbigniew Brzezinski from Nick Platt”, December 22, 1978, *DDRS*, Document Number: CK3100517024; December 26, 1978.

政府人士再次起而反对政府，促使朴正熙再次加强国内的控制，进而使美韩双方在韩国人权问题上陷入紧张状态。12 月 27 日金大中、尹潽善等人获释后，联名致信卡特总统，声称韩国政府偶尔释放一些政治犯并不意味着韩国人权状况的改善及韩国政府人权立场的变化，在他们获释的同时又有新的人被逮捕，且政治犯在狱中遭受比一般犯人更残酷的对待。他们希望卡特访韩期间能够进一步推动韩国废除紧急法令，释放所有政治犯，韩国民主的发展必须成为美韩双边关系目标的一部分。驻韩美军不应该仅仅限于阻止战争，也应该保护和扶持韩国的自由民主。①

韩国政府反对派的行动引起了美国的反应。1979 年 3 月中旬，亚太事务助理国务卿理查德・霍尔布鲁克(Richard C. Holbrooke)访问汉城，与韩国政府反对派领导人会谈。霍尔布鲁克与政府反对派人士会谈引起朴正熙政府不满。6 月末，在朴正熙和卡特高峰会谈前夕，韩国中央情报局把 30 位异议分子软禁起来。② 但是，美韩峰会并没有因为双方在韩国人权问题上的矛盾受到搁置。格雷斯廷自 1978 年年末就开始筹备美韩双方的峰会，旨在缓和美韩双方关系，如果借韩国人权问题推迟美韩峰会，将会从整体上进一步恶化美韩同盟关系。

6 月 30 日，美韩峰会如期举行，卡特和朴正熙在青瓦台举行峰会。对于美韩双方而言，这次峰会并不愉快。除了军事安全问题之外，围绕韩国人权问题的会谈也甚为不快。卡特希望朴正熙能够废除“紧急措施第九号”，这将有助于改善美韩关系。作为美国的最好盟国，如果韩国人权问题遭到美国国内的批评，美国政府将会感到羞愧。然而，朴正熙毫不退让，转而强调韩国面临的安全威胁使其有必要限制自由，并指出：“如果许多苏联师驻扎在巴尔的摩，美国政府不可能允许他们的人民享有现在的自由。如果许多苏联师挖地道把游击队送进哥伦比亚特区，那么美国人的自由将会更加受限。”朴正熙强调，如果废除“紧急措施第九号”对美韩关系有利，他可以考虑废除并释放犯人。但如果有人试图推翻他的政府，他是决不允许的。③

---

① “The Letter from Kim Dae-Jung, Yun Po-Sun and Ham Sok-Hon to President Jimmy Carter”, update, *DDRS*, Document Number: CK3100536289.

② Sun-won Park, “Belief Systems and Strained Alliance: The Impact of American Pressure on South Korean Politics and the Demise of the Park Regime in 1979”, *Korea Observer*, Vol. 34, No. 1 (Spring 2003), pp. 97 – 98.

③ “Memorandum of Conversation”, June 30, 1979. *DDRS*, Document Number: CK3100110798.

朴正熙在韩国人权问题上的强硬立场让卡特恼火。为了显示不满，卡特在第二天与反对派领导人金泳三进行了更长时间的会谈。[①] 朴正熙显然看到了卡特和反对派领导人会面的重要意义，如果美国真的决心放弃现有政权，他的地位将难以保证。作为妥协，朴正熙很快在双方会晤结束后，决定在年底再释放违反"紧急措施第九号"的 180 名犯人，作为交换，卡特则于 7 月 20 日宣布 1981 年前不再考虑从韩国撤出美国地面部队。[②] 因而，朴正熙和卡特峰会期间，关于韩国人权问题的妥协，很大程度上是双方交易权衡的结果。

然而，韩国人权问题很快再次因为韩国政府镇压国内工人示威而摆在美韩双方政府面前。8 月 11 日凌晨 2 点，大约 1000 名警察袭击新民党总部并逮捕在那里静坐的 YH 贸易公司女工。冲突造成 1 名女工死亡，6 名新民党议员、约 30 名新民党党员和 15 名媒体记者受伤。朴正熙还进一步命令调查都市工业协会(Urban Industrial Mission)，一个基督教组织，该组织与基督教工人联合会联系密切。结果该组织被控告煽动工人进行阶级斗争。[③] 新民党总裁金泳三立即声明谴责，朴正熙则指使新民党前总裁李承哲向汉城法院控告金泳三当选总裁不合法，并促使汉城法院做出停止金泳三新民党总裁职务的判决。10 月 14 日，共和党和政友会议员在在野党议员不在的情况下通过决议，取消金泳三议员资格。[④]

韩国镇压工人和政党活动的加强及对基督教组织活动的攻击，严重挑战了卡特的人权政策。美国政府高级官员及驻韩大使格雷斯廷不断警告朴正熙，但都没有奏效。[⑤] 为此，18 日，美国国防部长哈罗德·布朗(Harold Brown)携带卡特总统的信，和格雷斯廷一同将信面呈朴正熙。卡特在信中

---

① Sun-won Park, "Belief Systems and Strained Alliance: The Impact of American Pressure on South Korean Politics and the Demise of the Park Regime in 1979", pp. 99 - 100.

② "Memorandum to President Jimmy Carter from Zbigniew Brzezinski", July 12, 1979, DDRS, Document Number: CK3100514579; Byung-Kook Kim & Ezra F. Vogel eds., *The Park Chung Hee Era—The Transformation of South Korea*. p. 480; Sun-won Park, "Belief Systems and Strained Alliance: The Impact of American Pressure on South Korean Politics and the Demise of the Park Regime in 1979", p. 101; Kim Hyung-A, *Korea's Development under Park Chung-Hee: Rapid Industrialization, 1961—1979*, p. 199.

③ Kim Hyung-A, *Korea's Development under Park Chung Hee: Rapid Industrialization, 1961—1979*, p. 163.

④ 曹中屏、张琏瑰：《当代韩国史，1945—2000》，第 325 - 326 页。

⑤ "Nicholas Platt Informs Zbigniew Brzezinski", October 4, 1979, *DDRS*, Document Number: CK3100510889.

表示对金泳三问题极为担忧，但仍旧好言相劝，希望朴正熙能够尽快想办法继续推动韩国政治自由化，维持美韩关系。布朗也强调，如果韩国不能恢复政治自由化，美国将无法维持传统的美韩安全关系。朴正熙表示，愿意就韩国人权问题接受美国私下的建议，但美国如果公开声明批评韩国或采取召回大使的方式，韩国将无法考虑美国的意见。朴正熙的态度让卡特不知如何应对。①

随后韩国的政治局势变化剧烈，更让卡特政府不知如何决策。10 月 16 日，韩国第二大城市釜山发生大规模游行示威，游行队伍与警察严重冲突。18 日中午，朴正熙政府在釜山实行全面戒严。但抗议活动蔓延到邻近地区。当天以庆南大学和马山大学学生为主体的马山市民举行示威，周边示威群众在两天内增加到数万人。朴正熙政府紧急调动部队进行镇压。②

然而，卡特政府还没考虑好如何对朴正熙政府的镇压行动做出反应，朴正熙政权则以出人意料的方式结束了。10 月 26 日，韩国中央情报部长金载圭刺杀朴正熙，从而一举结束了卡特人权外交与朴正熙政府国内反人权政策的矛盾困境。

小结　卡特政府对韩政策失败的根源

卡特政府的对韩政策集中体现在从韩国撤军和推动韩国改善人权，最终，这两项政策皆以失败告终。美国对韩政策的传统特征及朴正熙政府的相应抵制，是卡特政府对韩政策最终失败的决定因素。另外，日本的反对也是重要的外在因素。

卡特政府提出从韩国撤军的政策，显然带有卡特本人理想主义的色彩。尽管卡特本人不乏从韩国全面撤军的决心，但在具体的执行过程中，撤军问题面临的是具体的现实考虑。美国政府各部及国会内部的广泛反对，逐渐突显了卡特从韩国撤军政策可能造成的一系列安全问题。1978 年美国军

---

① Sun-won Park, "Belief Systems and Strained Alliance: The Impact of American Pressure on South Korean Politics and the Demise of the Park Regime in 1979", p. 106. "President Carter's Letter to South Korean President Park Chung Hee", October 13, 1979, *DDRS*, Document Number: CK3100106965; "Memorandum to Secretary of State Cyrus Vance from Zbigniew Brzezinski", *DDRS*, Document Number: CK3100514585; William H. Gleysteen Jr., *Massive Entanglement, Marginal Influence: Carter and Korea in Crisis*, p. 51.

② 曹中屏、张琏瑰：《当代韩国史，1945—2000》，第 326－327 页。

方组成阿姆斯特朗研究小组,专门研究朝鲜的军事力量,得出的结论是,朝鲜的军事实力比先前估计的45万人多出三分之一,拥有的坦克和大炮数量也比1977年估计的高出35%。[①] 尽管国会在韩国人权问题上带有理想主义色彩,对卡特政府做了相对积极的支持,但在撤退美军问题上,国会则采取了现实主义立场,反对卡特从韩国撤军的计划。与此同时,日本政府出于自身安全考虑,也与韩国政府配合,对卡特的撤军政策提出质疑。[②] 最终,卡特总统本人不得不考虑美国政府各部和国会的压力,调整撤军政策,直至终止从韩国撤退美军。归根结底,美国政府内部尤其是军方围绕驻韩美军问题决策,必然受到美国对韩政策战略定位的影响。只要韩国对美国的战略价值不变,美国将不会撤退驻韩美军。

卡特政府的对韩人权政策,同样受到美国对韩战略价值判断的影响。尽管卡特在竞选及就任总统之初,把人权政策作为美国外交政策的中心内容,但在美国的对韩政策中,人权问题依然处于次要地位。1977年1月26日,在第13号国家安全文件中,卡特总统授意对美国对韩政策进行评估,韩国的人权状况被作为一项评估内容,但韩国人权问题的排名却在末位。这反映出尽管人权问题在美韩同盟关系中较以往明显得到重视,但相较其他美国对韩政策目标,仍然处于次要地位。[③] 与此同时,对韩人权政策的实施效果,最终取决于朴正熙政府是否愿意配合,卡特政府的对韩人权政策遭到朴正熙政府的强烈抵制,致使卡特政府的施压流于形式。

卡特政府的对韩政策本质上是卡特本人理想主义与美国抬头的新孤立主义结合的一种表现。卡特本人得益于共和党内部福特与里根的内耗,以微弱多数当选总统,其带有强烈个人理想色彩的对韩外交政策,无法冲破美国外交中现实主义传统的束缚,结果在具体的执行中显得不伦不类。一方面在涉及军事安全等美韩同盟面临的现实问题上,卡特不得不继续对韩国的军事援助;另一方面,在韩国人权问题上,卡特也不得不考虑美国的安全战略利益,对韩国朴正熙政府乃至日本做出妥协。卡特的政策最终走向失败是必然的。随着共和党总统里根的执政,美国的对韩政策彻底逆转,再度回归到纯粹现实主义理念,开始全面加强美韩同盟,并接纳全斗焕新军政府。

---

① Phil Williams, Donald M. Goldstein eds., *Security in Korea: War, Stalemate, and Negotiation*, Boulder and San Franisco: Westview Press, 1994, pp. 170 - 178.

② 马德义:《卡特政府从韩国撤军政策变化初探》,《世界历史》2011年第1期,第36-43页。

③ Presidential Review Memorandum/NSC-13, National Security Council, January 26, 1977.

结语　冲突与协调:美韩同盟与朴正熙政权

自1961年5月政变上台至1979年10月被刺杀,朴正熙在韩国连续执政近19年,对韩国的发展与美韩同盟产生了深刻的影响。在这期间,朴正熙政府先后同五位美国总统打过交道。随着国际形势的变化、韩国自身的发展及美国对外政策的变化,这五位美国总统的对韩政策表现出了不同特点,美韩同盟关系也呈现出阶段性特征。总体来看,朴正熙政府时期的美韩同盟关系具有以下几个特点。

第一,安全战略上的相互依赖本质没有变化,但双方的地位有所变动,韩国在同盟中的地位得到提升,独立性增强。

美韩同盟本质上是军事安全同盟,美国对韩政策的一切动因在于维护美国的朝鲜半岛战略利益。对此,朴正熙政府显然拿捏得非常到位。1961年"5·16"政变之初,为了表明亲美立场,军政府除了在国内整顿秩序外,在对美外交上率先采取了两个决定性行动:宣布军政府的反共立场;把韩国军队的战时指挥权交给驻韩联合国军司令部,表明继续保持美韩同盟的决心。这对于争取美国对朴正熙军政府的支持起到了至关重要的作用,因为坚持美韩同盟正是美国维持朝鲜半岛战略利益的基础,反共则顺应了美国冷战的意识形态需求。尽管随后美国曾怀疑朴正熙的共产主义经历,犹豫是否要在军政府内权力斗争中支持朴正熙,但朴正熙很快采取主动,打消了美国的这种怀疑。

约翰逊政府时期,韩国在美韩同盟中的地位得到提升,并在与美国的战略配合中度过了相对愉快的蜜月。这一时期,美国在东亚实行战略扩张,在越南采取进攻性军事政策。为了使美国的军事行动展现国际支持的色彩,约翰逊政府提出"多旗帜"计划,但美国在越战中缺乏号召力,只有韩国、澳大利亚、新西兰等国提供了实际支持。① 其中,在所有提供援助的盟国中,韩国向美国提供了最大规模的援助。韩国向美国提供实质性援助的主要目

① Sylvia Ellis, *Britain, American, and the Vietnam War*, Westport: Greenwood Publishing Group, 2004, p. 5.

的是,借助参加越战争取美国向韩国提供经济发展计划的资金。但在战略层面,美韩同盟关系因韩国军队参加越战发生了微妙变化。在美国扩大对越战争的过程中,韩国在美韩同盟关系中的地位有所提升,美国不得不对韩国的一些要求做出让步,比如满足韩国提出的援助要求,修改驻韩美军地位协定,韩国对驻越韩军拥有独立的指挥权等。这些迹象表明,韩国在美韩同盟中的地位得到了相应提高,美国在越南战争问题上对韩国战略上的某种依赖,使美国不得不考虑改变美国在美韩同盟中对韩国的态度。

但美韩在越南战争问题上的战略合作水平取决于美国在越战中采取什么样的政策。尼克松政府推行战略收缩,调整越南战争政策,使美韩战略协作"蜜月"很快结束,并导致美韩同盟关系迅速冷淡,推动韩国增强自身的独立性。整个 1970 年代,朴正熙政府与美国的关系都处于相对紧张的状态。为了抵消美国战略收缩对韩国及自身政权安全造成的影响,朴正熙主动调整强烈反共的一贯立场,宣布愿意和共产主义国家发展关系,并采取行动以缓和朝鲜半岛局势。与此同时,朴正熙政府也在韩国国内采取了加强自身政权安全的反民主措施,这进一步导致美国与朴正熙政府的关系紧张。

尽管朴正熙政府与美国的关系并不稳定,但纵观整个朴正熙政府时期,美韩安全同盟的基本战略框架没有发生变化。朴正熙政府并没有因为美国战略调整、双方关系转冷而提出改变美韩同盟本质的意图,反而更加强调美国承担对韩安全义务,反对驻韩美军的撤离。美国的战略收缩和驻韩美军的缩减也并不是全面的撤离,而是在充分考虑韩国自身安全能力的前提下,做出的适度缩减。随着韩国经济发展,美国也有意推动韩国自身的独立性,在自主防卫能力方面,美国维持朝鲜半岛军事平衡的政策本质始终没有发生变化。

第二,在韩国的国家建设方面,美国不同总统任期内的侧重点有所不同,与朴正熙政府之间协调与冲突并存。

整个朴正熙政府时期,韩国始终把经济发展放在首位,为了实现韩国经济的腾飞,朴正熙政变上台后,很快制定了快速发展经济的国家战略。朴正熙政府充分利用并创造各种有利条件,服务于韩国的经济发展。在军政府时期,朴正熙政府就急于筹集建设资金,甚至不惜以没收资本家财产和印刷钞票的方式筹资。这些极端的方式反映出朴正熙追求韩国经济发展的急迫心态。

韩国以经济建设为中心制订的一系列经济发展计划,恰好顺应了美国对外援助政策调整趋势,符合美国对韩政策目标中以经济发展为重心的特点。因此,朴正熙军政府很快得到了肯尼迪政府的认可。自肯尼迪政府开始,美国为了减轻外援负担,开始调整对外援助政策,从赠予性援助转向开发援助为主导,并缩减对外援助的规模。在这种背景下,美国的对韩援助资金也相应缩减。为此,1961 年 11 月访美时,朴正熙军政府高层专门就增加对韩援助资金问题进行呼吁,然而,没有争取到肯尼迪政府的让步。在韩国国内筹资不足的情况下,朴正熙政府为了从外部争取资金,随后采取了两项重点举措:实现韩日关系正常化和派遣韩国军队参加越南战争。这两项政策都符合美国的战略需求。韩国派军队参加越南战争,顺应了美国追求越南战争国际化支持的需求;韩日关系正常化,使美国实现了两个长期对立盟国的和解,对于美国构建美、日、韩三边准同盟机制提供了前提。与此同时,韩日关系正常化也便于美国推动日本向韩国提供援助,减轻了美国对韩国的援助压力。韩日关系正常化后,1974 年 6 月末,韩国从日本引进资本总额 14.7 亿美元,其中财政借款 3.83 亿美元,民间商业借款 6.47 亿美元,直接投资 4.67 亿美元。加上日本每年向韩国提供的无偿援助资金,共计 17.33 亿 美元。[①] 这些资金为韩国的发展提供了很大助力,也减轻了美国的对韩援助压力。

在美国对韩政策中,除了经济发展目标之外,建构韩国民主制度也是美国对韩政策的重要长期目标。1961 年年初,正在肯尼迪政府酝酿对外政策调整,强化美苏制度竞争之时,韩国的“5·16”政变客观上成为美国在韩国推行美式民主制度的讽刺,使美国在同苏联的竞争中限于困境。因而,为了摆脱这种困境,消除苏联攻击美国的口实,美国当务之急是让韩国尽快恢复美式代议民主制度。为此,在接受韩国军政府既成事实的同时,美国很快促使军政府确定恢复代议制政权体制的日期,并最终推动军政府在 1963 年底举行选举,顺利恢复了代议制政体。

美韩在越南战争中的军事合作,促使美韩同盟关系的地位发生一定变化。为了推动韩国参加越南战争,美国不得不在韩国的安全、发展、民主三大目标之间有所取舍。在 1965 年韩国开始向越南大规模派兵时,美国的对韩政策目标也做了相应调整。11 月 9 日,美国出台新的对韩政策国家安全

① 中川信夫:《韩国的经济结构与产业发展》,亚洲研究所 1964 年版,第 112 页,转引自赵成国:《朴正熙与韩日邦交关系正常化》,《世界历史》2003 年第 3 期,第 64－71 页。

文件。在美国对韩政策的长期目标中,文件不再提及推动韩国的"自由、民主"制度,列举的八项具体对韩政策目标中,把韩国的政治稳定、经济发展和外部防卫列在前三位。[①] 对韩政策的变化意味着美国降低了对韩国民主发展的关注程度,放松了对朴正熙政府独裁倾向的限制。这与韩国向越南派兵前的美国对韩政策形成了鲜明对比。其实,在美国决定推动韩国向越南派兵之前,美国尚未坚定支持朴正熙政府的决心。1964年6月,在努力实现韩日关系正常化过程中,朴正熙政府的连续执政一度受到国内反对力量的威胁,在这种情况下,美国在是否坚持支持朴正熙政权问题上曾经犹豫不决,尽管最终同意朴正熙政府启用戒严法调动军队镇压,但仍尽力保持一种中立姿态。[②]

韩国派兵前后美国对韩政策的明显变化,反映了美国在对韩政策方面的务实调整。为了推动朴正熙政府在美国越南战争政策上的配合,美国开始暂时放弃推动韩国政治民主的努力,坚定地支持朴正熙政府,甚至通过增加对韩援助帮助朴正熙加强政府影响力,压制政府反对派对向越南派兵政策的反面影响。从长远来看,这在客观上助长了朴正熙追求个人权力的欲望,为1970年代朴正熙加强独裁统治做了铺垫。

在美国暂时放弃推动韩国民主进步政策目标的同时,韩国对美国政策的影响力也在随着越战的深入而增强。韩国迫使美国在推动韩国的安全与发展方面做出了重大让步。在1960年代后半期,韩国所追求的自身安全与发展目标实现了统一。从韩国参加越战期间所获得的成就来看,韩国的经济开始"起飞",取得了令人瞩目的成就,与此同时,韩国派遣军队参加越战,阻止了驻韩美军和美国对韩军事援助的缩减。当然,美国保持驻韩美军和对韩军事援助水平,也与半岛形势有关。在韩国参加越南战争的过程中,为了策应北越的军事行动,朝鲜不断增强在非军事区的军事对抗,朝鲜半岛军事冲突的数量急剧增加。结果,半岛冲突的不断升级促使美国再次重视其

---

① Donald Stone Macdonald, *U. S. -Korean Relations, from Liberation to Self-reliance—The Twenty-year Record*, pp. 32 - 33.

② "Telegram from the Commander in Chief, United Nations Command, Korea (Howze) to the Chairman of the Joint Chiefs of Staff (Taylor)", March 26, 1964, pp. 17 - 18; "Telegram from the Embassy in Korea to the Department of State", June 3, 1964, pp. 26 - 28; "Telegram from the Embassy in Korea to the Department of State", June 4, 1964, pp. 29 - 30; "Telegram from the Embassy in Korea to the Department of State", June 6, 1964, pp. 31 - 34, in *FRUS*, 1964—1968, Vol. XXIX, part 1.

对韩政策中的军事安全目标,加大对韩军事援助。

越南战争之于美韩同盟双方,存在截然不同的影响。越南战争之于美国,是惨痛的代价和战争梦魇;越南战争之于韩国,是经济发展的重大契机和战争红利。朴正熙政府成功抓住了越南战争的有利时机,结合美国推动韩国经济发展的战略,竭力通过参与越战,从美国争取大量的经济援助,拓展海外市场,为韩国经济腾飞奠定了基础。但随着尼克松政府的战略收缩,美韩同盟在约翰逊政府时期战略合作的蜜月期随之结束。随后战略冲突和不信任深刻影响着朴正熙政府和美国政府的关系。朴正熙政府坚持经济发展为中心的国家战略,与此同时,迫于美国战略收缩和中美缓和形势的影响,朴正熙政府也在外交姿态上做出了相应的调整,主动缓和同朝鲜的僵硬紧张关系,并试图缓和同其他社会主义国家的关系。1975 年南越政权陷落,引起了朴正熙政府的担忧,美国政府也重新审视对韩政策,福特政府决定停止从韩国撤军政策,短暂缓和了美韩同盟关系。

然而,卡特政府的完全撤军政策和人权外交政策使美国和朴正熙政府关系的恶化达到了顶点。卡特的韩国撤军政策在美国国内就遭遇了强大阻力,而人权政策则遭到朴正熙政府的强力抵制,最终朴正熙政府通过进一步强化权力的方式回应卡特的人权外交,对此,鉴于稳定美韩安全同盟的根本需求,卡特除了口头施压,也无其他影响朴正熙的办法。

第三,在多元的对韩政策目标中,尤其是军事安全和经济发展目标之间,优先追求哪个目标,在美国政府内部往往也面临各种分歧。

进入 1960 年代,在第三世界国家与地区中,美国加强了同苏联的争夺。在第二份国情咨文中,肯尼迪指出,美国将迎来"责任与荣誉"的时刻。肯尼迪声言要"不惜一切代价,承担任何重任,应对任何艰难险阻,支持任何朋友和反对任何敌人",这是在世界面前抛出的一张空白支票,是对艾奇逊和杜勒斯时代的冷战做出的一次重大改变。[①] 肯尼迪的豪言壮语,标志着美国对外战略展现出进一步扩张的态势。以罗斯托、马克斯·米利肯(Max F. Millikan)等人为代表的经济学家作为政府决策的重要参与者,积极推行他们的现代化理论,主张在第三世界同苏联争夺。[②] 同苏联竞争的需要,使推

---

① [美]德瑞克·李波厄特:《五十年伤痕》,郭学堂、潘忠岐等译,上海三联书店 2008 年,第 323-324 页。

② W. W. Rostow, *The Stages of Economic Growth: A Non-Communist Manifesto*, pp. 160, 162-164.

动韩国经济建设的目标在美国对韩政策目标中的地位提升。

随着美国对韩政策目标重心的调整,促进韩国的经济发展成为美国对韩政策的重要目标。然而,肯尼迪政府之后,美国对外援助资金缩减,加剧了美国对韩军事援助和经济援助配额分配的冲突。在对韩援助资金总额有限的情况下,经济目标地位的上升,势必挤压军事援助的份额,所以,在美国政府决定增加经济援助时,经济发展和军事安全目标在对韩援助中分配的比例问题很快成为矛盾。围绕是否通过缩减军事援助来增加经济援助的问题,美国政府内部以军方和国务院为代表的对立双方,展开了激烈的争论。军方基于朝鲜半岛的安全形势的特殊性,强调不能缩减对韩军事援助,而国务院则主张推动韩国经济发展,增加对韩经济援助的资金。这种明显的分歧导致肯尼迪政府对韩政策调整非常缓慢。

约翰逊政府扩大越南战争及韩国派军队参与越南战争,扭转了美国政府内部对韩军事援助与经济援助孰重孰轻的争论趋势。1964 年 8 月,美国参谋长联席会议认为:“考虑到当前的东南亚形势,美国将不削减远东的军事能力,不撤退驻韩美军,韩国军队应保持在当前水平。”[①]此后,直到美国开始考虑摆脱越南战争之前,约翰逊政府都无暇顾及缩减韩国军队、驻韩美军等有关问题。

尼克松政府时期,受美国在东亚战略收缩的影响,撤退驻韩美军问题再次成为美国政府内部争论的热点问题。在越南战争对美国造成的伤痕背景下,加上尼克松和基辛格为核心的决策者的推动以及美国国会的认同,尽管缩减对韩军事安全援助遭到军方的强烈抵制,尼克松政府最终还是做出了缩减 2 万驻韩美军的决定。不过,尼克松缩减驻韩美军的同时,也采取了积极的措施弥补对韩国安全造成的影响,即向韩国提供为期 5 年、总值 15 亿美元的军事援助计划,帮助韩国提升自身防卫能力。

尽管如此,朴正熙政府对美国战略收缩所造成的韩国安全威胁感到担忧。重要的是,美国的战略收缩使朴正熙政府一贯的反共外交面临困境。朴正熙政府的外交困境使其政权安全也遭到威胁。在这种情况下,朴正熙通过修改宪法,建立维新体制维持政权的存续。对美国而言,维新体制的建立显然违背美国推动韩国政治民主的政策目标,但在维持稳定与发展民主

---

① “Memorandum from the Joint Chiefs of Staff to Secretary of Defense McNamara”, August 11, 1964, in *FRUS*, *1964—1968*, Vol. XXIX, pp. 41 - 43.

之间,尼克松—福特政府采取了现实主义态度,选择了朴正熙政府独裁式的稳定。此后的卡特政府尽管高举人权旗帜,但在韩国的人权问题上,实际也不得不面对现实,容忍朴正熙政府在国内镇压反对派的行为。最终,卡特在人权问题上对朴正熙最有力的影响是以停止从韩国撤军作交换的方式实现的,这反映了卡特在人权问题上对韩国的影响同样乏力。[①]

综合来看,朴正熙政府时期,除了暂时在政府层面搁置推动韩国政治民主化目标之外,美国不仅实现了韩国的经济发展目标,而且同时维持了军事安全目标。但是,在实现这些对韩政策目标的过程中,美国的主导性地位在逐步降低。韩国派兵参加越南战争之前,尽管军政府在韩国国内改革、政策执行方面的自主性增强,但韩国很难对美国的对韩政策产生实质性影响,美国在同盟关系中处于绝对的主导地位。为了规制韩国的发展政策,美国可以不断以援助施压,迫使韩国军政府在国内政治、经济等政策上做出让步。在韩国向越南派兵之后,美国在规制韩国内部政策方面的主导性地位打了不少折扣。相反,韩国对美国对韩政策的实施产生了不小的影响,借助美国对韩国的军事需要,韩国能够影响美国的对韩援助政策,迫使美国做出重大让步。在对韩援助方面,韩国利用其派往越南的军队,从美国获得了大量的经济利益,并阻止了美国对韩经济援助不断下降的趋势,而且借助半岛安全威胁的增强,迫使美国增强了对韩国的军事援助。与此同时,借助参加越战机会,韩国积极参与国际事务,发展韩国对外经济交流,促进韩国产品的出口。因此,从这种角度来讲,朴正熙时代韩国经济的起飞,与其说是美国援助的结果,不如说是韩国自主努力的结果。不过,韩国的经济发展与军事安全的增强与美国追求的对韩政策目标并不矛盾,反而刚好统一起来。

纵观朴正熙时代的美韩同盟关系,尽管矛盾冲突不断,但矛盾冲突的程度始终没有危及美韩同盟的安全框架。这本质上归结于美韩双方在安全战略上的相互依赖。从东亚冷战层面来看,美国需要维持美韩同盟的延续,维持其在朝鲜半岛的地缘战略优势地位。从韩国的国家安全层面来看,韩国需要美国提供安全保障,以便集中精力发展经济,保持相对于朝鲜的军事平衡或者优势。

美韩同盟关系的建立是美苏冷战的结果,因而,美国对韩政策往往服从

---

① Gregg Brazinsky, *Nation building in South Korea—Koreans, Americans, and the Making of a Democracy*, pp. 226 - 230.

于美苏冷战需要。与朴正熙政府追求韩国的经济发展,壮大国家实力的诉求不同,美国对韩政策的目标主要基于维持美国在朝鲜半岛战略利益,把韩国纳入美国冷战的战略框架,并最终把韩国建成亲美的民主国家。肯尼迪、约翰逊、尼克松政府的对韩政策尽管具体表现不同,但本质上都围绕着塑造一个怎样的韩国问题展开。总体而言,肯尼迪和约翰逊政府时期,美国侧重发展韩国经济;尼克松和福特政府时期,由于战略收缩的缘故,侧重发展韩国的军事力量;而卡特政府时期,由于不仅强调缩减驻韩美军而且压制韩国以扩大人权,使美国和朴正熙政府的关系跌到了谷底。

朴正熙政府最终以朴正熙被自己亲信刺杀的方式突然结束,给人留下无限遐思。其中,最直接的结论是,朴正熙靠复杂的权力运作建立的威权独裁政体已经到了难以维持的地步,所以最终祸起萧墙。朴正熙时代的结束,为美国最终在政府层面推动韩国政治民主化打开了缺口。尽管此后韩国经历了全斗焕新军政府,但与朴正熙政府相比,全斗焕面临的反独裁压力更加强大,因为自韩国立国以来,美国在韩国学生、知识分子及其他重要群体中培养的民主理念成为韩国社会的主流观念,朴正熙时代培养的中产阶级与美国的民主观念结合,已经为韩国的民主化奠定了基础。①

① 关于美国如何在韩国培育市民社会、培养韩国青年与知识分子的民主观念,并最终在韩国成功建立起民主制度的问题,可参见 Gregg Brazinsky, *Nation building in South Korea—Koreans, Americans, and the Making of a Democracy*.

附　录

1. 美韩共同防卫条约

本条约缔约双方重申其与各国人民和各国政府和平相处的愿望，并希望加强太平洋地区的和平组织；愿意公开并正式声明其对外来的武装进攻进行自卫的共同决心，以使任何可能的侵略者不致幻想缔约者任何一方在太平洋区域处于孤立地位；愿意在太平洋区域建立一个较为广泛并有效的区域性安全制度之前，进一步加强他们保持和平与安全的集体防御的努力，兹协议如下：

第一条　缔约双方承诺用不危及国际和平、安全与正义的方式和和平手段解决它们可能被牵涉在内的任何国际争端，并在它们的国际关系上使用联合国宗旨或任何一方对联合国所承担的义务不符的威胁或武力。

第二条　缔约双方将在无论何时，任何一方认为一方的政治独立或安全受到外来的武装进攻的威胁，进行共同磋商。缔约双方将单独地和联合地，以自助和互助的办法，保持并发展适当方法以制止武装进攻，并将协商采取适当措施以实施本条约和促进其目的。

第三条　缔约各方承认，在太平洋地区对缔约任何一方目前各自行政控制下的领土的进攻，或是对以后经缔约一方承认合法地处于另一方行政控制下的领土的进攻，都将危及其自己的和平与安全，因此声明，其将按照宪法程序采取行动议对付共同的危险。

第四条　大韩民国给予美利坚合众国在双方共同商定的大韩民国领土以内及其周围部署美国陆、海、空、海军部队的权利，同时美利坚合众国接受这项权利。

第五条　本条约应由大韩民国和美利坚合众国遵照各自宪法程序予以批准，并将自它们在华盛顿交换批准书之时生效。

第六条　本条约将无限期继续有效。任何一方可以在通知对方一年后终止本条约。

文件来源:世界知识出版社编辑:《国际条约集,1953—1955》,世界知识出版社 1960 年,第 631 - 632 页。

2. 美国对朝政策:国家安全委员会 NSC 6018 号报告

目标

长期目标

1. 建立独立自主、经济发展的统一朝鲜,并在此基础上建立独立自由的代议民主制政府。这个政府能够有效地反映民众的需求、处理社会问题,同美国和其他自由世界国家站在一起,能够维持内部安全并有力地抵御外侵。

暂定目标

2. 促使韩国建立一个强大、稳定的韩国政府,努力制定各项规章制度并采取积极行动,消除腐败,满足大众需求,促进民族团结和进步,实现个人自由和社会公平的理想社会。

3. 推动韩国经济进步,促进政治和社会稳定,减少韩国对外部军事和经济援助的依赖,最终实现经济自主。

4. 促使韩国和美国结盟,并和联合国、其他自由世界国家尤其是日本和亚非的自由国家合作。

5. 确立韩国在联合国的成员国地位。

6. 保障韩国控制的那部分领土和政治主权免受共产主义的入侵和颠覆。

7. 在远东地区后勤的支持下,保障韩国武装部队和美国军队一起,确保内部的安全,威慑朝鲜共产主义的入侵,或者成功地抵制这样的入侵直到自由世界援助的抵达。

8. 朝鲜的统一方向应符合美国的安全利益。

重要的政策指导

内部政治和社会发展

9. 继续加强韩国政府机构和民主体制，通过联合国驻韩代表，向韩国政府表明，美国对加强韩国民主制度的重视。

10. 向韩国领导人强调，无论近期面临的问题是什么，作为一个独立和自足的国家，韩国长期的生存能力将取决于，他们采取怎样的措施满足民众对社会进步和个人尊严的期望。

11. 促使韩国政府制定符合美国利益的可行的发展计划，推动韩国的民主和社会进步。在这种背景下，加强政府和青年人尤其是学生、劳工领导人的联系，推动他们的进步，激发他们的影响力。

12. 促进韩国领导人和公众对自由世界的政治、经济和文化理念的理解，为韩国人民实现物质和精神的目标确定有效的基础，并引导他们同共产主义宣布的不实的短期物质成果相对比。

13. 鼓励韩国领导人制定与自由世界原则相协调的、合适的国家目标，以便于指引韩国日益增长的民族主义情感，尤其是学生、知识分子和劳工领导人，促使他们支持改革和发展计划。这样可以避免他们向极权主义意识形态、马克思主义或者中立主义方向发展。鼓励并援助韩国政府采取与民主原则相协调的行动，辅以适当的教育、信息和内部安全计划，包括采取措施积极消除腐败，以便实现该目标。

14. 鼓励(a) 韩国政府制定实施建设性的劳工政策；(b) 发展自由劳工和管理组织；(c) 改善劳动者与管理者之间的关系。

经济发展

15. 鼓励韩国努力实现经济自足，树立韩国政府和人民的信心，促使他们相信自己实现经济自主的能力。

16. 援助韩国迅速准备和实施有关计划和政策，确立合理的经济和财政基础。具体可通过以下这样方式：

a. 改革外汇体系，刺激韩国产品出口，推动国内生产；

b. 实现和日本的商业关系正常化；

c. 改革官僚体制，放松对经济和财政的控制；

d. 改革税收结构，合理改善商业管理。

17. 鼓励韩国准备并实施促进经济进步和社会稳定的政策方案，通过：

a. 强调增加投资并在适当条件下维持当前的人均消费水平；

b. 增加农业、渔业和水产品的生产投入；

c. 在保持经济稳定的情况下，最大限度地扩大工业品生产；

d. 激发地方自助措施，尤其是在乡村地区，尽可能发展集体协作；

e. 对于影响发展的基础项目给以特别重视，尤其是电力和交通；

f. 在植树造林、垦荒和公共工程等劳动密集型领域加大投资，以便减少失业；

g. 在韩国经济发展中，推动国内外的私人投资和参与；

h. 通过教育和培训，提高生产力，以便更有效地使用人力和物质资源。

18. 提供经济和技术援助，促使韩国武装部队为韩国的经济进步和最终实现经济自立做出贡献。逐步缩减美国对韩经济援助项目中赠予援助的比重。

改革和发展计划

19. 鼓励并帮助韩国领导层，立足于政府的存续和整个人民的福祉，而不是统治集团的特殊利益，制定并执行经济、劳工、军事、教育和文化计划，并确保这些计划与自由世界的计划和原则相一致。为此，这些计划的构思、出台与执行应该按照韩国的方式，以便改进韩国政府机制，提高行政效率和领导人威望，推动公众认可韩国政府并增强信心。

国际关系

20. 以适当方式影响韩国领导层和韩国公众，在重大外交政策问题上支持美国。

21. 鼓励韩国和其他自由世界国家发展外交关系，减轻韩国对美国的依赖。努力发展韩国和日本、菲律宾、越南和中国台湾的共同利益。

22. 推动韩国领导人和民众理解支持联合国组织、原则和活动，并与其合作。

联合国成员国身份

23. 鼓励韩国发展自身民主和外交，以争取更多国家支持它加入联合国。美国予以适当支持。

韩国的安全

24. ……通过联合国司令部抵抗任何共产主义的入侵。

25. 督促韩国继续遵守并支持《朝鲜停战协定》,排除协定中 13d 条款。关于这一款,联合国司令部已于 1957 年 6 月 21 日声明失效。

26. 借助足够的证据,确定共产党一方违反停战协定的本质和范围,尤其是关于 13d 条款。

27. 相对于共产党的武装而言,为了保持足够的优势,不断改善美国军队的装备,用现代武器装备这些军队。[一行没解密],此时美国决心:

a. 联合国司令部处于不利的地位,因为它违反了上述段 26 提到的条款。

b. 采取这样行动的益处重于政治上的不利,包括可能不会得到联合国司令部成员国的支持。应该事先寻求联合国司令部盟国的支持,他们应该不会否决美国采取这样的行动。

28. 继续维持《美韩共同防卫条约》规定的安全部署,包括在韩国驻扎美国军队。

29. 努力维持联合国成员国对韩国的独立和领土主权的支持。具体来讲,就是努力保持联合国司令部,确保参与联合国司令部的国家对《1953 年联合国家宣言》的遵守,继续履行他们参加驻韩联合国司令部的承诺。

30. 如果共产党军队重新敌视:

a. 执行《美韩共同防卫条约》。

b. 调用 1953 年的《联合国家宣言》,号召该宣言的签字国执行承诺,即"如果发生新的军事进攻,再次挑战联合国原则,我们应该再次联合并迅速抵抗。违背停战协定的结果是相当严重的,冲突很可能不仅仅局限于朝鲜境内"。

c. 我们应反对任何试图削弱联合国作用的行动,"忠实执行"并"密切观察"《停战协定》的执行;防止《停战协定》冲淡《联合国家宣言》的影响,保持宣言签字国的所承担的义务。

d. 如果中共军队参与或支持这样的对抗,不论直接还是间接,……美国应采取以下行动:

(1) 表明我们的意图是维持韩国的独立和领土完整;

(2) 尽快使用军队击退这样的入侵，避免冲突演变成全面战争；

(3) 号召其他联合国成员国采取有效军事行动反对中共。

韩国武装部队

31. 继续把韩国作为美国的军事同盟：

a. 按照达成的有关该政策目标的协定，提供军事援助，支持韩国武装部队；

b. 培养韩国军队军事领导层的军事能力；

c. 增进韩国军事领导层的友谊关系；

d. 用美国对远东和全球战略的看法，影响韩国军事领导层。

32. 在不违背美国政策目标的情况下，同韩国政府达成协定，缩减韩国军队。

33. 推动韩国军事领导层，理解韩国军队在国民生活中的适当角色，包括：(a) 政治中立；(b) 支持文官政府(civilian government)；(c) 支持韩国政府消除军队腐败的计划；(d) 在不影响韩国军队主要军事使命的前提下，对军人进行技术培训，以便服务于民用经济事业。

统一

34. 接受当前朝鲜半岛分裂停战线，通过使用其他方式，而非军事方式实现朝鲜问题的满意解决。

35. 确保韩国不单方面发起新的敌对行动。万一发生这样的行为，美国和联合国军将不会参与进攻行动，但是将会保障韩国自身的安全。所有美国的对韩国的军事和经济援助将终止，也将考虑终止《美韩共同防卫条约》。

36. 然而，在美国总统同意的情况下，韩国对共产党的进攻采取的报复行动，应是针对其重要的军事目标，满足美国的可行性标准和成功的概率，避免激起共产党对其他亚洲自由国家的强烈反应。

37. a. 寻求实现符合美国安全利益的韩国统一。如果形势对自由世界有利，准备按照联合国决议案谈判，实现有利于自由世界的统一。在与美国安全利益相一致的情况下，鼓励韩国政府谋求朝鲜半岛的统一。

b. 没有总统的具体赞同，美国不会接受有关朝鲜半岛统一的承诺或者公开声明。

38. 定期考察有关统一的政治经济问题，尤其包括：

a. 有关保障统一朝鲜政治和领土完整的安排；

b. 保障韩国内部安全和抵御外部入侵的必要军事规模；

c. 驻韩美军和基地的意义；

d. 作为韩国内部稳定、安全和同自由世界结盟的必要条件，美国和自由世界继续援助韩国；

e. 关于这个问题共产主义采取主动的危险；

f. 谈判的愿望和时机。

朝鲜

39. 对朝鲜政策：

a. 加强搜集与朝鲜有关的政治、经济和社会信息，作为美国制定政策和行动的参考；

b. 表明美国不把朝鲜作为合法政权，通过各种适当的方式削弱它的声望和影响；

c. 鼓励朝鲜人民反对朝鲜政府，压迫该政府在符合美国安全利益的条件下实现朝鲜的统一；

d. 继续针对朝鲜进行金融控制和禁运；

e. 鼓励韩国政府在朝鲜进行反对共产党的隐蔽行动。

美韩关系

40. 以一种伙伴和平等的精神，引导美韩关系，同韩国政府就共同安全利益进行磋商。继续关注我们在韩国的活动，谨慎处理和韩国民众的关系。

41. 在不影响美国对韩政策执行的前提下，尽可能缩减美国驻韩人员和机构。

文件来源：*FRUS*，1958—1960，Korea，Vol. ⅩⅧ，pp. 600 - 713. Washington，D. C.：U. S. Government Printing Office，1994.

3. 国家安全委员会2430号行动纪录

讨论特遣队报告[①]并且赞成下列建议：

美国应该立即采取行动：

1. 新任美国驻韩大使赴任后，按照报告a段和c到e段[②]的描述，应该尽早和最高重建委员会相关领导人展开讨论。

2. 关于b段，在这一系列的讨论中，为了他们的利益和他们国家的利益，大使应逐渐承认最高委员会的领导人。这些领导人应不时地公开重申他们恢复代议制政府与宪法自由的最终意图；在追求民主方面的失败将损害他们在美国人民和其他自由世界国家甚至在联合国眼中的地位。

3. 授权大使邀请韩国政府首脑到华盛顿进行非正式访问，包括和总统、国务卿的会晤。

4. 如果韩国保证采纳上述1和2所讨论内容，并立即采取行动，进行实质性的改革，包括完成财政、外汇等促进稳定的改革，电力和运输行业结构(corporate structure)的合理化，工厂的投产，且待各种证据表明韩国愿意并且有能力执行相互达成的计划项目，则在这种情况下，大使有权：

(a) 向韩国表明，1961财年，在多余的国防支持资金中，美国愿意向韩国提供大约2800万美元；

(b) 表明美国愿意参与已经达成的具体电力开发项目，并立即调拨相关资金；

(c) 暗示美国愿意通过援助扩充并加强长期的国家基础建设项目；

(d) 向韩国政府提供技术专家，帮助制定并实施其五年计划；

(e) 向韩国表明，如果在未来几个月内取得实质性的进步，美国将准备向韩国政府提供各种援助，帮助其推行五年发展计划。作为一项长期的政策，美国会加强对韩国的经济发展援助(作为支持援助的区别)。不过，如果

---

① 1961年6月5日，特遣队提交关于韩国问题的综合报告，提出了具体的对韩政策建议。6月13日，国家安全委员会会议在研究讨论该报告基础上，决定根据报告，采取2430号行动。

② 报告a段建议通知韩国军政府，表明美国愿意在友好、合作的基础上处理和新政府的关系；c段建议向军政府表明，美国政府将继续支持韩国的民营经济和国防建设；d段建议向军政府表明，美国是否支持韩国的国家发展计划，取决于军政府执行政府制度改革承诺的情况，美国准备向军政府提供技术及管理专家；e段建议美国政府要求韩国承认联合国军司令部权威，并继续控制韩国军队。

韩国在执行协议项目上失败，美国将可能终止对它的援助。

5. 国际合作总署主任将立即采取措施，改善驻韩援外使团的管理，包括把精力集中在最基本的项目上，缩减或者取消其他。

接下来美国的行动：

6. 在国务院确定韩国政府十分稳定并愿意遵行相关的长期发展援助条款，a 到 d 段[①]描述的具体行动才应该采取。这些行动包括：在驻韩国大使向国务院提议时，向韩国派遣一名最高身份的特使。随行的是一个经济顾问团，该团将执行报告附录 A 做出的相关规定，其中包括在确定韩国经济目标上的援助。同时，韩国必须确立并承担起他们自己已经确定的目标。……美国应该在韩国寻求实现的经济目标包括：(1) 扭转当前经济增长率下降的趋势，确立第一个五年计划中平均每年的经济增长率(1960 年增长率为 2.3 %)；(2) 减少失业人口，降低失业率(估计在 35%)；(3) 增加人均实际农业收入；(4) 和(1)—(3) 相一致，缩减进出口差距(300 万美元 v. 3450 万 美元)，努力实现韩国国际收支平衡。

7. 增加电力生产，巩固电力公司、减少电力损失，宣布美国愿意提供必要的外部资源(这要看国会的拨款)实行双方达成的五年电力发展计划。此外，美国将视韩国五年计划的情况，决定未来十年对韩的进一步援助。

8. 国务院和国防部应该对韩国的军力和装备水平进行紧急评估，初步的评估包括：(a) 在整个美国远东战略、共产主义威胁、美国军队的预期配置和使用等背景下，评估韩国军队的使命；(b) 军队配置的战略含义。该军事评估还应该涉及政治和经济因素。评估应该就长期的军事目标和直接的行动(必要和实际的)提出建议。该评论应该及时完成，以便作为 1962 财年军事援助资金分配的基础。

9. 美国军事人员应该致力于鼓励和支持韩国军队致力于国家重建和其他民用项目的建设。……

10. 根据第 9 页，f 段[②]的方针，改善韩日关系。在日本首相访问华盛顿

---

① 报告 a 到 d 段具体建议为：授权国务卿来决定韩国政府足够稳定且同美国合作，并调整长期发展援助的时机；基于上述判断及驻韩大使的建议，相机派出高级别特使访问韩国，并由经济顾问团随行，考虑制定援助韩国五年计划；授权国务卿推动其他国家(比如日本和德国)为韩国的发展计划贡献力量。

② 报告 f 段建议，在日本首相访美期间，同日本讨论美国对韩国现任政府的政策考虑，鼓励日本采取措施缓和日韩关系，努力发展对韩贸易，与美国一道援助韩国经济发展。报告也建议美国政府敦促韩国军政府对日本的主动做出回应。

期间，敦促他正视新的韩国政权（显然，在当前韩国政府内，这是相当敏感的话题）。

11. 美国新闻署署长应该做出相应安排以援助韩国政府，帮助他们弄清并宣传国家理想和目标，提高韩国的海外形象。

必要的韩国行动：

12. 如果韩国政府准备实现重大进步并且利用美国的援助，它必须一开始就接受下列要求：

(a) 明确有效执行国家发展计划；

(b) 预先考虑最终恢复代议民主制政权；

(c) 保证新的政权不干涉联合国军总司令部的军事责任；

(d) 在事实和言行上，最大程度上认可个人的宪法自由，避免滥用权力；

(e) 保护农村人口，反对放贷人过高的利率；

(f) 按照报告附录 b 的规定，明确宣布并执行彻底的反腐败计划。

B. 已经达成一致的 NSC 6018/1“美国的对朝政策”不再执行。

文件来源：*FRUS*，1961—1963，Volume XXII，Northeast Asia，Washington，D. C.：U. S. Government Printing Office，1996，pp. 482 - 486.

参考文献

一、英文文献

(一) 英文档案(缩微胶卷及纸本)

1. *Asia and the Pacific*：*National Security Files*，1961—1963，reel 4，Project Coordinator，Robert E. Lester，A microfilm project of University Publications of America，Inc. 华东师范大学冷战国际史研究中心收藏号 MF0501100.

2. *Asia and the Pacific*：*National Security Files*，1961—1963，reel 5，Project Coordinator，Robert E. Lester，A microfilm project of University Publications of America，Inc. 华东师范大学冷战国际史研究中心收藏号 MF0501101.

3. *The John F. Kennedy National Security Files*，1961—1963，Asia and the Pacific first Supplement，reel 19，Project Coordinator，Robert E. Lester，A microfilm project of University Publications of America，Inc. 华东师范大学冷战国际史研究中心收藏号 MF0501125.

4. *The John F. Kennedy National Security Files*，1961—1963，Asia and the Pacific first Supplement，reel 20，Project Coordinator，Robert E. Lester，A microfilm project of University Publications of America，Inc. 华东师范大学冷战国际史研究中心收藏号 MF0501126.

5. *Documents of the National Security Council seventh Supplement*，Edited by Paul Kesaris，University Publications of America，1995. 中国国家图书馆藏。

6. *Foreign Relations of the United States*，1952—1954，Volume XV. Washington，D. C.：U. S. Government Printing Office，1984.

7. *Foreign Relations of the United States*，1955—1957，Volume XXIII Part 2. Washington，D. C.：U. S. Government Printing Office，1993.

8. *Foreign Relations of the United States*, 1958—1960, Korea, Volume XVIII. Washington, D. C.: U. S. Government Printing Office, 1994.

9. *Foreign Relations of the United States*, 1961—1963 Volume XXII China; Korea; Japan. Washington, D. C.: U. S. Government Printing Office, 1996.

10. *Foreign Relations of the United States*, 1964—1968, Volume XXIX, Korea. Washington, D. C.: U. S. Government Printing Office, 1999.

11. *Foreign Relations of the United States*, 1969—1976, Volume XIX, Part 1, Korea, 1969—1972, Washington, D. C.: U. S. Government Printing Office, 2010.

12. *Declassified Documents Reference System* (*DDRS*), Farmington Hills, Mich.: Gale Group, 2010.

13. *Digital National Security Archive* (*DNSA*), ProQuest Information and Learning Company, 2010.

(二) 英文著作

1. Ambrose, Stephen, *Rise to Globalism: American Foreign Policy Since 1938*, New York: Penguin Books, 1993.

2. Baek, Kwang-Il, *Korea and the United States: A Study of the ROK-U. S. Security Relationship within the Conceptual Framework of Alliance between Great and Small Powers*, Seoul: Seoul Computer Press, 1988.

3. Baldwin, Frank, ed., *Without Parallel—the American-Korean Relationship since 1945*, New York: Pantheon Books, 1974.

4. Bandow, Doug, *Tripwire: Korea and U. S. foreign policy in a changed world*, Washington, D. C.: Cato Institute, 1996.

5. Bandow, Doug, and Carpenter, Ted Galen, *The U. S. -South Korean Alliance: Time for a Change*, New Brunswick: Transaction Publishers, 1992.

6. Blackburn, Robert M., *Mercenaries and Lyndon Johnson's "More*

Flags": The Hiring of Korean, Filipino and Thai Soldiers in the Vietnam War, Jefferson, N. C.: McFarland & Company, Inc., 1994.

7. Bowie, Robert P., and Immerman, Richard H., *Waging Peace: How Eisenhower Shaped an Enduring Cold War Strategy*, New York and Oxford: Oxford University Press, 1998.

8. Brazinsky, Gregg, *Nation Building in South Korea—Koreans, Americans, and the Making of a Democracy*, Chapel Hill: the University of North Carolina Press, 2007.

9. Carpenter, Ted Galen and Bandow, Doug, *The Korean Conundrum: America's Troubled Relations with North and South Korea*, New York: Palgrave Macmillan, 2004.

10. Chang, Junkab, *United States Mediation in South Korean-Japanese Negotiations, 1951—1965*, UMI: PhD dissertation of Mississippi State University, 1998.

11. Chung, Chong-Shik and Kim, Hak-Joon, *Korean Unification Problems in the 1970s*, Seoul: Research Center for Peace and Unification, 1980.

12. Cohen, Warren I. and Tucker, Nancy Bernkopf, *Lyndon Johnson Confronts the World: American Foreign Policy, 1963—1968*, New York: Cambridge University Press, 1994.

13. Curtis, Gerald L., and Han, Sung-joo, *The U. S. -South Korean Alliance: Evolving Patterns in Security Relations*, Lexington, Mass.: Lexington Books, 1983.

14. Dockrill, Saki, *Eisenhower's New-Look National Security Policy, 1953—61*, London: Macmillan Press LTD, 1996.

15. Frentzos, Christos G., *From Seoul to Saigon: U. S. - Korean Relations and the Vietnam War*, UMI: PhD dissertation, the Faculty of the Department of History University of Houston, 2004.

16. Gaddis, John Lewis, *Strategies of Containment: A Critical Appraisal of Postwar American National Security Policy*, New York: Oxford University Press, 1982.

17. Gaddis, John Lewis, *The Cold War: A New History*, New

York: The Penguin Press, 2005.

18. Gaddis, John Lewis, *We Now Know: Rethinking Cold War History*, Oxford: Oxford University press, 1997.

19. Gills, B. K., *Korea versus Korea: A Case of Contested Legitimacy*, London: Routledge, 1996.

20. Gleysteen, William H., Jr., *Massive Entanglement, Marginal Influence: Cater and Korea in Crisis*, Washington, D. C.: Brookings Institution Press, 1999.

21. Hart-Landsberg, Martin, *Korea: Division, Reunification, and U. S. Foreign Policy*, New York: Monthly Review Press, 1998.

22. Hunt, Michael H., *Lyndon Johnson's War: America's Cold War Crusade in Vietnam, 1945—1968*, New York: HILL and WANG, 1996.

23. Kaiser, David, *American Tragedy: Kennedy, Johnson, and the Origins of the Vietnam War*, Cambridge: The Belknap Press of Harvard University Press, 2000.

24. Kim, Hyun-Dong, *Korea and the United States: the Evolving Transpacific Alliance in the 1960s*, Seoul: The Research Center for Peace and Unification of Korea by Seoul Computer Press, 1990.

25. Kim, Hyung-A, *Korea's Development Under Park Chung Hee: Rapid Industrialization, 1961—1979*, London and New York: Routledge Curzon, 2004.

26. Kleiner, Juergen, *Korea: A Century of Change*, River Edge, New Jersey: World Scientific, 2001.

27. Koo Youngnok and Suk Dae-sook, eds., *Korea and the United States: A Century Cooperation*, Honolulu: University of Hawaii Press, 1984.

28. Kwak, Tae-Hwan and Lee, Seong Hyong, *Forty Years of Korea-U. S. Relations, 1948—1988*, Seoul: Kyung Hee University Press, 1990.

29. Kwak, Tae-Hwan ed., *U. S.-Korean Relations 1882—1982*, Masan: Kyungnam University Press, 1982.

30. Kwak, Tae Yang, *The Anvil of War: The legacies of Korean*

Participation in the Vietnam War, UMI PhD dissertation, Harvard University Cambridge, Massachussets, 2006.

31. Lee, Chae-Jin and Sato, Hideo, *U. S. Policy toward Japan and Korea: a Changing Influence Relationship*, New York: Praeger Publishers, 1982.

32. Lee, Jongsoo James, *The Partition of Korea after World War II—A Global History*, New York : Palgrave Macmillan, 2006.

33. Lee, Manwoo Ronald D. McLaurin, and Moon, Chung-in, *Alliance under Tension: The Evolution of South Korean-U. S. Relations*, Seoul: Kyungman University Press, 1988.

34. Lee, Yur-Bok, and Patterson, eds. , *Wayne*, *Korean-American Relations, 1866—1997*, Albany: State University of New York Press, c1999.

35. Lie, John, *Han Unbound: the Political Economy of South Korea*, Stanford: Stanford University Press, 1998.

36. Lim, Hyun-Chin, *Dependent Development in Korea, 1963—1979*, Seoul: Seoul National University Press, 1986.

37. Macdonald, Donald Stone, *U. S-Korean Relations from Liberation to Self-Reliance: The Twenty-Year Record*, Boulder: Westview Press, Inc. , 1992.

38. Macdonald, Douglas J. , *Adventures in Chaos: American Intervention for Reform in the Third World*, Massachusetts and London: Harvard University Press, 1992.

39. Mattay, James Irving, *The Reluctant Crusade: American Foreign Policy in Korea, 1941—1950*, Honolulu: University of Hawaii Press, 1985.

40. Nam, Joo-Hong, *America's Commitment to South Korea: The First Decade of the Nixon Doctrine*, Cambridge: Cambridge University Press, 1986.

41. Steinberg, David I. ed. , *Korean Attitudes toward the United States: Changing Dynamics*, New York: M. E. Sharpe Armonk, 2005.

42. Scalapino, Robert A. and Lee, Hongkoo, *Korea-U. S.*

Relations: *The Politics of Trade and Security*, Berkeley: Institute of East Asian Studies, University of Berkeley, 1988.

43. Sylvia Ellis, *Britain*, *American*, *and the Vietnam War*, Westport: Greenwood Publishing Group, 2004.

44. Vojtech Mastny, and Zhu Liqun, eds, *The Legacy of the Cold War-Perspectives on Security*, *Cooperation*, *and Conflict*, Lanham: Lexington Books, 2014.

45. Westad, Odd Arne, ed. ,*Reviewing the Cold War*: *Approaches*, *Interpretations*, *Theory*, London: Frank Cass Publishers, 2000.

46. Westad, Odd Arne, *The Global Cold War*: *Third World Interventions and the Making of Our Times*, Cambridge: Cambridge University Press, 2005.

47. W. W. , Rostow, *Eisenhower*, *Kennedy*, *and Foreign Aid*, Austin: University of Texas Press, 1985.

48. Williams, Phil, and Donald M. Goldstein eds. , *Security in Korea*: *War*, *Stalemate*, *and Negotiation*, Boulder and San Franisco: Westview Press, 1994.

49. Yi, Kil J. , *Alliance in the Quagmire*: *The United States*, *South Korea*, *and the Vietnam War*, *1964—1968*, UMI PhD: dissertation the State University of New Jersey, 1997.

50. Yoshii, Midori, *Reducing the American Burden*: *Kennedy's Policy toward Northeast Asia*, UMI PhD: dissertation, Boston University, 2003.

51. Young, Marilyn B. , *The Vietnam Wars*, *1945—1990*, New York: HarperCollins Publishers, 1991.

（三）英文论文

1. Barrett, David M. , "The Mythology Surrounding Lyndon Johnson, His Advisers, and the 1965 Decision to Escalate the Vietnam War", *Political Science Quarterly*, Vol. 103, No. 4 (Winter, 1988—1989), pp. 637 - 663.

2. Brazinsky, Gregg A. ,"From Pupil to Model: American Economic

Development Policy and the ROK, 1961—1968", *Diplomatic History*, vol. 29, no. 1 (January 2005): 83 - 115.

3. Cho, Soon Sung, "North and South Korea: Stepped-Up Aggression and the Search for New Security", *Asian Survey*, Vol. 9, No. 1, A Survey of Asia in 1968: Part I (Jan., 1969), pp. 29 - 39.

4. Clemens, Jr, Walter C., "Grit at Panmunjom: Conflict and Cooperation in a Divided Korea", *Asian Survey*, Vol. 13, No. 6 (Jun., 1973), pp. 531 - 559.

5. Kim, Jinwung, "From Patron-Client to Partners: The Changing South Korean-American Relationship", *The Journal of American-East Asian Relations*, Vol. 2, No. 3 (fall, 1993), pp. 303 - 325.

6. Kim, Se Jin, "South Korea's Involvement in Vietnam and Its Economic and Political Impact", *Asian Survey*, Vol. 10, No. 6 (Jun., 1970), pp. 519 - 532.

7. Koh, B. C., "The Pueblo Incident in Perspective", *Asian Survey*, Vol. 9, No. 4 (Apr., 1969), pp. 264 - 280.

8. Lee, Chae-Jin, "The direction of South Korea's foreign policy", *Korean Studies*, Vol. 2, 1978.

9. Lee, Jong-Sup and Heo, Uk, "The U. S. -South Korea Alliance: Free-Riding or Bargaining?" *Asian Survey*, Vol. 41, No. 5 (Sep. -Oct., 2001), pp. 822 - 845.

10. Park, Tae-Gyun, "Change in U. S. Policy Toward South Korea in the Early 1960s", *Korean Studies*, Volume 23, pp. 94 - 120.

11. Lunch, William L. and Sperlich, Peter W., "American Public Opinion and the War in Vietnam", *The Western Political Quarterly*, Vol. 32, No. 1 (Mar., 1979), pp. 21 - 44.

12. Mueller, John E., "Trends in Popular Support for the Wars in Korea and Vietnam", *The American Political Science Review*, Vol. 65, No. 2 (Jun., 1971), pp. 358 - 375.

13. Park, Chang Jin, "American Foreign Policy in Korea and Vietnam: Comparative Case Studies", *The Review of Politics*, Vol. 37, No. 1 (Jan., 1975), pp. 20 - 47.

14. Park, Sun-Won, "Belief Systems and Strained Alliance: The Impact of American Pressure on South Korean Politics and the Demise of the Park Regime in 1979", *Korea Observer*, Vol. 34, No. 1 (Spring 2003), pp. 97 - 98.

15. Park, Tae-Gyun, "W. W. Rostow and Economic Discourse in South Korea in the 1960s", *Journal of International and Area Studies*, Vol. 8, Number 2, 2001, pp. 55 - 66.

16. Park, Tae-Gyun, "Beyond the Myth: Reassessing the Security Crisis on the Korean Peninsula during the Mid-1960s", *Pacific Affairs*, Volume 82, Number 1, Spring 2009.

17. Sarantakes, Nicholas Evan, "The Quiet War: Combat Operations along the Korean Demilitarized Zone, 1966—1969", *The Journal of Military History*, Vol. 64, No. 2 (Apr., 2000), pp. 439 - 457.

18. Suhrke, Astri, "Gratuity or Tyranny: The Korean Alliances", *World Politics*, Vol. 25, No. 4 (Jul., 1973), pp. 508 - 532.

19. Yi, Kil J., "In Search of a Panacea: Japan-Korea Rapprochement and America's 'Far Eastern Problems'", *The Pacific Historical Review*, Vol. 71, No. 4 (Nov., 2002), pp. 633 - 662.

二、中文文献

(一) 著作

1. 安成日:《当代日韩关系研究,1945—1965》,中国社会科学出版社 2009 年。

2. 蔡佳禾:《双重的遏制——艾森豪威尔政府的东亚政策》,南京大学出版社 1999 年。

3. 曹中屏、张琏瑰等编著:《当代韩国史:1945—2000》,南开大学出版社 2005 年。

4. 柴成文、赵勇田:《板门店谈判》,解放军出版社 1989 年。

5. 陈波:《冷战同盟及其困境——李承晚时期美韩同盟关系研究》,上海世纪出版集团 2008 年。

6. 崔丕主编:《冷战时期美国对外政策史探微》,中华书局 2002 年。

7. [美]戴维·哈尔伯斯坦:《出类拔萃之辈》,齐沛译,生活·读书·新知三联书店 1973 年。

8. [美]德怀特·D. 艾森豪威尔:《艾森豪威尔回忆录——白宫岁月,1953—1956》,复旦大学资本主义国家经济研究所译,生活·读书·新知三联书店 1978 年。

9. 董向荣:《韩国起飞的外部动力——美国对韩国发展的影响(1945—1965)》,社会科学文献出版社 2005 年。

10. [美]哈里·杜鲁门:《杜鲁门回忆录:考验和希望的年代》(第二卷),世界知识出版社 1974 年。

11. [美]雷迅马:《作为意识形态的现代化:社会科学与美国对第三世界的政策》,牛可译,中央编译出版社 2003 年。

12. [美]雷蒙德·加特霍夫:《冷战史:遏制与共存备忘录》,伍牛、王薇译,新华出版社 2003 年版,第 182 页。

13. 刘金质:《冷战史》,世界知识出版社 2003 年。

14. 刘金质、杨淮生:《中国对朝鲜和韩国政策文件汇编:1949—1994》,中国社会科学出版社 1994 年。

15. [美]孔华润:《美国对中国的反应——中美关系的历史剖析》,张静尔译,复旦大学出版社 1997 年。

16. 李元烨:《中美两国的朝鲜半岛政策演进历程研究:从对抗走上协调,1945—2000》,香港社会科学出版社 2003 年。

17. 林利民:《遏制中国——朝鲜战争与中美关系》,时事出版社 2000 年。

18. 任晓:《韩国经济发展的政治分析》,上海人民出版社 1995 年。

19. 沈定昌:《韩国外交与美国》,社会科学文献出版社 2008 年。

20. 时殷弘:《美国在越南的干涉和战争,1954—1968》,世界知识出版社 1993 年。

21. 世界知识出版社编:《国际条约集,1953—1955》,世界知识出版社 1960 年。

22. [美]理查德·尼克松:《尼克松回忆录》,伍任译,世界知识出版社 2001 年。

23. [美]小阿瑟·M. 施莱辛格:《一千天:约翰·菲·肯尼迪在白宫》,仲宜译,生活·读书·新知三联书店 1981 年。

24. [韩]朴正熙:《我们的国家道路》,陈琦伟等译,华夏出版社 1988 年。

25. [韩]赵利济:《韩国现代化奇迹的过程》,张慧智译,吉林人民出版社 2006 年。

26. [美]玄雄:《朴正熙》,潘屹译,红旗出版社 1993 年。

27. 王慧英:《肯尼迪与美国对外经济援助》,中国社会科学出版社 2007 年。

28. 王玮、戴超武:《美国外交思想史,1775—2005》,人民出版社 2007 年。

29. 尹保云:《韩国为什么会成功? 朴正熙政权与韩国现代化》,文津出版社 1993 年。

30. 赵虎吉:《揭开韩国神秘的面纱———现代化与权威主义:韩国现代政治发展研究》,民族出版社 2003 年。

31. 张颖:《从"特殊关系"走向"自然关系"——20 世纪 60 年代美国对英国政策研究》,黑龙江人民出版社 2006 年。

32. 赵学功:《巨大的转变:战后美国对东亚的政策》,天津人民出版社 2002 年。

33. 郑判龙等选编:《朴正熙经济论著选》,延边大学出版社 1993 年。

34. 资中筠主编:《战后美国外交史,从杜鲁门到里根》,世界知识出版社 1994 年。

(二) 中文论文

1. 毕元辉:"60 年代美国对韩国的开发援助政策",[李晔教授指导]东北师大硕士学位论文 2004 年。

2. 毕元辉:"韩国对越参战问题初探",《史学集刊》2008 年第 6 期。

3. 陈波:"国家安全委员会第 8 号系列文件与朝鲜战争前美国对朝政策",《史林》2015 年第 3 期,第 183 - 193 页。

4. 崔丕:"艾森豪威尔政府对朝鲜政策初探",《东北师大学报》(哲学社会科学版)2001 年第 3 期,第 36 - 42 页。

5. 崔天模:"美国援助与韩国和台湾的经济增长,1945—1971",[陈振汉教授指导]北京大学博士学位论文 1997 年。

6. 邓峰:"美国与 EC - 121 危机——对 1969 年美国大型侦察机被朝鲜

击落事件的研究”,《世界历史》2008 年第 2 期,第 14 - 23 页。

7. 冯东兴:“韩国 5·16 政变与肯尼迪政府的反应”,《史学月刊》2009 年第 7 期,第 62 - 67 页。

8. 冯东兴:“美国与 1963 年韩国民主选举”,《史学月刊》2013 年第 12 期,第 52 - 60 页。

9. 冯东兴:“尼克松政府撤退驻韩美军问题述论”,《军事历史研究》2015 年第 4 期,第 76 - 84 页。

10. 冯东兴:“朝鲜停战中的中立国监察委员会”,《东北师大学报》(哲学社会科学版)2015 年第 1 期,第 153 - 159 页。

11. 江文君:“美国对韩政策的初步建构,1953—1961”,《韩国研究论丛》(第 16 辑),世界知识出版社 2007 年。

12. 梁志:“变相的雇佣军——韩国参与越战问题探析”,《辽东学院学报》2010 年 2 月。

13. 梁志:“美国对外开发援助政策与韩国的经济‘起飞’”,《美国研究》2009 年第 3 期。

14. 梁志:“‘普韦布洛’号危机与美朝秘密谈判”,《历史教学》2008 年第 16 期。

15. 梁志:“政治反共与经济‘起飞’——1945—1968 年美国对韩政策研究”,[王晓德教授指导]南开大学博士学位论文 2006 年。

16. 刘洪丰:“美国对韩援助政策研究,1948—1968”,[郑寅达教授指导]华东师范大学博士学位论文 2004 年。

17. 刘晓原:“东亚冷战的序幕:中美战时外交中的朝鲜问题”,《史学月刊》2009 年第 7 期,第 68 - 79 页。

18. 马德义:“从肯尼迪到卡特时期美国对韩政策研究”,[黄定天教授指导]吉林大学博士学位论文 2009 年。

19. 牛军:“战后美国对朝鲜政策的起源”,《美国研究》1991 年第 1 期,第 51 - 66 页。

20. 石源华、汪伟民:“美日、美韩同盟比较研究——兼论美日韩安全互动与东北亚安全”,《国际观察》2006 年第 1 期,第 61 - 68 页。

21. 唐志昂:“论战后朝鲜问题国际化和美国的撤军方案”,复旦大学韩国研究中心编,《韩国研究论丛》(第 4 辑),上海人民出版社 1998 年,第 288 - 309 页。

22. 夏亚峰:"'尼克松主义'及美国对外政策的调整",《中共党史研究》2009 年第 4 期,第 46 - 56 页。

三、参考网站

http://www.presidency.ucsb.edu/ws/

http://history.state.gov/historicaldocuments

后　记

光阴如白驹过隙，转眼十多年过去了。还记得2004年9月，刚刚跨入南京大学校门时，印有南大校训的横幅首先映入眼帘。自此，“诚朴雄伟、励学敦行”的校训，成为我三年清苦博士生活的行动准则。三年来，除了聆听先师任东来的教诲，在宿舍电脑前和图书馆的阅览室学习与写作之外，清幽南大校园，巍巍钟山山道，几乎成为我每周末例行的休闲健身圣地。艰苦的校园学习使我的生活紧张而充实，与大山的对话使我能够耐受孤独。

三年的博士生活首先离不开师长的关爱和朋友的陪伴。记得开学报到时，我的导师任东来教授就告诫我，博士生活比较艰辛，要严格要求自己，抓紧时间，坚持不懈。任老师学识渊博，思维敏锐，督学严格，从我的学术论文写作到博士论文的选题与修改，无不渗透他的一番苦心。论文初稿完成之后，任老师不厌其烦，帮我反复修改论文，满页的红批蕴含着老师对学生的关爱，启迪我养成严谨的治学作风。三年的言传身教，使我受益匪浅。在艰辛的博士论文写作期间，我的硕士导师周祥森也一直关心我的学习情况，并不厌其烦地听我诉说写作过程中的苦闷与烦恼，不时提出很有启发的建议，鼓励我坚持写作。

除了导师的悉心指导外，我尤其感谢南京大学中美中心图书馆、南京大学图书馆。这两个图书馆不仅为我提供了重要的论文资料，而且图书馆工作人员服务热情，为我提供了舒适的学习写作环境。我还要特别感谢华东师范大学冷战国际史研究中心。博士二年级上学期，我有幸到该中心访学。在访学期间，华东师大不同的学术风格和研究思路对于我产生了不小的影响。在和余伟民、戴超武、崔丕、陈波、梁志等老师的学习交流中，我获益匪浅。重要的是，在此期间，我在中心收集到不少有关博士论文写作的原始档案。这些档案为我顺利完成学位论文奠定了重要的资料基础。

同学们的陪伴减轻了艰苦学习生活中的不少压力。在紧张的写作之中，我几乎天天到图书馆整理、翻译资料，构思写作，一天下来，往往累得什么也不想做。这时候我就会到宋涛、宋大振、朱明、李元本的宿舍串门，天南海北地闲话一阵，逐渐缓解一天的疲惫，忘却烦恼渐渐入睡。孙晓翔、镡娴娴、周真真、赵文媛、郭继兰同学待人热情，在平常的交谈中，传递着对彼此的安慰与鼓励。

最后，要感谢我的家人。在我紧张的学习生活期间，父母从来不让我为家事担心。两个哥哥和嫂子都非常孝顺。正是和睦的家庭，为我安心在外读书提供了基础。另外，还要感谢韩国国际交流财团。该财团提供的奖学金，使我不为生活担忧，能够专心写作。

值得庆幸的是，十年之后我又获得在南大学习的机缘，不过身份有些变化。在石斌老师的鼓励下，承蒙南京大学中美文化研究中心的盛意，我有幸成为中心的访问学者，到恩师曾经工作的地方学习交流。尽管博士论文陈放几年，但结婚生子，承担学生管理工作，并未及潜心仔细修改，所以一直不敢轻易出版，生怕辱没师门。而今勉为出版，不足之处还请各位方家指正。

“南京大学亚太发展研究中心”简介

“南京大学亚太发展研究中心”是由“南京大学郑钢基金·亚太发展研究基金”定向全额资助的一个对大亚太地区进行全方位、多层次、跨学科研究的机构。它致力于承担学术研究、政策咨询、人才培养、社会服务与国际交流等功能。

该中心是国内首家以“发展”为关键词命名的综合性地区研究机构，秉持“立足中国、面向亚太、辐射全球”的开放理念，旨在探讨亚太及全球“政治发展”、“经济发展”与“社会发展”诸领域的重要议题，彰显“和平发展”与“共同发展”的价值取向，弘扬“人类命运共同体”这一崭新的全球价值观。

“中心”定期主办“钟山论坛”(亚太发展年度论坛)、“励学讲堂”、“年度国际形势回顾与展望”等学术论坛，旨在推动国内外学界、政府、企业、社会之间的对话与交流。

“中心”主办的出版物有《南大亚太论丛》、《南大亚太译丛》等系列丛书，《南大亚太评论》、《现代国家治理》、《人文亚太》、《亚太艺术》等学术成果；此外，还有《工作论文》、《调研报告》、《工作通讯》等多种非正式刊物。

通信地址：江苏省南京市仙林大道 163 号南京大学仙林校区圣达楼 460 室南京大学亚太发展研究中心(210023)

电子邮箱：zsforum@nju. edu. cn

电话、传真：025 - 89681655

中心网址：https://www. capds. nju. edu. cn

微信公众号：CAPDNJU

南京大學亞太發展研究中心

微信号：CAPDNJU

本土关怀暨世界眼光　　科学与人文并举
秉持严谨求实之学风　　学术与思想共生
倡导清新自然之文风　　求真与致用平衡